ACORDOS DE LENIÊNCIA ANTICORRUPÇÃO E CONFLITOS INSTITUCIONAIS

A consideração humana na reação constitucional

O direito comportamental em instituições

MARCO MAZZONI

Apresentação
Samantha Chantal Dobrowolski

ACORDOS DE LENIÊNCIA ANTICORRUPÇÃO E CONFLITOS INSTITUCIONAIS

A consideração humana na reação constitucional

O direito comportamental em instituições

Belo Horizonte

FÓRUM
CONHECIMENTO JURÍDICO

2024

© 2024 Editora Fórum Ltda.

É proibida a reprodução total ou parcial desta obra, por qualquer meio eletrônico, inclusive por processos xerográficos, sem autorização expressa do Editor.

Conselho Editorial

Adilson Abreu Dallari
Alécia Paolucci Nogueira Bicalho
Alexandre Coutinho Pagliarini
André Ramos Tavares
Carlos Ayres Britto
Carlos Mário da Silva Velloso
Cármen Lúcia Antunes Rocha
Cesar Augusto Guimarães Pereira
Clovis Beznos
Cristiana Fortini
Dinorá Adelaide Musetti Grotti
Diogo de Figueiredo Moreira Neto (in memoriam)
Egon Bockmann Moreira
Emerson Gabardo
Fabrício Motta
Fernando Rossi
Flávio Henrique Unes Pereira

Floriano de Azevedo Marques Neto
Gustavo Justino de Oliveira
Inês Virgínia Prado Soares
Jorge Ulisses Jacoby Fernandes
Juarez Freitas
Luciano Ferraz
Lúcio Delfino
Marcia Carla Pereira Ribeiro
Márcio Cammarosano
Marcos Ehrhardt Jr.
Maria Sylvia Zanella Di Pietro
Ney José de Freitas
Oswaldo Othon de Pontes Saraiva Filho
Paulo Modesto
Romeu Felipe Bacellar Filho
Sérgio Guerra
Walber de Moura Agra

FÓRUM
CONHECIMENTO JURÍDICO

Luís Cláudio Rodrigues Ferreira
Presidente e Editor

Coordenação editorial: Leonardo Eustáquio Siqueira Araújo
Aline Sobreira de Oliveira

Rua Paulo Ribeiro Bastos, 211 – Jardim Atlântico – CEP 31710-430
Belo Horizonte – Minas Gerais – Tel.: (31) 99412.0131
www.editoraforum.com.br – editoraforum@editoraforum.com.br

Técnica. Empenho. Zelo. Esses foram alguns dos cuidados aplicados na edição desta obra. No entanto, podem ocorrer erros de impressão, digitação ou mesmo restar alguma dúvida conceitual. Caso se constate algo assim, solicitamos a gentileza de nos comunicar através do e-mail editorial@editoraforum.com.br para que possamos esclarecer, no que couber. A sua contribuição é muito importante para mantermos a excelência editorial. A Editora Fórum agradece a sua contribuição.

Dados Internacionais de Catalogação na Publicação (CIP) de acordo com ISBD

M478a	Mazzoni, Marco Otavio Almeida Acordos de leniência anticorrupção e conflitos institucionais: a consideração humana na reação constitucional. O direito comportamental em instituições / Marco Otavio Almeida Mazzoni. Belo Horizonte: Fórum, 2024. 305 p. 14,5x21,5cm ISBN 978-65-5518-655-0 1. Acordo de leniência anticorrupção. 2. Conflitos multiagências. 3. Capacidades institucionais. 4. Constitucionalismo cooperativo. 5. Law & Behavior. I. Título. CDD: 351 CDU: 35

Ficha catalográfica elaborada por Lissandra Ruas Lima – CRB/6 – 2851

Informação bibliográfica deste livro, conforme a NBR 6023:2018 da Associação Brasileira de Normas Técnicas (ABNT):

MAZZONI, Marco Otavio Almeida. *Acordos de leniência anticorrupção e conflitos institucionais*: a consideração humana na reação constitucional. O direito comportamental em instituições. Belo Horizonte: Fórum, 2024. 305 p. ISBN 978-65-5518-655-0.

AGRADECIMENTOS

"Ao final dessa empreitada expositiva, insisto que o delineamento cartográfico da AID constitui esforço no sentido da reflexão jurídica criativa e criadora, responsiva, mas também ativamente partícipe das transformações socioeconômicas; aberta à perene mudança da mente e das instituições, capaz de transcender a concepção médica do direito (voltado domesticadamente à regulação e solução de conflitos) em favor de uma perspectiva de "engenharia" institucional e imaginativamente construtiva..." (CORVAL, 2017, p. 106).

Pode parecer contraditório, pois o trecho é parte da conclusão de artigo sobre a Análise Integral do Direito. Mas o fato é que tem uma natureza de início para a visão aqui adotada, que precisa do direito além das vestes tradicionais da academia jurídica.

A troca de ideias, a abertura para novas fronteiras do conhecimento, o diálogo franco sobre alternativas e o livre exercício da imaginação institucional são a síntese do que se espera de um guia. Um agradecimento é uma expressão significante, mas que talvez não alcance todo o significado do que envolveu a sua integralidade. Ainda assim, não hesito, mais uma vez, em agradecer.

Muito obrigado, Prof. Dr. Paulo Roberto dos Santos Corval.

"Much legal scholarship – most of it, perhaps – is formalistic, stuck in the dreary task of analyzing texts; much of it is highly normative. Normative is fine, but not if the norms are unexamined. And especially not when jurists reach normative conclusions based on what they imagine to be fact, but without the slightest evidence to back up their assertions. This is also true of judgments about the impact of legal acts. Learned essays on what the law does in society, without looking to see what the impact actually is, are like essays on the sex life of the unicorn. What matters is the lived experience of law."

(FRIEDMAN, Lawrence M. *Impact*: How Law Affects Behavior. Cambridge, Massachusetts: Harvard University Press, 2016, p. 251)

LISTA DE ABREVIATURAS E SIGLAS

5ª CCR	–	5ª Câmara de Coordenação e Revisão do Ministério Público Federal
AGU	–	Advocacia-Geral da União
ANPC	–	Acordo de Não Persecução Cível
ANPP	–	Acordo de Não Persecução Penal
BACEN	–	Banco Central do Brasil
CADE	–	Conselho Administrativo de Defesa Econômica
CEIS	–	Cadastro Nacional de Empresas Inidôneas e Suspensas
CGU	–	Controladoria-Geral da União
CNEP	–	Cadastro Nacional de Empresas Punidas
CVM	–	Comissão de Valores Mobiliários
DOJ	–	*Department of Justice*
DPA	–	*Deferred Prosecution Agreements*
ECN	–	*European Competition Network*
FCPA	–	*Foreing Corrupt Practices Act*
GRAAL	–	Grupo de Ajuizamento Decorrente de Acordos de Leniência
Ibrademp	–	Instituto Brasileiro de Direito Empresarial
IN	–	Instrução Normativa
LAC	–	Lei Anticorrupção (Lei nº 12.846/2013)
LIA	–	Lei de Improbidade Administrativa (Lei nº 8.429/1992)
LINDB	–	Lei de Introdução às Normas do Direito Brasileiro (Decreto-Lei nº 4.657/42)
MASA	–	Melhor Alternativa Sem Acordo
MJSP	–	Ministério da Justiça e Segurança Pública
MPF	–	Ministério Público Federal
OCDE	–	Organização para Cooperação e Desenvolvimento Econômico
OEA	–	Organização dos Estados Americanos
ONU	–	Organização das Nações Unidas
PCT	–	*Paris Convention Treaty*
SEC	–	*Securities and Exchange Commission*
STF	–	Supremo Tribunal Federal
TAC	–	Termo de Ajustamento de Conduta
TCC	–	Termo de Compromisso de Cessação
TCU	–	Tribunal de Contas da União
UNCAC	–	Convenção das Nações Unidas contra a Corrupção
WIPO	–	*World Intellectual Property Organization*

SUMÁRIO

APRESENTAÇÃO
Samantha Chantal Dobrowolski 15

INTRODUÇÃO 27

PARTE I

CAPÍTULO 1
PROGRAMAS DE LENIÊNCIA E O IMPULSO INTERNACIONAL DA LEI ANTICORRUPÇÃO: PREVISÕES DE OPERAÇÃO E OS ACORDOS NO BRASIL – CGU E MPF – 2014-2022 43

1.1 As previsões da Lei Anticorrupção na operação das instituições brasileiras e a conciliação de instrumentos negociais 52

1.2 Os acordos de leniência anticorrupção no Brasil – CGU e MPF – 2014-2022 – pontos de destaque e análise 63

CAPÍTULO 2
VIRTUDES E IMPROPRIEDADES DO MODELO MULTIAGÊNCIAS: REFLEXOS INSTITUCIONAIS DOS ACORDOS BRASILEIROS 73

2.1 A maximização do próprio interesse público e o isomorfismo .. 77

2.2 Competição excessiva entre agências do mesmo ciclo e os riscos de exclusão das outras visões 81

2.3 O viés do egocentrismo 83

2.4 Pontos cegos éticos em perspectiva e o perigo das racionalizações institucionais 86

2.5 As limitações focadas em normas e efeitos colaterais 89

2.6 O sistema multiagências como um problema de ação coletiva em subgrupos 92

CAPÍTULO 3
A ATRATIVIDADE DOS ACORDOS: A RACIONALIDADE
ECONÔMICA ORIGINÁRIA, A GOVERNANÇA CORPORATIVA E
OS PASSOS ALÉM DA ESCOLHA RACIONAL 97
3.1 Divulgação dos requisitos e procedimentos em caso de
     sucesso ou recusa de acordos.. 107
3.2 Benefícios que incentivem a "corrida pela colaboração": a
     compreensão alternativa do "dilema dos prisioneiros" em
     casos de corrupção... 114
3.3 Sigilo e compartilhamento restrito de informações na
     preservação das finalidades do acordo 126
3.4 Oportunidade para corroboração das narrativas........................ 132
3.5 Expectativa contra redundâncias sobre os mesmos fatos e a
     incerteza da repercussão humana 136

CAPÍTULO 4
A CONSIDERAÇÃO HUMANA E O VETOR DE COOPERAÇÃO
ALÉM DA RAZÃO ECONÔMICA: REFLEXOS NA
RESPONSABILIZAÇÃO DAS PESSOAS JURÍDICAS E OPERAÇÃO
DOS ACORDOS 141
4.1 A responsabilidade objetiva e o foco nos agentes da corrupção 154
4.2 O distanciamento do Poder Judiciário e a monetização das
     consequências da corrupção: a reação da comunidade humana 162

PARTE II

CAPÍTULO 5
A EXPRESSÃO DO CONSTITUCIONALISMO COOPERATIVO
NAS CAPACIDADES INSTITUCIONAIS: MATRIZES PARA A
SUPERAÇÃO DE PONTOS CEGOS... 173
5.1 A regulação do compartilhamento de informações e a fixação
     dos valores de reparação em etapas... 204
5.2 A independência de esferas e o *ne bis in idem*: as capacidades
     institucionais no exercício sancionatório..................................... 220
5.3 A proteção das pessoas naturais que corroboram os acordos
     de leniência... 229
5.4 A prevenção ativa: implementação dos programas de
     integridade.. 233

CAPÍTULO 6
MODELOS OPERACIONAIS DE COOPERAÇÃO MULTIAGÊNCIAS:
OBJETIVOS, TÉCNICAS E SENHA COMO INSTRUMENTO 237

CAPITULO 7
A ALTERNATIVA BRASILEIRA: UMA SUGESTÃO 257
CONCLUSÕES 267

REFERÊNCIAS 283

APRESENTAÇÃO

Vocacionado a dotar de mecanismos de regulação necessários à manutenção do vínculo social entre os indivíduos, o direito é um fenômeno tão complexo quanto a tarefa a que se destina, e a abordagem consistente de suas funções, virtudes e deficiências requer cautela e exame de distintas matrizes do saber humano. Embora, sob certa ótica tradicionalmente relacionada a uma linha crítica, o fenômeno jurídico seja comumente identificado, em tom mais negativo, com a manutenção do *status quo* – uma de suas funções precípuas, pois relacionada com a estabilização requerida para a mínima coesão das relações sociais –, a necessidade de sua incidência contínua e concreta na resolução de conflitos individuais e coletivos, nacionais e multilaterais até, impõe sua cada vez mais constante inter-relação com outros campos do conhecimento humano e do desenvolvimento tecnológico, bem como o desafia a buscar, na esfera política, tomada no sentido de *polis*, sua legitimação e validação social, adotando também caráter construtivo e inovador. Vale dizer: o direito não pode apenas servir à conservação da interação social e à pacificação de contendas, mas deve ser instrumento de mudanças em prol da sociedade que regula e tem que conseguir fazê-lo de modo racional, útil e, especialmente, aceitável por parte dos destinatários de sua manifestação, para ser legítimo e respeitado, amoldando-se, em conteúdo e em procedimentos, às novas demandas de cada tempo.

Sob este prisma, quando apreciado em sua faceta repressiva, a *ultima ratio* da intervenção estatal, o direito, na atualidade, tem que lidar com as crescentemente desafiadoras configurações dos ilícitos e das condutas desviantes, o que o faz, inclusive, expandir sua clássica atenção da conduta individual para abarcar o comportamento de entidades morais, corporações, empresas e outras formas organizacionais que atuam em benefício próprio e que podem gerar graves alterações no meio em que funcionam, com prejuízos coletivos substanciais.

A criminalidade que perpassa a atividade econômica e os efeitos dela decorrentes exige a compreensão das relações envolvidas nesta forma mais velada e gradativamente mais sofisticada de ilícitos, que se espraia para além das opções de indivíduos isolados, porque, ainda que dependa de suas condutas, envolve o manejo de um diversificado feixe de interesses e atores humanos e institucionais, no âmbito público e na esfera privada. Valendo-se, na conjuntura sociopolítica globalmente vigente, da intransponível posição ativa do Estado burocrático intervencionista, que fomenta setores, regula e intervém no domínio econômico, o delito, através da empresa, por ela e para ela, ganha corpo, complexidade e constância. Delineiam-se formas massivas de atos ilícitos, notadamente os de corrupção, que se desenvolvem através de grupos de pressão, redes ou firmas, que atuam, institucionalizada e profissionalmente, perante integrantes da Administração Pública, visando exclusivamente aos próprios benefícios e ao atendimento estatal de seus objetivos.

Para fins heurísticos, podem-se destacar, entre os crimes envolvendo as relações público-privadas, os relacionados à corrupção, que, em um sentido amplo, envolve, na época atual, para além do clássico *quid pro quo*, a ação coordenada, acordada ou consciente entre pontos de interação inseridos na empresa, de um lado, e no poder público, de outro, visando a exercer influência do setor privado sobre o estatal. E, na medida em que se racionalizam práticas corruptas como um modo de agir empresarial, que pode gerar sucesso e lucros, a conduta indevida passa a ser normalizada e compreendida como vantagem competitiva ou modelo de negócios, especialmente quando o ambiente negocial não é hígido e facilita as trocas ilícitas, "justificando" sua adoção para manter a competitividade entre os *players*. A tal cenário de normalização da relação viciada entre os campos público e privado agregam-se situações de embaralhamento entre tais esferas, iniciadas já no processo eleitoral, com a finalidade de apropriação privada do Estado, através de sua captura e controle e da influência sobre seu funcionamento, inclusive pelos entes regulados e pelos que se escoram em uma dependência essencial do financiamento e das benesses administrativas para sua existência corporativa.

Desse quadro decorrem desafios ao direito no enfrentamento exigido até pelo contexto internacional, com os compromissos assumidos em seus respectivos tratados multilaterais, e pela busca do interesse público na promoção de mais ampla integridade nas relações público-privadas, a fim de ser viável um ambiente global de mais intenso *fair game*.

Nesse desiderato, enfrentar o crime praticado pela e através da empresa requer, por exemplo, previsões normativas voltadas a reduzir a vulnerabilidade à corrupção, como a que engloba a adoção da forma objetiva de responsabilização, facilitadora da produção probatória; a que toma em conta variáveis sobre planejamento societário e meios corporativos usados para fuga das penalidades; a que torna possível a desconsideração da pessoa jurídica e até sua dissolução, para permitir efetiva punição em casos graves; e a que incentiva a adoção de políticas internas de *compliance* e de mecanismos de integridade pelas próprias companhias, incluídas no esforço de evitar ilícitos.

Aliada a tais esforços, exsurge altaneira, na legislação pátria, a novel permissão de uso do instituto negocial em matéria anticorrupção, estratégia inovadora para quebrar a clandestinidade protetora das relações ilícitas entre setor privado e Poder Público. Sua finalidade é tornar viável ao Estado romper as cadeias de confiança e silêncio e o véu de invisibilidade que cerca os delitos associativos e as práticas cartelizadas e colusivas, notadamente porque são tecidas sob verniz de aparente legalidade e normalidade, de quase impossível detecção externa ao arranjo viciado, sob a ótica estatal de fiscalização.

O uso de métodos consensuais e, destacadamente, também do acordo de leniência, pela Administração Pública, obviamente persegue uma maior eficiência na sua atividade, seja sancionadora ou negocial, sendo esta a tônica de sua legitimação sob a ótica estatal. Não obstante, para ser legítimo e constitucionalmente aceitável, no marco vigente do Estado Democrático de Direito, o instrumento de consensualidade tem que estar afinado com propósitos de interesse público que também compreendam valores atinentes à ampla defesa e à concretização da segurança jurídica, a serem conciliados com a otimização e a eficácia dos resultados da ação do Poder Público.

Nesse contexto, acordos de colaboração entre Estado e infrator – pessoa física ou jurídica – têm se tornado tendência geral, no mundo ocidental, por responderem tanto a estratégias de eficiência investigativa e otimização punitiva, quanto por estarem fundados, ao menos em parte, sob a ótica privada, em cálculos racionais, econômicos e de utilidade, voltados à sobrevivência mercadológica, a estratégias de ampla defesa e, inclusive, à promoção de maior *fair game* na competição global.

Como negócio jurídico consensual integrado à atividade sancionadora estatal, o acordo de leniência pressupõe, além da espontaneidade e voluntariedade na adesão pelo infrator, obrigações recíprocas, constituídas sob a égide da proporcionalidade, na consideração adequada do interesse público na celebração de seus termos. Ostenta natureza dúplice: consiste em uma técnica especial de investigação, a partir da qual se obtém alavancagem probatória em contexto informacional assimétrico, com a apresentação de dados e de informações inéditas, úteis, oportunas e relevantes pelo próprio agente infrator, além de provas ou indicação de caminhos probatórios que permitam a identificação da materialidade e da autoria de delitos e infrações, e, ao mesmo tempo, configura um meio de defesa legítimo, baseado em um modo de confissão qualificado, com a admissão e cessação de práticas lesivas e, em contrapartida, com obtenção de benefícios legais advindos da cooperação voluntária e espontânea.

Busca-se, com o acordo, maior eficiência nos resultados e níveis punitivos alcançados pelo Poder Público, que incrementa a apuração e a sanção de mais ocorrências criminosas descobertas com a colaboração. Incumbe, em função disso, ao Estado leniente atender ao interesse público, ponderando os custos e as vantagens da avença, de sorte que deve ser valorada, em concreto, a opção que promova a melhor e mais rápida elucidação de ilícitos advinda da cooperação negociada, fato que poderia eventualmente não ocorrer se inexistente a leniência e mantida a ignorância estatal. Já em relação às benesses a serem conferidas em virtude da postura colaborativa do infrator, deve-se realizar juízo de proporcionalidade e adequação.

Em um sistema democrático, para a estruturação de um programa de leniência realmente efetivo, que atenda a esta dúplice natureza do instituto negocial, três fatores afiguram-se indispensáveis: segurança jurídica, transparência e previsibilidade.

Pode-se assumir, então, que a segurança jurídica decorre da transparência das premissas adotadas pelo Estado e da previsibilidade necessária à credibilidade da postura pública, que permita um mínimo de conhecimento prévio no que toca à compreensão oficial sobre a legislação e os procedimentos internos da autoridade leniente que entabulará tratativas para a celebração de eventual avença, o que deve valer tanto para a aplicação de sanções aos infratores que permanecerem praticando o ilícito (e, neste aspecto, importa também saber o prazo e o grau de probabilidade de efetivo apenamento e ultimação dos procedimentos punitivos), quanto para as negociações e os benefícios advindos de um eventual acordo de leniência.

Sem segurança jurídica desde o momento inicial das próprias negociações, que precisa ser mantida na celebração e na execução dos acordos, não haverá previsibilidade sobre os efeitos e o alcance da cooperação, o que reduz a atratividade do instituto e desincentiva a busca desta colaboração premiada como meio estratégico de defesa, dada a incerteza sobre a efetividade da obtenção de um resultado mais vantajoso ao infrator que colabora do que a situação anterior à revelação dos ilícitos por ele negociada.

No Brasil, o recurso ao modelo negocial em matéria de defesa da integridade pública, inaugurado pela Lei nº 12.846/2013 – a Lei

Anticorrupção (LAC) –, alinha-se à tendência internacional no tratamento de ilícitos corporativos e dos praticados no âmbito da Administração Pública, adotando, embora assistematicamente e com incompleta definição técnica, o acordo de leniência. Já pioneira e amplamente desenvolvido e utilizado, com paulatino êxito e crescente respeitabilidade, na área da defesa da concorrência, este instrumento consensual merece detida análise na esfera de responsabilização afeta à moralidade administrativa, não só pelo ineditismo de sua admissão neste âmbito, mas porque, tendo encontrado fértil campo de aplicação tão logo vigente a lei instituidora, pela imposição imperativa dos fatos, apresentou, dada sua insuficiência normativa e um déficit de compreensão de sua natureza e finalidade, a par de resultados promissores, uma série de claras dificuldades em sua incidência concreta, típicas da maturação requerida por institutos recentemente incluídos no sistema jurídico e nem sempre adequadamente amoldados à experiência interna, quando trasladados da ordem internacional.

A tornar mais reticente a atratividade da opção negocial no sistema legal pátrio em matéria anticorrupção, exsurge a tradicional múltipla incidência sancionatória sobre o mesmo fato ou ato ilícito, o qual, como cediço, pode caracterizar infração em diferentes âmbitos de responsabilização, do que decorre, por outro lado, a multiplicidade competencial respectiva, para apuração e processo das infrações detectadas. Vale dizer: no ordenamento jurídico brasileiro, a superposição de várias esferas sancionadoras – a criminal, a administrativa, a civil, a da Lei de Improbidade Administrativa, a da Lei Anticorrupção, a da Lei de Licitações e Contratos Administrativos, a concorrencial, a atinente a serviços e setores regulamentados e/ou regulados (financeira e mobiliária, por exemplo), etc. – soma-se à existência de diversas instituições com atribuição constitucional ou legal para apurar e punir os atos ilícitos cometidos contra a Administração Pública (Ministério Público, Advocacia Pública, órgãos de controle interno e externo, polícia, agências reguladoras e afins, etc.), o que acarreta sentidas dificuldades na efetivação do instituto da leniência, em virtude do que convencionalmente se denomina sistema multiagências no tema do enfrentamento da corrupção.

Ao lado dessa característica do arcabouço normativo anticorrupção nacional, que agrava a consideração jurídica dos ilícitos, há outros fatores que desafiam a boa e segura resolução negocial na matéria. Destacam-se, entre eles, os contextos complexos de prática de ilícitos de corrupção na atualidade, que usualmente envolvem o concurso de várias pessoas, físicas e jurídicas, públicas e privadas, com níveis diferenciados de acesso a informações sobre os próprios delitos, o que retarda e complica sua elucidação adequada; as limitações legais expressas do alcance subjetivo e material da leniência e de seus efeitos sancionatórios ou exoneratórios, o que requer a construção de soluções paralelas, com base na legislação correlata, notadamente no campo penal, voltadas a englobar a resolução possível e devida para pessoas físicas relacionadas com as empresas e as condutas desviantes; os diferentes tempos de apuração e tramitação de fatos em cada instância de responsabilização e as próprias distinções existentes entre elas em relação a enfoque e objeto específico de trabalho, o que dificulta o alinhamento automático da atuação estatal, através dos diversos legitimados, para negociações amplas e conjuntas; a natureza sensível das informações trocadas, cujo sigilo é fundamental durante largas fases do procedimento apuratório e sancionatório, o que se transforma em barreira a ser vencida para uma negociação coordenada até sob a ótica exclusivamente estatal.

Deriva de tal cenário um forte déficit de segurança jurídica que pode afugentar os candidatos à leniência na esfera anticorrupção no país. A previsibilidade acaba sendo mais afetada pela pluralidade de instituições legitimadas a aplicar punições contra atos ilícitos prejudiciais à Administração Pública, vez que induz a um quadro de incerteza em relação ao órgão ou ao ente estatal com competência para celebrar o acordo, uma vez que a mesma conduta infracional pode ser tratada por diferentes esferas de responsabilização, que podem sancioná-la de forma diferente e simultânea. Nesse cenário, se a celebração da avença com determinada autoridade não isentar o colaborador de outras sanções, potencialmente aptas a ser impostas por outro (co)legitimado, compromete-se o nível adequado de confiança e credibilidade em relação à obtenção dos benefícios do programa de colaboração, o que afeta, por sua vez, a própria efetividade do instituto.

Dadas as condições de espraiamento dos efeitos da colaboração prestada para outros campos punitivos, graves riscos e problemas práticos apresentam-se aos que manejam o instrumento negocial no país. Vislumbram-se como medidas imperativas, para minorá-los, uma adequada articulação interinstitucional e um grande zelo na aplicação de sanções concretas para evitar a replicação inócua de esforços passíveis de compartilhamento ou desempenho insuficiente e conflituoso entre agências públicas encarregadas das tarefas de repressão a desvios e ilícitos corruptivos, bem como a indesejável sobreposição sancionatória. Soluções *ad hoc* nesta seara também passam a ser construídas, como a da adoção de acordos espelhos, quando instituições diferentes, manifestando amadurecimento adquirido em curva de aprendizado nos anos recentes, passam a reconhecer o pactuado pelo mesmo infrator-colaborador com outros legitimados, com influência nas condições de seus próprios ajustes. A busca de um balcão único tem sido tratada como outra possível resposta, em que pesem as características específicas do enfrentamento à corrupção, que desaconselha tal providência, exitosa no sistema de defesa da concorrência, mas, mesmo nele, com a vital e viva cooperação entre órgãos diversos. Protocolos de ação conjunta e de troca de boas práticas têm sido ventilados, sem lograr aplicação formal.

De todo modo, essas preocupações e os paradoxos vivenciados na aplicação concreta do modelo, sobretudo na experiência recente na esfera federal de controle e fiscalização, em virtude da notória Operação Lava Jato, demonstram claramente que a efetividade dos acordos de leniência e da finalidade pública por eles perseguida é proporcional ao grau de segurança jurídica que o Estado, em qualquer de suas facetas organizacionais, inspira em relação ao seu cumprimento. As incertezas quanto à efetivação das vantagens prometidas pelo programa de colaboração premiada, caso os colaboradores cumpram os deveres pactuados com a autoridade leniente, podem dissuadi-los de recorrer ao instituto como meio de defesa, porque não haverá convicção bastante nem suficiente sobre a obtenção de um resultado mais vantajoso do que aquele que seria alcançado sem a adoção da solução negocial. Daí também decorre, como pressuposto para o funcionamento da opção consensual, a necessidade de se garantir ao colaborador potencial a previsibilidade sobre todos os aspectos do acordo, especialmente a respeito da autoridade legítima para celebrá-lo, tanto no âmbito interinstitucional, quanto internamente em uma mesma instituição.

Estes dilemas do sistema multiagências têm movimentado pesquisadores e doutrinadores, no direito e na ciência política, no país. E, nessa linha, em muito boa hora, com profunda e instigante reflexão sobre o tema ora tratado, Marco Otavio Almeida Mazzoni – na obra "Acordos de Leniência Anticorrupção e Conflitos Institucionais: a consideração humana na reação constitucional" – oferece cuidadoso e aprofundado estudo sobre o direito comportamental em instituições, em que apresenta contribuições interessantes a esse candente debate e propostas de solução para impasses vivenciados na concretização prática das premissas expressas e implícitas do texto normativo que dá os contornos originais ao instituto em matéria anticorrupção no sistema pátrio.

Em sua pesquisa, Mazzoni reúne elementos valiosos, que, além da análise estritamente jurídica, incluem outras lógicas e diferentes ramos do saber, como economia, psicologia aplicada e neurociência. Alia uma perspectiva crítica e multidisciplinar à pesquisa descritiva e comparativa, com rico exame de casos concretos e aguda reflexão sobre os problemas examinados, em que, com vívida honestidade intelectual, afasta-se de suas experiências profissionais diuturnas como Membro do Ministério Público Federal atuante em leniência e analisa seu objeto de estudo com objetividade, racionalidade científica e equilibrada equidistância.

O autor apresenta uma rica e didática exposição sobre o acordo de leniência anticorrupção, suas potencialidades e limitações, à luz, inclusive, de pesquisa empírica primorosa que recolheu dados de termos negociais lavrados durante os anos da notória Operação Lava Jato, pelas diferentes instituições públicas de fiscalização e controle que manejaram o instrumento, em sua aplicação inaugural na esfera federal da defesa da moralidade administrativa.

Oferece, assim, um panorama elaborado do alcance do manejo do instituto na prática, em que descortina, com elegância e clareza, suas finalidades, deficiências, virtudes e qualidades, além dos pontos cegos que afetam as escolhas e a atuação não somente dos agentes infratores, mas também dos integrantes das instituições lenientes. Nesse viés, aponta a maximização dos próprios interesses públicos de cada agência, o isomorfismo, a competição excessiva no mesmo ciclo fiscalizatório, com risco de exclusão de visões distintas, o egocentrismo institucional e os perigos das correlatas racionalizações, limites da abordagem normativa exclusiva e impasses do sistema nacional de múltiplas agências legitimadas.

O foco atribuído à pesquisa visa a detectar se há outras lógicas além da jurídica que justificam a adoção da solução consensual pelos infratores e procura compreender como a institucionalidade pública, em sua atuação irrefletida e não bem planejada, pode dificultar sua realização, quebrar expectativas, reproduzir redundâncias, inclusive punitivas.

A obra estuda o desenho normativo do instituto, à luz de sua necessária atratividade desafiada no modelo multiagências brasileiro, discorrendo sobre a construção da leniência anticorrupção com base em decisões que incluem racionalidade econômica originária e governança corporativa, mas também a escolha racional dos agentes envolvidos e as avaliações envolvendo riscos reputacionais, de vazamento de dados, de replicação sancionatória e de incerteza sobre aspectos humanos imbricados na prática delitiva, incluída a reação social aos termos pactuados e a própria depuração do ilícito – o tratamento a ser dado às pessoas físicas envolvidas nas infrações empresariais, que deve ser considerado no cálculo das próprias firmas e do Estado, porque pode afetar completamente a equação negocial, seja para aprimorá-la em transação concreta, seja para tornar inúteis tratativas que não o tenham sopesado prévia e prudentemente.

A superação da lente unilateral de análise e de manejo do instituto negocial afigura-se relevante para o autor e para seu estudo. E mais importante ainda é para a reflexão adequada sobre a otimização do instrumento consensual e de todas as ferramentas na esfera anticorrupção, tão carente de melhores práticas e resultados. A insuficiência e a incompletude de visões monolíticas e atuações isoladas são postas em destaque no texto ora apresentado, que explicita, com precisão, a necessidade de critérios transparentes para a negociação e celebração de acordos sob a ótica estatal, a fim de que, além das premissas normativas expressas, possam os particulares – pessoas jurídicas, mas também as físicas com aquelas envolvidas – aderir à opção negocial como meio de defesa, com certeza suficiente sobre o cenário a ser alcançado após a colaboração e a correlata renúncia ao exercício de direitos pessoais e estratégicos à defesa contra sanções.

A atratividade depende de critérios objetivos, também em termos de sua aplicação coerente e consistente pelos integrantes dos diversos organismos públicos lenientes. Além disso, transparência, procedimentos formais sigilosos e elementos de corroboração suficientes, para reduzir os níveis de subjetividade institucional e evitar redundâncias de rito e de sanções que desestimulam a aderência privada, também devem contribuir para diminuir a competição excessiva e predatória entre agências estatais, o egocentrismo e a mimetização na atuação funcional.

Como fórmula de superação dos desafiadores "gargalos" e das dificuldades vivenciadas na prática inicial das negociações e celebrações de leniências no país, Mazzoni propõe justificadamente a adoção da necessária inclusão do aspecto humano, que, aliada ao vetor da cooperação institucional, deve ser considerada para além do simples recurso à razão econômica e à escolha racional, o que se reflete na responsabilização das pessoas jurídicas e na extensão material e subjetiva dos acordos, com a efetiva punição, conquanto mitigável, das pessoas físicas que materializaram concretamente os delitos, repercutindo, portanto, na própria operacionalização dos pactos, pois, até para que a eles seja conferida legitimação social, não basta monetizar as condutas desviantes, sendo requeridas a clareza de meios e fins para o atingimento dos resultados aceitáveis, o que abarca a conduta das pessoas físicas.

Destaca-se ainda, em arremate a suas reflexões sobre os vários aspectos problemáticos da incidência concreta do instituto negocial em matéria anticorrupção, a solução que propõe, tão racional e elaborada quanto consistente sob a ótica da fundamentação político-jurídica: o recurso ao constitucionalismo cooperativo, dado sociocultural fundado em linguagem aberta e visão pluralista, inclusive sob a ótica científica e não meramente normativa, que funciona como expressão de confiança nas capacidades institucionais do Estado em suas diversas facetas, que permite maximizar virtudes e minimizar deficiências, tornando possíveis ajustes e conjugação de esforços no comportamento orgânico das agências públicas.

Voltada à superação da ilusória panaceia de um balcão único e exclusivo para a negociação e celebração de acordos de leniência em matéria anticorrupção, a proposta do autor concilia os melhores *insights* e a *expertise* de cada instituição envolvida no enfrentamento das práticas corruptas e corruptivas através de empresas, e constrói, em etapas sucessivas e complementares, roteiro factível de atuação estatal que melhor atenderia ao interesse público na elucidação de delitos complexos com efetivo ganho informacional em cenário de assimetria entre as partes e com a possibilidade da ruptura da cadeia delituosa e eficácia reparatória de danos causados ao erário. Trata-se de modelo respeitoso às distintas esferas de atuação institucional, que se complementam, inclusive, como se pode constatar na análise de casos concretos efetuada na pesquisa, que leva em conta a relevância de se dotar a pessoa jurídica lesada (pessoa política ou entidade a ela vinculada) de um papel ativo, na negociação e celebração da avença, com observância da autonomia e caráter representativo do ente lesado, para além da atuação do Ministério Público, esta central, não obstante, porque vinculada a premissas que envolvem a detecção primária e primacial dos ilícitos, inclusive sob o insuperável enfoque criminal e a indispensável e correlata inclusão das pessoas naturais envolvidas nos fatos.

Ademais, a regulação do compartilhamento das informações obtidas do infrator-colaborador, a fixação dos valores de reparação em fases subsequentes, o respeito à independência das esferas e o *ne bis in idem* são os passos que atentam para as diferenças das múltiplas capacidades institucionais no exercício sancionatório, com coordenação entre as agências e a auspiciosa e complementar atuação em etapas, hábeis a esgrimir, de cada colegitimado, o melhor de suas habilidades técnicas e funções, em processo paulatino de construção coletiva e colegiada da solução negocial que melhor atenda ao interesse público e, ao mesmo tempo, ao interesse privado do infrator e de sua máxima defesa, o que inclui, ainda, a proteção às pessoas naturais que colaboram e tornam possível e mais aproveitável a própria colaboração da empresa, dificultando estratégias comerciais de contenção de danos e redução de aportes informacionais em crimes complexos e dotando de maior utilidade as políticas de integridade das companhias.

A proposta do autor parte de sua análise do cenário institucional federal, englobando e unificando a atuação, em etapas subsequentes, do Ministério Público Federal, da Controladoria Geral da União e do Tribunal de Contas da União, com medidas simples e racionais que preservam cada uma delas e dão respostas aos problemas organizacionais observados na prática, otimizando a capacidade persecutória do Estado e dotando de maior abrangência e consistência o resultado alcançado em leniências, com a criação de mecanismos de maior previsibilidade e da porta de entrada para as pessoas naturais em tais acordos.

A conclusão a que chega o autor e permeia todo o seu judicioso estudo e, inclusive, a analítica abordagem dos acordos concretamente realizados na esfera federal nos anos recentes são claras sobre estar voltadas à apreensão da realidade e do modo como se opera nela, para além da normatividade e do tecnicismo juridicista, mesmo porque, como diz Mazzoni, "a consideração isolada dos acordos de leniência, sem a compreensão de como as pessoas naturais operam, pode não apenas prejudicar a cooperação, mas as funções esperadas de um modelo multiagências. É a compreensão do humano que potencializa a harmonização do instituto".

Finalmente, gostaria de expressar o grande contentamento que me proporcionou o estimado colega e amigo Marco Mazzoni, ao me permitir ler antecipadamente seu precioso escrito, presenteando-me com a honra de apresentá-lo, certa de que sua obra muito contribui para o aprimoramento do tema que tão agudamente aborda e que é tão caro a todos os que, como ele e eu, compartilham o anseio pela concretização do direito fundamental ao governo probo.

Samantha Chantal Dobrowolski
Doutora em Direito pela Universidade Federal de Santa Catarina (UFSC)
Subprocuradora-Geral da República

INTRODUÇÃO

> *The differences between discussing decisions in theory and making decisions in practice suggest that individuals may successfully resolve ethical dilemmas during, say, a company-mandated tutorial, yet fail to do so later when facing them in reality. Worse, the confidence created when individuals easily resolve ethical issues "on paper" can give them greater faith in their ability to successfully resolve dilemmas in real life. Perversely overconfident in their capabilities after such training, they may pay even less attention to their decisions out of the mistaken belief that they will be able to successfully resolve them in the future. These "blinds spots", as described by psychologists Max Bazerman and Ann Tenbrunsel, often contribute to people's tendency to act far less ethically in practice than they anticipate.* (SOLTES, 2019, p. 326)

O trecho é de obra sobre o comportamento daqueles que praticam crimes de colarinho branco (*white-collar crimes*), que envolvem as violações no contexto empresarial (SUTHERLAND, 1983, p. 7; GEIS, 2016, p. 32-33) e as dificuldades da sua identificação, como o emprego de pessoas jurídicas.

A corrupção envolve situações em que mesmo a conduta criminalizada pode levar o agente a confiar que seus ilícitos jamais serão descobertos e a justificar seus atos, na crença de que não violou normas ou causou danos, em típicas expressões psicológicas dos chamados "pontos cegos" (*blind spots*). Uma de suas compreensões envolve a *bounded ethicality*, em que mesmo a escolha racional não se afasta de particularidades humanas na tomada de decisões, em especial a tendência de acreditar sermos mais éticos do que realmente somos, de explicar porque tendemos a ignorar comportamentos antiéticos semelhantes e a atuarmos para que nossas práticas sejam aceitas pelas demais pessoas (BAZERMAN; TENBRUNSEL, 2011, p. 5, 21-22).

São questões que salientam as barreiras na atuação contra a corrupção e incentivam reflexões sobre os instrumentos capazes de superar as dificuldades.

Um dos principais é o acordo de leniência, que é instituto em constante evolução na experiência internacional, com origem contra ilícitos anticoncorrenciais e que alcançou o foco anticorrupção posteriormente. Sua ideia principal é permitir que as pessoas colaboradoras usem o instituto para minimizar o poder punitivo do Estado sobre si ao fornecerem, em contrapartida, o relato de ilícitos e evidências que permitam alcançar seus responsáveis.

No âmbito internacional, os sistemas contemplam sua aplicação variada e os resultados incentivam o seu desenvolvimento contínuo, chegando-se ao ponto de autores chamarem o fenômeno de *leniency revolution* (SPAGNOLO, 2008, p. 259).

No Brasil há diversas modalidades de acordos, com esferas de responsabilização, objeto e destinatários específicos como: (i) o Acordo de Leniência Antitruste, previsto pela Lei nº 12.529/2011 (Lei do Cade); (ii) o Acordo de Leniência do Sistema Financeiro Nacional, previsto pela Lei nº 13.506/2017; (iii) o Acordo de Leniência Anticorrupção, baseado na Lei nº 12.843/2013 (Lei Anticorrupção – LAC); e (iv) o chamado Acordo de Leniência do Ministério Público, que conjuga elementos diversos também com o objetivo anticorrupção.

Em especial, das duas últimas modalidades é que surge a percepção sobre os acordos anticorrupção, destinados com primazia às pessoas jurídicas, que buscam diferentes instituições de Estado para celebrar os diversos acordos, sem deixar de considerar ainda aquelas que, mesmo não participando, podem de algum modo influenciá-los. A situação de diversas instituições caracteriza um sistema multiagências no Brasil (MACHADO; PASCHOAL, 2016, p. 10-37).

Na esfera federal, a situação multiagências é destacada. Com técnicas e bases normativas distintas, ocorre a atuação de instituições como a Controladoria Geral da União (CGU) e o Ministério Público Federal (MPF), que podem ter suas atuações influenciadas pelo Tribunal de Contas da União (TCU) e pela Advocacia-Geral da União (AGU), sem prejuízo de repercussões nas atuações do Banco Central do Brasil (Bacen), da Comissão de Valores Mobiliários (CVM) e do Conselho Administrativo de Defesa Econômica (Cade), em que cada instituição atua mesmo não conduzindo os acordos anticorrupção.

Existem razões positivas para a atuação concorrente e variada de instituições, como fortalecer a capilaridade na detecção de ilícitos e otimizar a sua persecução. Carson e Prado salientam ainda a colaboração, a complementaridade e a compensação entre as instituições, com esforços competitivos em prol do fim comum (2016, p. 59-63).[1]

Mas a pluralidade tem um custo quando se leva em conta a inexistência de coordenação entre as instituições, na medida em que assim pode provocar que as pessoas jurídicas colaboradoras tenham que promover, com instituições diversas, ciclos reiterados de negociação sem a certeza de sua admissão por todas elas. As infratoras interessadas em cooperar teriam que promover diversos acordos sem garantia de que conseguiriam cumprir as exigências de cada instituição, ou se aquilo entregue a uma delas seria considerado pelas demais.

É o que ocorre com a situação em que a pessoa jurídica busca uma instituição para o acordo, como o MPF, mas sem a garantia de que a CGU admitirá seus efeitos e deixaria de promover sanções sobre os mesmos fatos. Em sentido inverso, a busca inicial da CGU provoca receios semelhantes quanto ao MPF.

A imprevisibilidade da recepção estatal é um dos fatores que faz a negociação ser algo arriscado para a colaboradora (MARRARA, 2015, p. 518). O dado é que, a despeito dos acordos conjuntos promovidos pelo MPF e pela CGU,[2] aqueles de forma autônoma têm causado conflitos, além de intervenções seguidas do TCU. A partir da experiência, Tojal e Tamasauskas salientam que a feição negativa traz implicações para o próprio Estado, pois,

> não se assegurando a efetividade do acordo de leniência, dele não irão se socorrer as empresas e por uma razão que salta a toda evidência: é que

---

[1] Ainda sobre a atuação das diversas instituições, sob a perspectiva da teoria das redes, Tamasauskas considera que "o sistema multiagências de controle da corrupção brasileiro pode ser compreendido sob uma lógica organizacional em rede policêntrica, cujas normas próprias da teoria geral de redes devem orientar o intérprete no seu relacionamento com o sistema" (2021, p. 263).

[2] Alguns exemplares são excepcionais, cada um com peculiaridades e atos sucessivos, como os casos: Technip Brasil e Flexibras; Samsung Heavy Industries (SHI); MullenLowe Brasil e FCB Brasil.

não faz o menor sentido jurídico e econômico assumir compromissos de alta monta sem que a contrapartida seja assegurada, representada pela certeza de que as informações oferecidas não aparelharão novas demandas contra a própria empresa signatária do acordo e que a Administração Pública reconheça sua validade. [...] Esse, sem dúvida, é o grande desafio que o instituto da leniência possui no Brasil atualmente: sobreviver à competição e à autofagia dos diversos órgãos e instituições do Estado, que, sob os efeitos do discurso anticorrupção, agem de forma esquizofrênica, competindo por um desarrazoado protagonismo ou simplesmente boicotando o instituto em razão de interesses até mesmo escusos. (TOJAL; TAMASAUSKAS, 2017, p. 237-254)

O destaque é que colaborar com o Estado pode não ser atrativo, sendo os riscos bem salientados no histórico desde o advento da Lei Anticorrupção, em que conflitos são salientados pela doutrina (PIMENTA, 2020; SOARES, 2020; WINTERS, 2015). Como ressaltado pelo Instituto Brasileiro de Estudos de Concorrência (Ibrac):

dúvidas sobre qual autoridade deve ser procurada para colaborar sobre alguma infração específica (e, se mais de uma, em que ordem), sobre a possibilidade de pessoas físicas e jurídicas celebrarem o mesmo tipo de acordo, sobre os requisitos para a negociação e celebração de um acordo e, por fim, sobre os benefícios que poderão ser obtidos por meio da colaboração são exemplos de "gargalos" que ainda precisam ser deslindados. (2020, p. 122)

Sobre os conflitos práticos provocados pelos múltiplos programas de leniência e agências, Pimenta (2020, p. 182) salientou situações como a atuação do TCU no "caso de Angra III" (Tomada de Contas nº 015.991/2015-0, Acórdão nº 483/2017, Rel. Min. Bruno Dantas), a indicar que "houve sinalização ambígua quanto à solidez do sistema, o que importa em um instrumento que depende de negociação, estabilidade e confiança entre as partes", mas que, sem os elementos adequados, "facilitou interferências entre os atores. Sob a avaliação de insuficiência de uma das funções dos acordos de leniência, uma autoridade buscou alterar o alcance ou o conteúdo do instrumento celebrado com outra e, até mesmo, em sua versão mais extrema, miná-lo ou inviabilizá-lo".

As dificuldades multiagências são refletidas em questionamentos com as mais diversas problemáticas em sede judicial. Vale a menção desde o Agravo de Instrumento nº 5023972-66.2017.4.04.0000 – TRF 4ª Região, sobre os conflitos dos acordos autônomos do MPF e da CGU, até o abordado pelo STF sobre a interferência do TCU nos acordos do MPF e da CGU, sob a perspectiva de controle externo, com destaque para os julgamentos dos MS nº 35.435, MS nº 36.173, MS nº 36.496 e MS nº 36.526, que, em aditamento ao seu voto, em manifestação conjunta, o Relator Ministro Gilmar Mendes expressou que:

> As circunstâncias fáticas dos casos subjacentes a esses Mandados de Segurança demonstram que a implementação da LAC tem se desdobrado a partir de intrincadas redes de sobreposições, redundâncias e conflitos entre esses atores estatais, cujas fricções, ao fim e ao cabo, redefinem profundamente as disciplinas legais abstratamente concebidas, salientando ainda, na expressão do voto originário no MS nº 35.435, que, ao contrário do que se poderia intuir, a necessidade de cooperação e coordenação entre as instituições envolvidas no chamado Microssistema Anticorrupção não é apenas uma medida de garantia da segurança jurídica que opera a favor das empresas que negociam com o Estado. Ao contrário, trata-se de verdadeira condição de efetividade dos instrumentos de leniência.

Novamente, percebe-se que o aspecto negativo não é apenas para a colaboradora, mas para o próprio Estado. A multiplicidade institucional pode criar disputas entre as instituições, ensejando até mesmo o potencial oferecimento de benefícios desproporcionais ou o recebimento de pouco resultado em troca.

Ressalte-se ainda que, segundo a Lei Anticorrupção, que atribui à autoridade máxima de cada órgão ou entidade o processamento de responsabilização ou do acordo de leniência (arts. 8º e 16),[3] a dinâmica multiagências ganha maiores contornos quando se leva em conta a federação brasileira, composta por diversos órgãos de controle interno, o que pode potencializar ainda mais os conflitos.

Mas o que fazer diante da situação? Para o quadro brasileiro, os estudos jurídicos geralmente sugerem soluções a partir de análises sobre a divisão de funções, competências e a coordenação necessária

---

[3] Art. 8º A instauração e o julgamento de processo administrativo para apuração da responsabilidade de pessoa jurídica cabem à autoridade máxima de cada órgão ou entidade dos Poderes Executivo, Legislativo e Judiciário, que agirá de ofício ou mediante provocação, observados o contraditório e a ampla defesa.
Art. 16. A autoridade máxima de cada órgão ou entidade pública poderá celebrar acordo de leniência com as pessoas jurídicas responsáveis pela prática dos atos previstos nesta Lei que colaborem efetivamente com as investigações e o processo administrativo, sendo que dessa colaboração resulte: [...]. §10. A Controladoria-Geral da União – CGU é o órgão competente para celebrar os acordos de leniência no âmbito do Poder Executivo federal, bem como no caso de atos lesivos praticados contra a Administração Pública estrangeira.

em situações concretas (v. PIMENTA, 2020; TAMASAUSKAS, 2021), ou ainda com modelos formais de balcão único, que concentrariam a via de acesso aos acordos, mas que ainda dependeriam da cooperação entre as instituições (v. OLIVEIRA; MENDES; HERRERA, 2018, p. 41-55; CORDEIRO MACEDO; SANT'ANA, 2019; MOHALLEN; RAGAZZO, 2017).

Outra perspectiva é ainda aquela que considera como princípios constitucionais exerceriam uma função de integração dos regimes de responsabilização anticorrupção, como se normas fossem a salvaguarda que visa a

> focos de vulnerabilidade jurídica que emergem da atuação descoordenada das entidades responsáveis pela aplicação da LAC e discutir suas possibilidades de superação a partir de uma perspectiva de interpretação do ordenamento legal e infralegal que privilegie os princípios constitucionais que orientam a atuação punitiva da Administração Pública, tais como os princípios da legalidade, da segurança jurídica (artigo 5º, XXXVI, CF) e da vedação à punição dupla. (MENDES; FERNANDES, 2021)

No entanto, a questão sobre o que seria necessário para sanar os problemas da atuação multiagências permanece em todos os casos, pois considerações de coordenação, interpretação ou mesmo inovações normativas não impediram a condução prática dos acordos com diversas formas de conflito. É algo que ocorre mesmo que as instituições não estejam conscientes do fenômeno e não se saibam com exatidão as suas causas. Como ressaltou Canetti:

> os desentendimentos ocorridos entre as autoridades não necessariamente denotam uma tentativa racional de diminuir a utilidade dessa ferramenta, ou de deslegitimá-la. Cada um dos entes pode, simplesmente, estar colocando à frente dos demais interesses em jogo a sua própria competência, por entenderem-na insuficientemente tutelada (ou mesmo preterida), ou em razão de alguma sorte de "visão de túnel" quanto a ela. (2019, p. 256-257)

Mas uma reflexão pouco explorada teria o seguinte foco, que será privilegiado na pesquisa deste livro: o que ocorre se situações como os pontos cegos, no início referidos, existirem não apenas nos agentes criminosos e pessoas jurídicas que eles operam, mas também nas instituições que promovem os acordos? A confiança nas normas que regem o instituto, na crença de promoverem a melhor atuação oficial, resolveria

os dilemas práticos? Por que as pessoas jurídicas colaboradoras buscam algumas instituições em especial? Existem pontos de compreensão dos fenômenos, além do jurídico?

De imediato, as razões restritas a preceitos jurídicos podem ser uma falha no recorte sobre como acordos são operados. Para o mapeamento de razões que antecedem o jurídico, mostra-se pertinente compreender a institucionalidade e como pontos cegos organizacionais podem dificultar soluções.

Uma advertência inicial é que a apuração considera que restringir a análise a matrizes de conhecimento isoladas pode incidir em falhas na compreensão da realidade, pois uma lente pode até identificar uma imagem do instituto, mas ser incapaz de explicar fenômenos e como solucionar os problemas. No caso, o trabalho toma direção que exige a superação do fracionamento excessivo, com a busca de uma perspectiva multidisciplinar (CORVAL, 2017), que considere não apenas a base jurídica, mas ainda as nuances de institutos conciliatórios e as perspectivas dos agentes humanos que operam os acordos nos polos público e privado.

Para tanto, o marco teórico é de Law & Behavior (COMINELLI, 2018; ULEN, 2014; FRIEDMAN, 2016; GREENE, 2018; JOLLS, 2011; KAHNEMAN; TVERSKY, 2012; THALER; SUNSTEIN, 2008), que toma a compreensão dos atos institucionais com o auxílio de apreciações interdisciplinares, desde a economia comportamental, passando pela antropologia, a psicologia e, em especial, a neurociência, que ajudam a mapear o funcionamento do instituto e a refletir sobre sua realidade de operação.

Ao compreender que a atuação jurídica depende da realidade que a cerca, a pertinência do marco teórico considera que "the most important skills within law and behavior are the abilities to identify, evaluate, and criticize the alignment of methods and goals" (ULEN, 2014, p. 94). Justificar comportamentos institucionais apenas com matrizes jurídicas termina por criar lógicas fechadas, que podem funcionar como uma teoria a ser constantemente justificada como um fim em si, mesmo que não consiga solucionar a realidade que visava tratar.

Veja que as tradicionais sugestões de solução buscam a todo momento forçar soluções a partir de normas, mas sem compreender como a realidade operacional funciona. É algo que, em parte, o marco de Law & Behavior identifica ter relação com a formação dos agentes jurídicos, para quem

the law is a very special object. It is what they are trained in, what they understand, practice, and shape. When thinking about behavior, lawyers tend to assume that the law's text alone is what is going to drive human behavior. Yet most people do not have the fine details of the law in mind when they make decisions. Most people do not know criminal law, basic employment rights or family law, or the law specific to their professions. So a behavioral jurisprudence requires a less law-centric and more practical view of how people interact with the law. (ROOIJ; FINE, 2022)

Nas instituições, um pilar estrito em normas traz diversas implicações, em que

what happens in organizations is that adherence to legal rules, originally conceived as a means to an end, becomes an end in itself, this through a transposition process by which instrumental values become intrinsic values. Strict adherence to norms and regulations leads to an inability to adapt to situations that are not contemplated (*ibid.*, p. 177-178, 156-158). The transposition of feelings from goal to means is favored by the symbolic meaning of regulations. In this case, the attitude toward the norm seems to satisfy a need for stability and for conservation of the *status quo*, a need that is often nonconscious. This attitude can also be found in the problem of a public official's unaccountability. (COMINELLI, 2018, p. 16)

Com essas considerações, o foco do livro permanece com a análise jurídica, mas com inferências a partir dos estudos comportamentais (ULEN, 2014, p. 93), a refletir que as instituições são constantemente influenciadas pela atuação humana – ou mesmo dependentes dela –, sendo a incompreensão do fenômeno um dos principais indicativos dos debates circulares sobre a necessidade de cooperação interinstitucional, mas que ao final parecem esquecer que as normas, por si, até criam deveres e obrigações, mas não o comportamento cooperativo, seja por parte das colaboradoras, seja entre as instituições.

Como uma das implicações, ressalte-se logo que a consideração comportamental dos agentes públicos e privados não adota uma perspectiva econômica puramente racional, como se os agentes não fossem sujeitos a variações subjetivas com reflexos nos atos institucionais. Em especial, na perspectiva dos agentes da corrupção e no comportamento de potenciais pessoas jurídicas colaboradoras, segundo Muramatsu e Bianchi:

> [t]his is partly so because the rational approach to corruption fails to identify causally relevant mechanisms underlying the individual as well as social dynamics of corruption. The unrealistic theoretical foundations of the economic approach might constrain the development of anticorruption measures that promote integrity and impersonal public administration (OECD, 2018). That being the case we need new theoretical and empirical tools that give researchers and policy makers the chance to better understand corrupt behavior that happens in the real world of agents with bounded rationality, bounded willpower and bounded self-interest. A broader explanation of corruption and its challenges depends on a clearer account of how individual thinking and social preferences work together in the production of behavior. (2021, p. 57)

Em decorrência, a compreensão além da racionalidade tem implicações nas atuações institucionais, na medida em que a burocratização estrutural não consegue necessariamente satisfazer as exigências de efetividade, as procedimentais de aparência ou aquelas de interesse coletivo, pois os processos decisórios são afetados pelas preferências dos seus agentes, em que objetivos e expectativas podem ser distintos e até mesmo mudarem no curso das interações. Como salienta Cominelli:

> The organization, which should rationally guide the subject, becomes a set of choices and solutions in search of problems, feelings in search of situations in which to express themselves, and decision-makers in search of issues to be decided. Problems, solutions, and participants are discarded, then remain on hold, and then are unexpectedly and urgently recovered when an emergency comes up: they continually cycle in and out, as from a "garbage can" (Cohen et al. 1972, p. 5) into which they are thrown and from which they are retrieved, and the connection between problems and their solutions is often purely casual. Cognitive confusion reigns! Decision-making, whether or not mediated by organizations, has random features that separate it from rationality as commonly understood. (2018, p. 17)

O fenômeno tem íntima ligação com os pontos cegos e toma em conta que as manifestações institucionais dependem do exercício humano para serem concretizadas. Os indicativos das normas podem variar de acordo com a perspectiva de cada agente sobre elas e os fatos respectivos. No decorrer da pesquisa, a apreciação do comportamento institucional não precisou especificar agentes a cada momento, mas mostra os indicativos de como a dinâmica de atuação institucional, exercida além das normas, termina por ser conduzida por manifestações que não seriam capazes de ocorrer sem a agência humana sobre elas.

Portanto, é a partir das considerações além da racionalidade funcional e normativa que o modelo comportamental se afasta de compartimentos isolados de conhecimento. As ciências cognitivas, no campo do comportamento humano, propõem uma síntese que busca reverter a compartimentalização da investigação científica, como a que se restringe ao direito (COMINELLI, 2018, p. 2), promovendo campos do conhecimento que tenham o potencial de melhor apurar os fenômenos e adaptar os instrumentos adequados para sua solução.

Parte-se da epistemologia crítica que questiona a concepção operacional do instituto na prática brasileira. Ressalte-se que o autor é membro do MPF, componente da Comissão Permanente de Assessoramento para Acordos de Leniência e Colaboração Premiada – 5ª CCR (2017-2022) e a sua observação participante possibilitou a reflexão contínua sobre diversos problemas, que exigiam respostas constantes sobre a operação dos acordos e permitiu o aprimoramento do exercício crítico.

Em parte, o trabalho baseia-se em pesquisa descritiva, com análise doutrinária e normativa, que aprecia o contexto de origem, o direito comparado e a base brasileira que fundamenta o instituto.

Em especial, adota-se o método comparativo, não apenas quanto ao conteúdo doutrinário e normativo, mas a partir da análise empírica dos termos dos acordos de leniência no Brasil, com apreciação de documentos efetivos e as ressalvas próprias dos casos sigilosos. Toma-se a esfera federal como exemplar, que bem caracteriza as evidências por ser o destaque nas abordagens doutrinária e jurisprudencial. O objetivo é levantar os padrões práticos das instituições, com seu objeto delimitado aos acordos promovidos pela CGU e pelo MPF, além de intervenções do TCU. As apreciações ocorrem pela análise de conteúdo dos termos (BARDIN, 2016), em que se busca extrair as ideias fundamentais de suas previsões em tópicos relacionados aos conflitos entre as instituições.

Serão identificados pontos que caracterizam as similitudes e as incongruências entre as atuações, salientando aqueles que refletem no desempenho do instituto, como a alavancagem probatória, valores de reparação, compartilhamento de informações, proteção contra o uso em prejuízo da colaboradora, entre outros dos conflitos multiagências.

Em seguida, ao longo da exposição, os pontos serão especificamente citados quando houver identificação de situações de correlação, de modo a permitir o aprimoramento da avaliação e a minimizar falhas de categorização dos achados. Será possível em diversos momentos, com elementos do marco teórico, realizar raciocínios com as etapas de observação, relação entre componentes e generalização dos elementos configurados.

Mas a análise não se restringirá ao mapeamento dos conflitos e suas causas. Ela permitirá, além do mapeamento, a prescrição do que pode ser feito a partir do identificado. Novamente se busca instrumental além do jurídico para promoção dos comportamentos cooperativos, mas reconhecendo a dificuldade de tradução das diferentes áreas do conhecimento científico para a ótica jurídica. É quando o direito constitucional surge como elemento fundamental, pois funciona com uma linguagem aberta, capaz de traduzir as abordagens científicas plurais incidentes no modelo jurídico de operação.[4]

Nesse sentido, toma-se o modelo de apreciação sob uma perspectiva constitucional focada na teoria das capacidades institucionais (SUNSTEIN; VERMEULE, 2002), a indicar os potenciais de cada instituição para os acordos e se haveria um caminho para maximizar virtudes e minimizar deficiências, com um detalhe essencial: a consideração empírica da pesquisa, em que *os dados do mapeamento foram apreciados com um referencial do novo institucionalismo* (TOLBERT; ZUCKER, 1999, p. 196-219).

No entanto, identificou-se que as capacidades institucionais, em considerações isoladas, poderiam incidir nas mesmas falhas que provocam os pontos cegos institucionais. Para contorná-las, indica-se, a partir de uma concepção de constitucionalismo cooperativo (HÄBERLE, 2007), como a cooperação é um fenômeno que antecede a perspectiva jurídica e que o constitucionalismo possibilita promover com o reforço de direitos e ajustes entre as instituições, mas sem basear-se apenas em matrizes normativas.

A exposição será dividida em duas partes, com os focos de mapeamento (Parte I) e de construção de alternativas (Parte II).

A Parte I tem a função de identificar em que medida a adaptação do instituto ocorreu no Brasil e sua percepção pelos polos institucionais público e das colaboradoras privadas.

No capítulo 1, introduz-se a natureza consensual e o foco internacional que provocou a Lei Anticorrupção (Lei nº 12.846/2013), fonte

---

[4] A referência tem amparo na concepção de sociedade aberta de intérpretes (HÄBERLE, 1997).

destacada do instituto. O objetivo é fazer a sua sistematização, indicar origens, componentes e bases técnicas. São abordadas as previsões da legislação e como ocorre sua operação pelas instituições, com apreciação das normas, outros institutos negociais, doutrina e seus reflexos em conflitos além do apresentado nesta introdução. Para a melhor apreciação, apresenta-se a pesquisa antes mencionada com análises de conteúdo de termos dos acordos anticorrupção. Os resultados serão apreciados com análises não causais, mas de correlação, pois *permitem identificar práticas ao longo dos casos que podem dificultar a operação do instituto quando não atentam para as demais instituições.*

Com o confronto entre as virtudes e as contradições do modelo multiagências, surge o capítulo 2, que identifica problemas no contexto do polo institucional brasileiro. São apreciados o isomorfismo e a maximização dos interesses institucionais individualizados, passando pela competição excessiva no mesmo ciclo. Por sua vez, o egocentrismo institucional tem reflexos de pontos cegos que se encontram, em parte, vinculados às racionalizações e aos efeitos de normas incapazes de operar a realidade a que se destinam. Um dos reflexos para a evolução é considerar a situação multiagências como um problema de ação coletiva, o que pode indicar caminhos para o trato da situação.

Em seguida, o mapeamento apura como o desempenho multiagências é refletido no polo das pessoas jurídicas usuárias dos acordos. É no capítulo 3 que são abordadas as falhas na atratividade, que tradicionalmente adotam indicativos doutrinários de racionalidade econômica. Serão apreciados fatores como a divulgação de critérios em caso de sucesso ou recusa de acordos; os incentivos à corrida pela colaboração em lógica distinta do "dilema dos prisioneiros"; assim como o compartilhamento restrito de informações para corroborar narrativas, que salientam as expectativas contra atos contraditórios das instituições.

Um dado comum entre os polos também será destacado. No caso, a base comportamental das pessoas naturais e suas implicações nas pessoas jurídicas parece não ter a adequada compreensão doutrinária, algo que o marco comportamental ajuda a entender. É fator ainda mais salientado pelos indicativos de como fatores de governança corporativa e decisões além da escolha racional influenciam o instituto. Motivos, incentivos e funcionalidades geralmente são abordados abstratamente, sem um laço sobre como os atores humanos atuam em suas respectivas instituições e como as partes de um acordo funcionam.

O capítulo 4 toma este foco, traz a consideração humana e destaca o vetor de cooperação além da razão econômica, com reflexos substanciais no modelo de responsabilização das pessoas jurídicas e operação da leniência, afetando as visões dos agentes da corrupção e as reações da comunidade aos acordos, principalmente em seus aspectos financeiros, que podem ser vistos como um distanciamento das consequências sancionatórias aplicadas pelo Poder Judiciário. É identificado como a melhor formatação do modelo multiagências pode ser essencial para a superação.

A partir das dificuldades mapeadas e com a constante epistemologia crítica, passa-se a abordar outros padrões para resolução das dificuldades, compreendendo modelos e técnicas práticas com o marco constitucional. É o foco da Parte II.

No capítulo 5, toma-se a perspectiva das capacidades institucionais *e como o constitucionalismo cooperativo pode evitar extremos institucionais*. A percepção constitucional permite mecanismos para superar os pontos cegos com soluções dos principais aspectos conflituosos, como a regulação do compartilhamento e a fixação de valores de reparação em etapas, o diferencial do *ne bis in idem* com as capacidades institucionais, a proteção das pessoas naturais como vetor de cooperação e a prevenção ativa com foco futuro.

Para viabilizar na prática os achados é que são apreciados os modelos operacionais de cooperação na experiência internacional, com técnicas e destaque de instrumentos como o mecanismo de senhas. São os ingredientes abordados no capítulo 6.

Ao final, considerando que conciliar instituições é a reflexão atual, no capítulo 7, sugere-se uma proposta para a realidade institucional brasileira, inspirada naquilo apurado no decorrer da pesquisa, sob uma perspectiva cooperativa para o Estado brasileiro enfrentar dificuldades que, por vezes, funcionam como pontos cegos até então mal compreendidos.

PARTE I

CAPÍTULO 1

PROGRAMAS DE LENIÊNCIA E O IMPULSO INTERNACIONAL DA LEI ANTICORRUPÇÃO: PREVISÕES DE OPERAÇÃO E OS ACORDOS NO BRASIL – CGU E MPF – 2014-2022

A corrupção cobre uma ampla configuração de comportamentos, dimensões e efeitos, no sentido de ser "a complex phenomenon with economic, social, political and cultural dimensions, which cannot be easily eliminated" (EU COMISSION, 2014, p. 3; OCDE, 2014, p. 7).

Os atos de corrupção não são detectáveis a partir de elementos aparentes. São diversas as exposições doutrinárias sobre as dificuldades inerentes ao seu enfrentamento, com razões desde a veiculação em estruturas complexas, por vezes virtualizadas e no contexto contínuo de acobertamento, passando, entre outras, pela base financeira pulverizada que camufla sua origem ou aparente regularidade, a *omertà*,[5] entre outros obstáculos de detecção. Os infratores podem ser investidos em estruturas regulares, como as pessoas jurídicas, que utilizam aparatos técnico, humano e jurídico para tanto (ACKERMAN; PALIFKA, 2020; KLITGAARD, 1988; HOLMES, 2015).

O padrão que camufla sua ocorrência, quando se tem em conta a pluralidade de agentes envolvidos – entre corruptores e corruptos – cria mecanismos de confiança e esforços mútuos, em que a falha de um no acobertamento poderia significar a perda de todos. Trata-se de lógica que acentua o quanto a obscuridade vai além de linhas unilaterais

---

[5] O termo tem origem nos códigos de honra de organizações mafiosas do sul da Itália, baseados no voto de silêncio que impede a cooperação com autoridades públicas, tanto em relação aos próprios atos quanto aos de terceiros, que são reproduzidos por organizações criminosas (PAOLI, 2003).

de comportamento, com dificuldades que podem estar além da perseução tradicional e que motivam técnicas especiais de investigação (BRAITHWAITE, 1985).

Parte das técnicas compreende que a corrupção proporciona meios de prova a serem extraídos do seu interior operacional, como o relato do seio das pessoas jurídicas. Para tanto, a dinâmica para atrair sua entrega precisaria alterar a concepção de atuação do Estado, pois não existe um comando normativo capaz de obrigar alguém a sair da zona de conforto e colaborar. Na apuração do que moveria os agentes a buscar o Estado é que o movimento de consensualização foi erguido na seara anticorrupção. A colaboração dos operadores de ilícitos usa a dimensão dos espaços de consenso das funções administrativas (MARRARA, 2014) e o movimento de consensualização é algo manifesto internacionalmente, em que o destacado objetivo negocial é a obtenção de um padrão de persecução com base instrutiva otimizada que não seria alcançada de outro modo (MARRARA, 2015, p. 510-511).

Para promover a colaboração é que surgem os programas de leniência, que são estruturas funcionais a indicar como o Estado deve se portar para incentivar os potenciais colaboradores a buscar o acordo (ATHAYDE, 2019; CANETTI, 2019; SIMÃO; VIANNA, 2017; BEATON-WELLS; TRAN, 2015; ICC 2018; SPAGNOLO, 2004).

Os objetivos de um programa de leniência são variados, como:[6] a) a detecção de práticas ilícitas, a partir do relato das suas operações; b) a obtenção de provas para a persecução que dependem dos indicativos internos da empresa; c) a eficiência e a efetividade investigativas, com a redução de custos operacionais e da litigância; d) a cessação das infrações, interrompendo os efeitos negativos dos ilícitos; e) a persecução dos demais infratores, que é a essência do contexto anticorrupção, em que a impunidade de todos é evitada pela troca do benefício de ao menos um deles; f) a reparação e o ressarcimento dos danos, como forma de garantir o amparo célere às vítimas; e g) a dissuasão de ilícitos futuros, com a adição de um ingrediente de instabilidade entre os operadores do ilícito, que passam a ter percepção diferenciada quanto ao agente que não mais se encontra no mesmo padrão.

Ressalte-se que, mesmo em ilícitos sem uma estrutura concorrencial entre os agentes, como podem ser os de corrupção, estudos indicaram

---

[6] Ver abordagem semelhante, como *justificativas* para os programas: ATHAYDE, 2019, p. 29-60.

como a redução de sanções para aqueles que realizam a autodelação diminui os custos de persecução, algo significativo na medida em que os agentes persecutórios não têm recursos para a apuração detalhada de todos os ilícitos, além de suscitar um efeito especial, que é incrementar a percepção do risco pelos agentes dos ilícitos (KAPLOW; SHAVELL, 1994, p. 583-606), potencializando os efeitos preventivos. Os acordos podem ainda remediar antecipadamente danos e custos de regulação (MALIK, 1993, p. 241-257; INNES, 1999, p. 1305-1325), além de melhorar a operação do Estado, que, a partir do aprendizado com a elucidação dos ilícitos, pode aprimorar seus procedimentos.

A perspectiva é de um aprimoramento no tradicional desempenho verticalizado e unilateral do Estado. A partir do entregue em colaboração, os acordos ganham uma feição integrativa,[7] que visa a potencializar a instrução de processos persecutórios diversos, sejam eles previamente existentes ou não. A ação unilateral do Estado continua a ser exercida, mas em face daquilo mais bem apurado a partir do acordo, submetido plenamente ao devido processo legal, ou seja, as abordagens consensuais e unilaterais convivem sem supressões.

Os acordos são aplicados em diversos países desde a década de 1970, em que a autoridade pública concede a extinção ou o abrandamento de sanções aplicáveis ao infrator, recebendo, em contrapartida, a sua colaboração com os objetivos antes indicados. Como marco fundamental, a *Foreing Corrupt Practices Act* (FCPA), promulgada pelos EUA em 1977, foi umas das primeiras normas com alcance internacional, que possibilitou a persecução de atos praticados em outras jurisdições, desde que tenham ocorrido ao menos parcialmente em seu território, ou um dos agentes seja seu cidadão. Sua origem foi baseada em escândalos sobre o pagamento de propina por sociedades americanas a agentes públicos e partidos políticos de outros países. Casos como os da Lockheed, com o pagamento de propina a figuras públicas notáveis,[8] terminaram por incentivar o debate sobre o combate à corrupção nas transações transnacionais (CLOOTS; RYNGAET; WOUNTERS, 2012, p. 49).

---

[7] "Os acordos integrativos caracterizam-se por precederem o provimento administrativo final, sem o substituir, razão pela qual também são denominados de acordos endoprocedimentais ou acordos preliminares. Correspondem aos acordos firmados entre a Administração Pública e o administrado com vistas a modelar o ato final, o qual, contudo, continua sendo de competência unilateral da Administração" (PALMA, 2015, p. 248).

[8] Sobre o contexto, relato dos casos significativos e histórico legislativo, ver: HOUSE COMMITTEE ON INTERSTATE AND FOREIGN COMMERCE, 1977.

O FCPA representou um marco na criminalização da corrupção de funcionários públicos estrangeiros e sua persecução. No entanto, sua aplicação restrita aos Estados Unidos colocava suas pessoas jurídicas empresárias em desvantagem perante seus pares internacionais, pois sujeitas a sanções por atos de corrupção cometidos no exterior, enquanto pessoas empresárias de outros países não tinham consequências semelhantes. Curiosamente, até o final da década de 90, países como Alemanha, França e Inglaterra autorizavam até mesmo a dedução fiscal da propina paga a funcionários públicos estrangeiros (OCDE, 2011).

Como forma de adequar a todos a realidade do FCPA, logo houve uma mobilização para a edição da Convenção sobre o Combate da Corrupção de Funcionários Públicos Estrangeiros em Transações Comerciais Internacionais ("Convenção da OCDE"), adotada em 1997, no âmbito da Organização para Cooperação e Desenvolvimento Econômico (OCDE), que conjugou um esforço internacional de combate à corrupção, mas limitado a alguns Estados e ao controle do suborno na esfera comercial.

A Convenção trouxe indicativos aos países para a criminalização da corrupção de funcionários públicos estrangeiros (artigo 1 da Convenção da OCDE), além de mecanismos de controle. Como um destaque na perspectiva de responsabilização, o seu artigo 2º, sobre a responsabilidade das pessoas jurídicas, indicou que cada país signatário "deverá tomar as medidas necessárias ao estabelecimento das responsabilidades de pessoas jurídicas pela corrupção de funcionário público estrangeiro, de acordo com seus princípios jurídicos" e que aqueles ordenamentos jurídicos que não suportarem a responsabilização criminal devem implementar sanções "não criminais efetivas, proporcionais e dissuasivas contra a corrupção de funcionário público estrangeiro, inclusive sanções financeiras" (artigo 3.2).

Posteriormente, com o crescimento do movimento anticorrupção, surgiu o instrumento da Convenção das Nações Unidas contra Corrupção (UNCAC), desenvolvida pela Organização das Nações Unidas (ONU), em 2003, que foca ainda na responsabilização daqueles que recebem os valores indevidos, ou seja, a corrupção passiva, além de ter representado maior envolvimento dos Estados e ampliação da percepção do setor privado e da sociedade civil no combate à corrupção (CLOOTS, 2012, p. 46).

A partir da percepção consolidada sobre as dificuldades de detecção da corrupção é que o padrão originário da FCPA, com reflexos no Reino Unido, em seu UK Bribery Act, avançou para o fenômeno do compartilhamento com as pessoas jurídicas de parcelas das funções de prevenção e identificação de ilícitos, que não restariam mais concentradas apenas na área estatal, constantemente insuficiente, mas que ainda permaneceria com o exercício do poder punitivo. A atuação privada passa a ser destinada a subsidiar elementos para a restauração daquilo violado, conjugando os esforços privados ao público.

Nesse sentido, são crescentes os movimentos que articulam sistemas internos de prevenção e apuração, em que os resultados são levados ao Estado (NIETO MARTÍN, 2013, p. 191/209). No entanto, um ponto logo salientado é que, enquanto a estrutura estatal pode não ter a plena capacidade para elucidar os ilícitos empresariais, o modelo de operação articulado com a iniciativa privada pode não se desenvolver como esperado, pois podem faltar elementos aptos a incentivar a vontade colaborativa, algo próprio do caráter integrativo.[9]

De qualquer forma, as técnicas consensuais passaram por maturação. O destaque é a crescente aplicação de resoluções sem julgamento para casos de corrupção internacional, que em seguida impulsionaram as inovações brasileiras. Quando se toma em consideração os instrumentos consensuais pelos países participantes da Convenção da OCDE, a base de dados (2019) apresenta o número de sistemas destacados para a solução de crimes econômicos, o que alcança ofensas como a corrupção. Até 2018, com dados de 44 participantes, foram 890 casos resolvidos desde a Convenção, número que representa 78% daqueles que impuseram sanções ou confisco por corrupção internacional.

Com uma percepção sobre os sistemas jurídicos dos Estados-Membros, os dados ainda indicam que os três maiores usuários dos sistemas de resolução sem julgamento para corrupção internacional fizeram uso do expediente em mais de 75% dos seus casos, com destaque para a Alemanha (80%), o Reino Unido (79%) e os Estados Unidos (96%), que juntos representam cerca de 80% de todas as atuações do *Working Group on Bribery* e aproximadamente 90% de todas as resoluções sem julgamento desde a origem da Convenção.

No Brasil a experiência com os acordos de leniência[10] ganhou impulso inicial no âmbito da legislação antitruste, que, com a Lei nº

---

[9] Com percepções sobre a dinâmica, ver: FISSE; BRAITHWAITE, 1993, p. 15-16.
[10] O objeto da pesquisa é o acordo de leniência com o foco anticorrupção. No entanto, os institutos para resoluções negociais são variados e contam com diversos exemplares além

10.149/2000, estabeleceu o instrumento para as violações anticoncorrenciais. Em seguida, a evolução passou por novas previsões, que remetem a esferas de responsabilização distintas e alcançam o foco anticorrupção, seguindo a linha de técnicas, experiências e previsões internacionais.[11] Com destaque, a Lei nº 12.846/2013, conhecida como a Lei Anticorrupção (LAC), instituiu o principal instrumento dos acordos de leniência com a feição anticorrupção atual, não se restringindo mais às infrações de mercado e à ordem econômica, como é a situação antitruste.

Um ponto significativo para a compreensão do fenômeno brasileiro é a inserção da LAC no chamado microssistema anticorrupção (SIMÃO; VIANNA, 2017, p. 60-61), composto pelas normas que regem as medidas de prevenção e persecução, esferas distintas de responsabilização como a improbidade administrativa, o sistema contra violações anticoncorrenciais, as medidas de combate à lavagem de capitais e demais componentes que protegem a integridade da Administração Pública.

Como parte da sistematização, outros institutos negociais foram introduzidos ou alterados, sendo o exemplar mais significativo a chamada colaboração premiada, prevista na Lei nº 12.850/2013, promulgada com um dia de diferença quanto à Lei Anticorrupção (LAC), ambas no contexto de movimentos sociais contra a corrupção. Na evolução do sistema, anos depois, o Acordo de Não Persecução Cível – ANPC (Lei nº 13.964/2019) visou aos atos de improbidade administrativa. O destaque é que, como componentes de um sistema, os institutos deveriam ser harmoniosos, principalmente por estarem no contexto multiagências. No entanto, é algo que não ocorreu com exatidão desde a LAC, em que as inovações legislativas podem não compreender a realidade operacional anticorrupção, influenciando muitos dos conflitos na operação dos acordos de leniência.

---

dos acordos de leniência, como o Termo de Ajustamento de Conduta (TAC), acordos de não persecução, entre outros.

[11] O destaque normativo tem as seguintes previsões: Convenção sobre o Combate da Corrupção de Funcionários Públicos Estrangeiros em Transações Comerciais Internacionais, no âmbito da Organização para a Cooperação e Desenvolvimento Econômico (OCDE), Decreto nº 3.678/2000; Convenção Interamericana contra a Corrupção, da Organização dos Estados Americanos (OEA), Decreto nº 4.410/2002; Convenção das Nações Unidas contra o Crime Organizado Transnacional, conhecida como Convenção de Palermo, Decreto nº 5.015/2004; Convenção das Nações Unidas contra a Corrupção, a Convenção de Mérida, Decreto nº 5.687/2006.

Ressalte-se que, a despeito das incongruências, o caso brasileiro ainda é exemplo reconhecido de como as resoluções consensuais buscam adaptações não necessariamente normativas, mas práticas, para o seu sucesso. No entanto, para perceber como a Lei Anticorrupção pode ser um dos vértices dos conflitos multiagências, a apreciação de como ela se originou é pertinente, não pela perspectiva dos movimentos sociais anticorrupção no Brasil da ocasião, mas destacadamente pela ótica das instituições que concretizaram a sua criação. Em especial, sua edição ocorreu em um contexto, até então pendente no Brasil, de busca pelo cumprimento da Convenção da OCDE, que é objeto de avaliação periódica. A compreensão dos seus contornos auxilia na percepção dos problemas multiagências posteriores.

No caso, o Grupo de Trabalho sobre Corrupção nas Transações Comerciais Internacionais, que avalia os participantes sobre a implementação da Convenção e expede recomendações sobre o constatado, promoveu o monitoramento e a revisão com a apresentação do primeiro relatório sobre o Brasil em 2004 (Fase 1), quando apreciou a inadequação da legislação brasileira aos termos da Convenção.[12]

Em 2007, ocorreu a segunda avaliação (Fase 2), quando houve apreciação dos avanços efetivos após as recomendações da primeira fase. Novas recomendações foram realizadas. Em especial, sobre a responsabilização das pessoas jurídicas, houve a seguinte sugestão:

> 4. Em relação à responsabilidade de pessoas jurídicas, o Grupo de Trabalho reconhece as últimas iniciativas tomadas pelo Brasil na área e recomenda que o governo brasileiro (i) tome medidas urgentes para estabelecer a responsabilidade direta de pessoas jurídicas pelo delito de suborno de um funcionário público estrangeiro; (ii) crie sanções que sejam efetivas, proporcionais e dissuasivas, incluindo sanções monetárias e confisco; e (iii) assegure que, em relação ao estabelecimento de jurisdição sobre as pessoas jurídicas, uma ampla interpretação da nacionalidade das pessoas jurídicas seja adotada (Convenção, Artigos 2, 3 e 4; Recomendações Revisadas, Parágrafo I).[13]

Em junho de 2010, a OCDE publicou relatório sobre as medidas para implementar as recomendações da Fase 2, indicando que não

---

[12] Disponível em: http://www.cgu.gov.br/ocde/publicacoes/arquivos/avaliacao1_portugues.pdf. Acesso em: 27 abr. 2021.
[13] Disponível em: http://www.cgu.gov.br/ocde/publicacoes/arquivos/avaliacao2_portugues.pdf. Acesso em: 27 abr. 2021.

foram adotadas aquelas sobre a responsabilidade das pessoas jurídicas por atos de corrupção. Entre os demais pontos, estavam os esforços na aplicação das leis e resultados. As medidas deveriam ser efetivamente aplicadas para considerar-se a integral implementação da Convenção. Ademais, relatou-se que faltava a conclusão de casos bem-sucedidos contra a corrupção internacional (OCDE, 2010b, p. 4) e era novamente destacado que a responsabilização criminal das pessoas jurídicas no Brasil seria excepcional e não contemplava os casos de corrupção.[14] Portanto, uma outra solução precisava ser apresentada.

O ponto é que, em 2010, diante da abordagem internacional e de modo a atender aos compromissos, o Poder Executivo apresentou um projeto de lei sobre a responsabilização administrativa e civil, com critério de responsabilidade objetiva de pessoas jurídicas. A autoria foi encaminhada pela CGU, Ministério da Justiça e Casa Civil.[15]

No entanto, somente com o advento da Lei nº 12.850/2013, que instituiu instrumentos contra organizações criminosas e evoluiu a colaboração premiada, é que o Brasil confeccionou paralelamente o acordo de leniência dirigido exclusivamente às pessoas jurídicas, com a previsão na LAC. Como efeito, em 2017 o Grupo de Trabalho avaliou que

> in January 2016, Brazil concluded its first foreign bribery case by way of a leniency agreement with a Brazilian company, and cooperation agreements with 10 natural persons. Significant sanctions were imposed for a range of offences, including foreign bribery. In addition, Brazil now has eight ongoing cases, five of which were initiated after Phase 3 (from a total of 21 allegations).[16]

O relatado é em referência ao então desempenhado pelo MPF, que para os seus acordos não baseava sua atuação apenas da LAC. A despeito da concepção do instituto exclusivamente para pessoas jurídicas,

---

[14] A responsabilidade criminal de pessoas jurídicas no Brasil ainda tem aplicação restrita aos crimes ambientais (§3º do art. 225 da Constituição da República) e recebe questionamentos diversos. Sobre o tema, ver: CÂMARA, 2018.

[15] Registre-se que o Projeto de Lei nº 6.826/2010 não contemplava o instituto dos acordos de leniência. O seu acréscimo ocorreu após sugestão do Instituto Brasileiro de Direito Empresarial (Ibrademp) e o substitutivo original não contemplava a atuação da CGU, que alcançou sua previsão parcial com base em nota técnica da AGU sobre os atos lesivos contra a administração estrangeira. A redação final aprovada, que contemplou a atuação da CGU, foi apresentada em comissão por voto de um então deputado posteriormente cassado.

[16] O trecho citado é referência ao relatório de acompanhamento da Fase 3 no Brasil (OCDE, 2019, p. 4).

surgiam os indicativos de que casos bem-sucedidos tinham a operação conjugada aos acordos de colaboração premiada, dirigidos às pessoas naturais, algo que não foi previsto na arquitetura da leniência na Lei Anticorrupção. É certo que as recomendações da OCDE salientavam as pessoas jurídicas, mas não excluíam em qualquer momento as previsões sobre as pessoas naturais, algo que tem uma lógica essencial no desempenho dos acordos de leniência e que posteriormente será salientado.

Portanto, a matriz da solução brasileira, que não conjugou a abordagem entre pessoas jurídicas e naturais, surgiu do anseio do Poder Executivo, então sob continuado acompanhamento internacional, de cumprir a Convenção. No entanto, a intenção parece não ter considerado todos os elementos da lógica funcional do instituto, pois a solução brasileira dirigiu o acordo para solucionar as sanções de uma nova esfera de responsabilização objetiva de pessoas jurídicas, prevista na mesma lei, que criava um novo capital de negociação para o Estado, mas desconsiderando as demais esferas então existentes, em especial a humana.

O fato da inovação legislativa ter origem na provocação da OCDE, que há anos salientava a necessidade de medidas, parece, assim, indicar parte do fenômeno multiagências conflituoso.[17] O Brasil concentrou seu foco em uma resposta formal para o cumprimento, mas ao preço de não ter implementado o instituto de forma harmônica aos demais componentes do microssistema anticorrupção. Os moldes do transplante foram percebidos por Canetti, pois

> não parece ter sido realizada de forma atenta aos seus pressupostos e fundamentos teóricos. Tampouco foi precedida da necessária harmonização entre o instituto da leniência e o arcabouço normativo e institucional preexistente no ordenamento jurídico. Essa circunstância, por sua vez, pode culminar na redução da utilidade e eficácia do instituto, seja porque ele não oferece os devidos e suficientes incentivos para a cooperação do particular, seja porque não garante que, ainda que atrativos, tais acordos serão efetivamente cumpridos pelo Poder Público. (2018, p. 20)

---

[17] Conferir o relatório contendo a avaliação do Grupo de Trabalho sobre Suborno – WGB (2014) quanto à Fase 3 da implementação da Convenção, com o relato do entrave formal supostamente ultrapassado com a legislação brasileira: "Após três anos de longas negociações entre o governo e a comunidade anticorrupção, o Projeto de Lei nº 6.826 tornou-se lei, a Lei Anticorrupção (Lei nº 12.846, de 1º de agosto de 2013), entrando em vigor em janeiro de 2014 e, desse modo, introduzindo o primeiro regime de responsabilização de pessoas jurídicas para atos lesivos cometidos contra a Administração Pública no Brasil e pondo fim a mais de 14 anos de não conformidade com o art. 2º da Convenção".

A percepção é que o acordo de leniência exige tanto a apreciação da potencial colaboradora, quanto a dos legitimados pelo Estado, que podem não alcançar suas finalidades se aquilo que move o instituto não for bem conjugado. A falha no diagnóstico daquilo que motiva, sustenta e incentiva os comportamentos das pessoas, não apenas jurídicas, mas principalmente daquelas naturais que movem suas estruturas, pode ensejar consequências na veiculação de institutos negociais. Isso não apenas pela perspectiva das colaboradoras, mas também pela dos agentes que operam o instituto pelo Estado. O dado é que a opção legislativa criou margem ao desencontro.

A seguir, para a apuração, serão apresentadas as previsões da legislação brasileira e os indicativos que inicialmente salientam as dificuldades de operação do instituto.

1.1 As previsões da Lei Anticorrupção na operação das instituições brasileiras e a conciliação de instrumentos negociais

A apreciação da Lei nº 12.846/2013 deve ser a partir da sua inserção no microssistema anticorrupção, na medida em que os atos corruptos ensejam previsões diversas de responsabilização, que passam pela criminal, da improbidade, além da civil e da administrativa. Como pontuado, o acordo de leniência surgiu no contexto de uma nova previsão de responsabilização objetiva criada especialmente pela lei, mas sem conjugá-la com as demais previsões de responsabilização.

Serão apresentados os seus elementos fundamentais, com a abordagem do contexto em sede federal, que guarda pontos significativos para o mapeamento dos conflitos multiagências a partir dos acordos. Perceber como operam a CGU, que ampara seus acordos fundamentalmente na lei, o MPF, que conjuga matrizes normativas diversas além da LAC, e a incidência externa do TCU, que não opera os acordos, mas influencia seu potencial, permitirá a identificação de suas implicações fundamentais.

A âncora de imputação é a responsabilização objetiva, administrativa e civil, dirigida às pessoas jurídicas por atos contra a Administração Pública, nacional ou estrangeira (art. 1º),[18] com condutas previstas no

---

[18] Art. 1º Esta Lei dispõe sobre a responsabilização objetiva administrativa e civil de pessoas jurídicas pela prática de atos contra a Administração Pública, nacional ou estrangeira.

art. 5º.[19] No entanto, a despeito do potencial criminal, a imputação das pessoas jurídicas ocorre sem aplicação de penas aflitivas em primeira dimensão, como as privativas de liberdade (MOREIRA; BAGATIN, 2014, p. 61), pois, além de incompatíveis com a sua natureza, não há sua responsabilidade criminal por corrupção no Brasil.

Com efeito, para a responsabilização das pessoas jurídicas, a LAC instituiu um regime duplo, na medida em que os atos lesivos podem ensejar: (i) a responsabilização em sede administrativa e (ii) a responsabilização por imputação em sede judicial.

A responsabilização em sede administrativa é exercida de acordo com o regime vertical federativo e no âmbito dos poderes respectivos. O processo administrativo caberá "à autoridade máxima de cada órgão ou entidade dos Poderes Executivo, Legislativo e Judiciário, que agirá de ofício ou mediante provocação, observados o contraditório e a ampla defesa" (art. 8º). Na esfera federal, a lei estabeleceu o Processo Administrativo de Responsabilização (PAR) e que, "no âmbito do Poder Executivo federal, a Controladoria-Geral da União (CGU) terá

---

[19] Constituem atos lesivos à Administração Pública, nacional ou estrangeira, para os fins desta Lei, todos aqueles praticados pelas pessoas jurídicas mencionadas no parágrafo único do art. 1º, que atentem contra o patrimônio público nacional ou estrangeiro, contra princípios da Administração Pública ou contra os compromissos internacionais assumidos pelo Brasil, assim definidos:
I - prometer, oferecer ou dar, direta ou indiretamente, vantagem indevida a agente público, ou a terceira pessoa a ele relacionada;
II - comprovadamente, financiar, custear, patrocinar ou de qualquer modo subvencionar a prática dos atos ilícitos previstos nesta Lei;
III - comprovadamente, utilizar-se de interposta pessoa física ou jurídica para ocultar ou dissimular seus reais interesses ou a identidade dos beneficiários dos atos praticados;
IV - no tocante a licitações e contratos:
a) frustrar ou fraudar, mediante ajuste, combinação ou qualquer outro expediente, o caráter competitivo de procedimento licitatório público;
b) impedir, perturbar ou fraudar a realização de qualquer ato de procedimento licitatório público;
c) afastar ou procurar afastar licitante, por meio de fraude ou oferecimento de vantagem de qualquer tipo;
d) fraudar licitação pública ou contrato dela decorrente;
e) criar, de modo fraudulento ou irregular, pessoa jurídica para participar de licitação pública ou celebrar contrato administrativo;
f) obter vantagem ou benefício indevido, de modo fraudulento, de modificações ou prorrogações de contratos celebrados com a Administração Pública, sem autorização em lei, no ato convocatório da licitação pública ou nos respectivos instrumentos contratuais; ou
g) manipular ou fraudar o equilíbrio econômico-financeiro dos contratos celebrados com a Administração Pública;
V - dificultar atividade de investigação ou fiscalização de órgãos, entidades ou agentes públicos, ou intervir em sua atuação, inclusive no âmbito das agências reguladoras e dos órgãos de fiscalização do sistema financeiro nacional.

competência concorrente para instaurar processos administrativos de responsabilização de pessoas jurídicas ou para avocar os processos instaurados com fundamento nesta Lei, para exame de sua regularidade ou para corrigir-lhes o andamento" (art. 8º, §2º). No caso, são duas as sanções passíveis de aplicação administrativa: (i) multa e (ii) publicação extraordinária da decisão administrativa sancionadora (art. 6º, incisos I e II).

Mas, além da administrativa, a lei prevê o exercício de pretensão punitiva em sede judicial (art. 18) pelas mesmas condutas, mas com as sanções do art. 19: I - perdimento dos bens, direitos ou valores que representem vantagem ou proveito direta ou indiretamente obtidos da infração, ressalvado o direito do lesado ou de terceiro de boa-fé; II - suspensão ou interdição parcial de suas atividades; III - dissolução compulsória da pessoa jurídica; IV - proibição de receber incentivos, subsídios, subvenções, doações ou empréstimos de órgãos ou entidades públicas e de instituições financeiras públicas ou controladas pelo Poder Público, pelo prazo mínimo de 1 (um) e máximo de 5 (cinco) anos.

Quanto ao exercício judicial, a distinção é que, além dos entes, a lei habilitou o Ministério Público,[20] que pode ainda exercer a pretensão criminal em face das pessoas naturais envolvidas, na medida em que os atos previstos no art. 5º têm potencial configuração típica, além da imputação por improbidade administrativa (Lei nº 8.429/1992).

Por sua vez, o acordo de leniência tem previsão no art. 16, que, entre os seus requisitos essenciais, exige que a pessoa jurídica seja a primeira a manifestar interesse em cooperar (inciso I), que cesse o envolvimento nas infrações (inciso II), que admita sua participação no ilícito e coopere com as investigações e o processo decorrente (inciso III).

Como salientado na introdução, o exercício dos acordos é o que acarreta os conflitos mais sensíveis, em que a questão na esfera federal é adotada como paradigma para apreciação. O ponto especial surge em razão da CGU sustentar sua exclusividade para os acordos, com base no art. 8º, §2º, e art. 16, §10, da LAC,[21] criada em decorrência do voto de

---

[20] Art. 19. Em razão da prática de atos previstos no art. 5º desta Lei, a União, os Estados, o Distrito Federal e os Municípios, por meio das respectivas Advocacias Públicas ou órgãos de representação judicial, ou equivalentes, e o Ministério Público, poderão ajuizar ação com vistas à aplicação das seguintes sanções às pessoas jurídicas infratoras: [...]

[21] Art. 16. A autoridade máxima de cada órgão ou entidade pública poderá celebrar acordo de leniência com as pessoas jurídicas responsáveis pela prática dos atos previstos nesta Lei que colaborem efetivamente com as investigações e o processo administrativo, sendo que dessa colaboração resulte: [...] §10. A Controladoria-Geral da União – CGU é o órgão

um então deputado, como antes relatado. Mas, considerando ser a CGU responsável apenas pela atuação administrativa e não pela judicial, o seu acordo, em tese, ficaria restrito apenas aos efeitos no seu campo de atuação, quando um ponto conflituoso logo surge, pois, consoante o art. 16, §2º, que trata dos benefícios, os acordos ainda garantem às colaboradoras efeitos além das sanções administrativas. No caso, o benefício da redução de até dois terços do valor da multa aplicável e a sanção de publicação extraordinária da decisão condenatória (art. 6º, inciso II) têm sede administrativa, mas sanções como a proibição de receber incentivos, subsídios, empréstimos etc., com operação pública (art. 19, inciso IV), dependem de pretensão em sede judicial por legitimados como o Ministério Público, fora do alcance da CGU.[22]

Diante da incongruência da previsão, a CGU aproximou-se da AGU e inovou com a Portaria Interministerial CGU/AGU nº 2.278/2016, para atuação conjunta das instituições em acordos. Posteriormente, a versão da Portaria Conjunta nº 4/2019 inovou novamente com a participação da AGU nas comissões para negociação, prestando assessoria jurídica e promovendo a avaliação da "vantagem e procedência da proposta da empresa em face da possibilidade de propositura de eventuais ações judiciais" (art. 7º, §4º).

Ou seja, com atos infralegais, ampliou-se o alcance dos benefícios negociáveis pela CGU, que, apesar de atuar sob a sede administrativa de responsabilização, alcançou efeitos próprios da judicial a partir do atalho institucional da AGU, que passou a também atuar para atenuar outras sanções com repercussão judicial, então previstas na Lei nº 8.666/1993 e na Lei nº 8.429/1992,[23] inovando, assim, a previsão legal original (MARRARA, 2019, p. 111).

---

competente para celebrar os acordos de leniência no âmbito do Poder Executivo federal, bem como no caso de atos lesivos praticados contra a Administração Pública estrangeira.

[22] §2º A celebração do acordo de leniência isentará a pessoa jurídica das sanções previstas no inciso II do art. 6º e no inciso IV do art. 19 e reduzirá em até 2/3 (dois terços) o valor da multa aplicável.

[23] Portaria Conjunta nº 4/2019: "Art. 2º O acordo de leniência será celebrado com as pessoas jurídicas responsáveis pela prática dos atos lesivos previstos na Lei nº 12.846, de 1º de agosto de 2013, e dos ilícitos administrativos previstos na Lei nº 8.429, de 02 de junho de 1992, na Lei nº 8.666, 21 de junho de 1993, e em outras normas de licitações e contratos, com vistas à isenção ou à atenuação das respectivas sanções, desde que colaborem efetivamente com as investigações e o processo administrativo, devendo resultar dessa colaboração. [...] Art. 12. A celebração do acordo de leniência poderá: I - isentar a pessoa jurídica das sanções previstas no inciso II do art. 6º e no inciso IV do art. 19 da Lei nº 12.846, de 2013; II - reduzir em até dois terços, nos termos do acordo, o valor da multa aplicável, prevista no inciso I do art. 6º da Lei nº 12.846, de 2013; e III - isentar ou atenuar, nos termos do acordo, as sanções

Na apreciação dos acordos, a CGU atualmente segue o Decreto nº 11.129/2022 (sucedendo o Decreto nº 8.420/2015), que traz previsões procedimentais e critérios para aplicação. Outros indicativos notáveis estão na IN nº 01/2015, que estabelece metodologia para a apuração do faturamento bruto e tributos, que repercutem nos cálculos da multa a que se refere o art. 6º da LAC, que guarda lógica em parte aplicável aos valores de reparação. Seguindo a trilha, a IN nº 02/2018 prevê metodologia de cálculo da multa administrativa.

Destaque-se ainda que a IN nº 02/2015 traz a regulação sobre o registro de informações no Cadastro Nacional de Empresas Inidôneas e Suspensas (CEIS) e no Cadastro Nacional de Empresas Punidas (CNEP), o que guarda amparo na gestão da expectativa e prevenção após as sanções. Mantendo a linha do foco preventivo, a Portaria CGU nº 909, de 07.04.2015, dispõe sobre a avaliação dos programas de integridade de pessoas jurídicas, o que ressalta o destacado arcabouço dirigido ao foco futuro após a consolidação dos acordos.

Portanto, nota-se que a CGU identifica sua exclusividade no âmbito do Poder Executivo da União para o acordo de leniência previsto na LAC (art. 16, §10), mas, para a sua atuação, precisou de diversas inovações além da estrita previsão legal, em especial para o alcance de sanções além da sede administrativa, que exigiu trazer a AGU para sua operação.

Por sua vez, o MPF também ampara seus acordos por via normativa complexa, mesmo nas situações de atuação da CGU, na medida em que os dispositivos específicos para a Controladoria-Geral regulam uma previsão de organização de um dos poderes da União, como uma exceção ao comando legal para os demais entes, que regularmente atribui à "autoridade máxima de cada órgão ou entidade pública" a competência (art. 16). A lógica no âmbito da União seria uma das derivações da separação do ato da Chefia de Estado, em que a previsão da CGU não se confunde com o exercício do titular máximo do Poder Executivo Federal. Como norma organizacional, a regra não afasta a atuação do MPF, que não integra o Poder Executivo e as referidas normas organizacionais não criam impedimento ao seu desempenho autônomo, que é amparado por previsões diversas.

---

administrativas ou cíveis aplicáveis ao caso. Parágrafo único. Os benefícios e obrigações do acordo de leniência serão estendidos às pessoas jurídicas que integrarem o mesmo grupo econômico, de fato e de direito, desde que tenham firmado o acordo em conjunto, respeitadas as condições nele estabelecidas".

O acordo, pela perspectiva do MPF, é instrumento consensual a partir do campo da responsabilização judicial pelos atos da própria Lei nº 12.846/2013, que foi ainda inserido no âmbito da sua legitimação para ações civis e por improbidade administrativa.[24] O seu desenvolvimento adotou a experiência institucional com expressões de *soft law*,[25] como o Estudo Técnico nº 01/2017 da 5ª Câmara de Coordenação e Revisão (5ª CCR) e a sua Orientação nº 07/2017, que, para as pessoas jurídicas, exige a cessação das práticas e colaboração com as investigações. Entre as consequências estão a multa, nos moldes da Lei de Improbidade ou da Lei Anticorrupção, além da reparação de danos com antecipação parcial do seu montante, pois não impede valoração diversa por outras instituições. A atuação toma amparo ainda nas lógicas do termo de ajustamento de conduta e de convenções processuais.[26]

Em especial, quanto aos efeitos dos acordos sobre a improbidade administrativa, a então vedação no art. 17, §1º da Lei nº 8.429/1992 era controversa, pois limitava a resolução negociada ampla, provocando alternativas para superar a limitação.[27] Entre elas, o MPF buscava conciliar os efeitos do acordo de leniência ministerial com uma técnica em que os pedidos nas ações por improbidade teriam a natureza declaratória quanto aos colaboradores, como esforço para preservar a essência da leniência.[28] Posteriormente, a limitação restou contornada com a reforma pela Lei nº 13.964/2019, dispondo "que as ações de que trata este artigo admitem a celebração de acordo de não persecução cível, nos termos desta Lei".

Mas, ao contrário do que ocorre com os acordos de leniência anticorrupção, o Acordo de Não Persecução Cível (ANPC) é aplicável tanto a pessoas jurídicas quanto naturais, adicionando mais um ingrediente

---

[24] Há quem ainda fundamente a atuação ministerial com amparo na teoria dos poderes implícitos, como utilizado para reconhecer-se o seu poder investigatório (COSTA, 2017, p. 33).

[25] A *soft law* é a composição de instrumentos normativos não necessariamente vinculativos, mas capazes de dirigir comportamentos, como códigos de conduta, orientações e roteiros (v. DUPUY, 1990).

[26] MINISTÉRIO PÚBLICO FEDERAL. Orientação nº 07/2017 – 5ª Câmara de Coordenação e Revisão, item 7.5.

[27] O dispositivo chegou a ser revogado pela Medida Provisória nº 703/2015, que, em maio de 2016, não foi apreciada pelo Congresso Nacional. Sobre as interpretações da possibilidade de acordos, ver DIDIER JR.; BOMFIM, 2017, p. 116; GARCIA; ALVES, 2014, p. 863-874; OLIVEIRA, 2009, p. 380.

[28] Trata-se de ponto controverso e, como paradigma para sua ilustração, ver a relação processual desenvolvida a partir dos autos nº 5011119-11.2016.4.04.7000/PR – 11ª Vara Federal de Curitiba.

nos instrumentos de composição negociada. Para conciliar os diversos institutos e exercendo orientações de lógica jurídica em expectativa, a 5ª CCR do MPF expediu a Orientação nº 10, com o objetivo de estabelecer parâmetros para o gênero de resoluções negociadas, contemplando termos de ajustamento de conduta, acordos de leniência e acordos de não persecução cível em matéria de improbidade administrativa.

A orientação ministerial previu marcos como: (i) os acordos não importam o reconhecimento de responsabilidade em outras esferas (art. 3º, §1º); (ii) efeitos estendidos às pessoas jurídicas do mesmo grupo econômico, de fato e de direito, que aderirem (art. 13); (iii) possibilidade de atuação conjunta de outras instituições que tenham atribuições de apuração e sanção (art. 15, XII; art. 17, §1º; e art. 33, §1º); (iv) previsão de consequências sancionatórias e não sancionatórias (art. 15, VII); e (v) a entidade que aderir ao acordo deverá dar quitação integral quanto ao ressarcimento realizado pelo acordante (art. 17, §2º).

Seguindo a linha sobre os incentivos e a segurança dos institutos negociais, a Orientação garante que os elementos de prova contra o signatário não serão utilizados contra ele além das previsões acordadas e cria determinações para prevenir vícios de vontade na celebração (art. 15, I e VIII). Por sua vez, resta garantida a indisponibilidade da reparação do dano (art. 22); a necessidade de cessação das práticas ilícitas e obrigações no esclarecimento dos fatos em verdadeira colaboração (art. 25), como a sua exposição sob a perspectiva da verdade (art. 16, I; art. 47); prevê ainda o comparecimento aos atos necessários para a colaboração efetiva (art. 16, X); a informação sobre a composição e reorganização dos componentes do grupo econômico (art. 16, VIII) e até mesmo a substituição do representante do acordante em caso de impedimento ou conflito de interesses (art. 16, VII).

Diante da indisponibilidade, a Orientação previne a redução dos valores de reparação ou perdimento de bens, direitos ou valores da infração (art. 22), assim como evita a isenção da suspensão de direitos políticos nas hipóteses de inelegibilidade da Lei Complementar nº 135/2010 – "Lei da Ficha Limpa" (art. 23, §3º). A concessão de isenção plena de sanções tem ainda o indicativo de vedação (art. 23, §2º). Ademais, a orientação indica o considerado para a fixação proporcional das obrigações e benefícios, desde a capacidade econômico-financeira e gravidade do ilícito (art. 15, VI; art. 24, V), até a existência de programas de integridade e incentivo ao relato de irregularidades no caso de pessoas jurídicas (art. 24, X; art. 25, IV).

Nota-se, diante da potencial sobreposição dos institutos negociais e da ausência de marcos normativos expressos, que a Orientação buscou garantir a máxima funcionalidade ao acordo do Ministério Público, que concilia os demais instrumentos negociais em respeito à esfera de proteção de colaboradores como marco operacional. É o que se nota de previsões que limitam as sanções aos limites máximos previstos nas Leis nº 8.429/92 e nº 12.846/2013 (art. 23, §1º) e ao não inviabilizar os acordos quando a vítima não identificar os montantes suficientes do dano, mantendo-se a ressalva de valor mínimo (art. 23, §4º).

Outra observação é que a orientação ministerial parece compatibilizar os demais institutos negociais mediante adaptações. Veja-se o caso do ANPC. Em tese, a aproximação poderia ser algo incompatível diante da sua natureza substitutiva, da mesma forma que o Acordo de Não Persecução Penal – ANPP (art. 28-A do Código de Processo Penal), pois contentam-se com a confissão formal e o cumprimento de obrigações, como a reparação do dano, enquanto os acordos de leniência exigem a colaboração efetiva. No entanto, a compatibilização dos institutos ocorre por não haver impeditivo para que os acordos de não persecução admitam a colaboração espontânea, típica dos acordos de leniência e da colaboração premiada, na medida em que funcionam como meios para uma postura ativa da colaboradora além da confissão.

Nota-se também que acordos em sede criminal são potencialmente harmonizados, na mesma linha do STF quanto ao compartilhamento entre a colaboração premiada e a improbidade administrativa, com indicativos de como os institutos não deveriam coexistir de forma contraditória, como seria o caso de o acordo criminal não ter consequências na esfera civil.[29] Trata-se de uma matriz lógica destacada: se na seara criminal a colaboração é da sua essência, não haveria razão para o mesmo não ocorrer naqueles com a mesma matriz, mas com efeitos em improbidade ou apenas administrativos, como o ANPC e o acordo de leniência, em que todos têm fatos e o mote anticorrupção em comum.

Destaque-se que a essência da compatibilização dos institutos tem plena relação com o contexto multiagências, na medida em que, além da alavancagem probatória utilizada por todas as instituições em face de não colaboradores, há o propósito de minimizar o exercício sancionatório sobre colaboradoras. Um dos pontos conflituosos mais significativos está exatamente na restrição de acordos a uma sede

---

[29] Ver: STF. ARE nº 1175650. Rel. Min. Alexandre de Moraes. Data de julgamento: 02.06.2021.

sancionatória, pois poderia assim contradizer o ideal. Por isso que a CGU, com o amparo da AGU, buscou ampliar sua atuação.

Por sua vez, nota-se constantemente que inovações legislativas no microssistema anticorrupção podem contradizer algumas das perspectivas multiagências, nos moldes do salientado quanto a LAC. Como novo exemplo, a Lei nº 14.230/2021 alterou a Lei de Improbidade Administrativa e atribuiu ao Ministério Público a legitimação exclusiva para o exercício das ações por improbidade, algo que foi afastado posteriormente pelo STF.[30] A mesma lei suprimiu o potencial de sanções como improbidade quando os fatos também forem caracterizados na LAC,[31] o que alcança a amplitude dos atos de corrupção por qualquer pessoa jurídica (ver o art. 5º da LAC) e assim torna a corrupção empresarial um indiferente ao ato ímprobo. Ademais, desconsidera que os mesmos fatos também sujeitam as pessoas naturais em responsabilidade por improbidade e criminal, mas que não respondem pela LAC e a elas não se aplica o acordo de leniência. O detalhe é que a lei novamente não previu a coordenação entre os meios institucionais de operação sobre as mesmas situações.

A busca constante de harmonização das previsões leva ainda a outro ponto de destaque, que ocorre além das instituições que operam os diversos instrumentos negociais. No caso, outro ator institucional é destacado, pois, a despeito de não exercer acordos de leniência, tem incisiva implicação ao longo do seu exercício pelo MPF e pela CGU. Trata-se do TCU, que pode acarretar sensíveis efeitos sobre a operação dos instrumentos.

A atuação do TCU em acordos de leniência não tem previsão legal específica para o seu exercício, mesmo porque sua participação não é determinada por funções executivas de negociação, mas de controle externo dos atos de Estado. No entanto, a instituição buscou incidir principalmente nos acordos promovidos pela CGU e até mesmo projetou mecanismos de colaboração com as pessoas jurídicas, com base

---

[30] Art. 17. A ação para a aplicação das sanções de que trata esta Lei será proposta pelo Ministério Público e seguirá o procedimento comum previsto na Lei nº 13.105, de 16 de março de 2015 (Código de Processo Civil), salvo o disposto nesta Lei (Redação dada pela Lei nº 14.230, de 2021). No caso, o STF decidiu que prevalece a legitimidade ativa concorrente entre o MP e as entidades públicas lesadas, restaurando um padrão (ADI nº 7042/DF e ADI nº 7043/DF, Rel. Min. Alexandre de Moraes. Data de julgamento: 31.08.2022).

[31] Art. 3º, §2º As sanções desta Lei não se aplicarão à pessoa jurídica, caso o ato de improbidade administrativa seja também sancionado como ato lesivo à Administração Pública de que trata a Lei nº 12.846, de 1º de agosto de 2013.

na sua função revisional e na competência atribuída pelo art. 8º da Lei nº 8.443/1992, quanto aos danos ao erário.

A base essencial da sua atuação tem a alegação significativa na LAC, que, em seu art. 16, §3º ("O acordo de leniência não exime a pessoa jurídica da obrigação de reparar integralmente o dano causado"), fundamenta uma matriz para a intervenção. No entanto, o TCU atua sem conjugar os fatores do acordo, infiltrando o instituto negocial.

No caso, o TCU inovou o ordenamento ao criar a Instrução Normativa nº 74/2015 para intervir nos acordos do Poder Executivo, com proceder burocrático para sua atividade de fiscalização que ensejou novas medidas, como a exigência de envio de informações a cada etapa de negociação. Garantia ainda poderes de supervisão no curso da negociação de acordos, em que deveria "emitir pronunciamento conclusivo quanto à legalidade, legitimidade e economicidade dos atos praticados" (art. 1º, §1º), em cada fase de negociação e assim fazia da sua manifestação "condição necessária para a eficácia dos atos subsequentes" (art. 3º).

O ato foi objeto de questionamentos sobre seus propósitos. Houve até mesmo o Projeto de Decreto Legislativo nº 5/2015, que visava a sustar a IN nº 74/2015. Em função dos conflitos que provocava, houve a propositura da ADI nº 5.294. Ademais, a União impetrou mandado de segurança em razão do ato de Ministro do TCU, que havia então determinado a apresentação de todas as informações, documentos e registros sobre os acordos em curso na CGU. Ao apreciar o caso, o STF concedeu a tutela contra a determinação.[32]

Diante da situação, o TCU editou a IN nº 83/2018, que revogou a IN nº 74/2015 e buscou minimizar o ato originário. Em destaque, suprimiu poderes de supervisão ainda na etapa negocial, mas manteve comandos para negociadores informarem sobre o início de procedimentos para celebração (art. 1º) e ainda habilitou o TCU a requerer informações e documentos a qualquer momento (art. 2º). A IN nº 83/2018 prevê que a fiscalização seguirá "o rito das demais ações de controle e realizada de acordo com as diretrizes do Plano de Controle Externo, considerando os critérios de risco, materialidade e relevância" (art. 3º).

---

[32] STF. Mandado de Segurança nº 34.031-MC. Rel. Min. Gilmar Mendes Data de julgamento: 22.02.2016. DJe, 26 fev. 2016.

Um caso que ilustra o potencial conflituoso da sua atuação foi o inicialmente decidido no Acórdão nº 483/2017-TCU,[33] em que a tomada de contas apurou o conluio entre pessoas jurídicas empresárias com circunstâncias relatadas ao Ministério Público Federal em acordos. Com base no apurado, o Tribunal decretou a inidoneidade de quatro empresárias, mas condicionou não aplicar a mesma medida àquelas que realizaram os acordos com o MPF, algo que restou como um "recall dos acordos de leniência", na medida em que sobrestou a responsabilização das então acordantes até que os acordos fossem aditados por provocação delas, para assim permitir o amplo exercício do TCU.

Uma delas impetrou mandado de segurança e o STF deferiu a tutela para impedir a inidoneidade, pois o TCU não poderia aplicar sanção àquelas que celebraram acordos de leniência com o MPF, o que não significaria impedimento ao exercício da fiscalização quanto ao emprego dos recursos públicos.[34] A despeito da decisão, dias depois, em caso diverso sob apreciação, o TCU então decretou cautelarmente a indisponibilidade de bens em montante que considerou ser a quantia aproximada do prejuízo ao erário, ou seja, uma medida cautelar com efeitos semelhantes de restrição.[35] Em sequência, a empresária precisou celebrar um novo acordo de leniência com a CGU, que recepcionou aquele estabelecido com o MPF, de modo que os valores antes acordados fossem abatidos do novo montante apurado para a reparação.

Quanto ao caso originário, houve o julgamento definitivo do mandado de segurança MS nº 35.435 pelo STF,[36] no sentido de conter a determinação pelo TCU de inidoneidade das pessoas jurídicas acordantes. As diversas situações mostram a repercussão nos acordos por interferência de terceira instituição estranha, que não participa da sua construção.

A situação ainda mostra como ocorre a necessidade de acordos sucessivos pela colaboradora e como a colaboração original pode não promover a segurança esperada, na medida em que ainda surge o risco de sanções aplicadas por outras instituições e que contradiz a

---

[33] TCU. Acórdão nº 483/2017-TCU. TC 016.991/2015-0. Data da Sessão: 23.03.2017.
[34] STF. Medida Cautelar em Mandado de Segurança nº 35.435/DF. Rel. Min. Gilmar Mendes. Data de julgamento: 13.04.2018.
[35] TCU. Acórdão nº 874/2018 – Plenário. Processo nº 002.651/2015-7. Rel. Min. Bruno Dantas. Data da sessão. 25.04.2018.
[36] Em julgamento conjunto aos MS nº 36.173, MS nº 36.496 e MS nº 36.526 sobre temáticas próximas.

sua essência. Ao final, o Estado poderia não garantir a efetividade da contrapartida acordada e permitir que os elementos de colaboração fossem utilizados, por outras instituições, contra a própria colaboradora.

Ademais, nota-se que, mesmo o acordo originário com o MPF, que preservou as atribuições do TCU para a indicação de valores de reparação caso o montante inicial fosse insuficiente, pode ainda ser outro elemento conflituoso e causar surpresa quando não existirem critérios de fixação previamente estabelecidos. No caso, embora não esteja vinculado e não participe da elaboração dos acordos, o TCU gera insegurança para aqueles com a perspectiva de colaboração, que perdem a previsibilidade sobre a sua consideração. Medidas como a indisponibilidade de bens são exemplo do que a situação pode proporcionar.

Portanto, os elementos indicam como a Lei Anticorrupção não concebeu uma previsão adequada ao contexto institucional brasileiro e terminou por criar um mecanismo sem coordenar todos os fatores, instrumentos e agências. No entanto, isso não significa que o modelo multiagências não seja recomendável, mas a necessidade de consideração das suas falhas a serem superadas. É preciso compreender como os elementos institucionais brasileiros funcionam quando apreciadas as diversas perspectivas de um modelo de organização plural.

Para tanto, o próximo passo parte da apreciação dos dados sobre os acordos efetivados. Com eles, busca-se identificar como as nuanças do instituto manifestam-se, o que permitirá apreciar, em seguida, os reflexos nos comportamentos institucionais e nas técnicas de operação do instituto.

1.2 Os acordos de leniência anticorrupção no Brasil – CGU e MPF – 2014-2022 – pontos de destaque e análise

Após a apresentação do instituto e os seus marcos de operação, passa-se aos dados sobre a sua adoção efetiva. A base empírica foi concentrada na esfera federal, pelo seu semblante exemplar, com a análise dos acordos da CGU e do MPF, na medida em que reproduzem nuances multiagências que permitem a comparação de alternativas não apenas para minimizar aspectos negativos, mas também salientar os positivos.

Adotou-se a abordagem metodológica da análise de conteúdo (BARDIN, 2016), que utiliza uma apreciação qualitativa para identificar os referenciais do material. São apreciados os documentos como formas de comunicação, em que as suas cláusulas trazem mensagens a serem categorizadas, como indicadores sobre os objetivos das agências e como são recebidas. O foco está nas ideias daquele material que são percebidas pelo observador e não na sua redação.

A análise reconstruiu o sentido da comunicação em três fases (BARDIN, 2016), descritas a seguir.

Fase 1: Pré-análise, com a organização das fontes primárias de pesquisa e a leitura dos documentos, selecionando aqueles que não estavam sob restrição de acesso ou sigilo.

Foram inicialmente considerados todos os exemplares existentes. O campo amostral alcançou os acordos de leniência no período de 2014 (marco legal de vigência da LAC) até 11 de abril de 2022. A Base de Dados Inicial (BDI) foi extraída da estrutura de publicidade oficial dos acordos em nuvem,[37] com seus termos, em cumprimento ao art. 16, §6º da Lei nº 12.846/2013, o que permite o acesso direto à fonte por observadores e otimiza as exposições.

O primeiro ponto notável é que, apesar da previsão da LAC sobre a atuação da CGU, sua utilização não ocorreu na mesma medida que o MPF, o que parece indicar que a juridicidade da atuação ministerial se adaptou aos fatores da realidade de aplicação, com a difusão de investigações crescentes a partir dos acordos. No total, pelo MPF foram identificados 42 acordos de leniência; pela CGU, foram identificados 17 acordos.

Uma ressalva é que não foi possível apreciar todos os acordos, pois parte deles ainda se encontra sob sigilo: quanto ao MPF são 23 acordos sob sigilo ou não divulgados (48,93%),[38] de 47 no total; pela

---

[37] Acordos do MPF disponíveis em: http://apps.mpf.mp.br/apex/f?p=131:8. Acesso em: 20 dez. 2021. Acordos da CGU disponíveis em: https://www.gov.br/cgu/pt-br/assuntos/combate-a-corrupcao/acordo-leniencia/acordos-celebrados. Acesso em: 11 abr. 2022.

[38] São os dos seguintes procedimentos: FCB Brasil Publicidade e Comunicação Ltda.; Mullen Lowe Brasil Publicidade Ltda. – PR-PR-00038421/2015; VRG Linhas Aéreas S/A (GOL Linhas Aéreas S/A) – 1.00.000.000608/2017-35; NM Engenharia – 1.00.000.002362/2017-36; União Norte Construções e Participações Ltda.; União Norte Fluminense Engenharia e Comércio Ltda. – 1.00.000.011085/2017-52; Bilfinger Maschinenbau GMBH e CO KG. – 1.34.001.001469/2016-98; SBM Holding TNC S.A; SBM Offshore N.V. – 1.30.001.001111/2014-42; "Operação Descarrilho" – 1.20.000.001363/2017-71; Andrade Gutierrez Engenharia S/A; Andrade Gutierrez Investimentos em Engenharia S/A – 1.34.001.005183/2019-24; Construtora Norberto Odebrecht – 1.30.001.001380/2019-13; "Operação Lava Jato" – 1.25.000.000770/2020-80 – PR-PR; Operação Chiaroscuro – 1.34.001.005510/2019-48 – PR-SP/PRR3ª Região; "Operação Lava Jato" – PR/SP 1.34.001.000455/2019-08 – PR-SP; "Operação Lava Jato" – PR/SP – 1.34.001.000458/2019-33; 1.34.035.000035/2019-26 – PRM-Barretos; "Operação Lava Jato"

CGU, são 2 acordos sob sigilo ou não divulgados (11,76%),[39] de 17. O resultado é que a análise restou exercida sobre 24 acordos do MPF e 15 da CGU. A aparente razão para a maior proporção de acordos do MPF sob sigilo está na adoção de procedimentos na seara criminal, que demandam medidas próprias para a efetividade persecutória.

De qualquer forma, não houve prejuízo à análise qualitativa na Fase 2, pois é notável a reprodução dos mesmos pontos nos distintos exemplares divulgados, que permitiram identificar padrões. Diante da constante reprodução, remete-se aos seus termos acessíveis diretamente na base em nuvem, sendo que apenas as situações excepcionais serão relatadas.

Quanto ao prazo de cumprimento dos acordos, trata-se de dado que depende de obrigações e variáveis sem lapsos exatos, como são as contribuições das colaboradoras ao longo de procedimentos persecutórios, a promoção contínua de programas de integridade, ou os variados prazos de pagamento de reparações. Não se identificou a imediata implicação dos prazos na matriz conflituosa multiagências, pois são situações inerentes ao instituto, sem prejuízo do relato de implicações específicas quando for o caso.[40]

Outra observação é que oito dos acordos da CGU foram antecedidos pelos do MPF. Ademais, quatro foram simultâneos, com a intervenção ministerial conjunta (MullenLowe Brasil/FCB Brasil – Processo nº 00038421/2015; Technip Brasil/Flexibras – Processos nºs

---

- PR/PR 1.25.000.005326/2020-51 – PR-PR; "Operação Descarrilho" - 1.20.000.001071/2020-33 – PR-MT; 1.30.001.003034/2019-70 – PR-RJ; Amec Foster Wheeler América Latina – 1.25.000.003204/2019-96 – PR-PR; "Operação Alcatraz" – 1.33.000.001190/2021-11 – PR-SC; PR-SP – 1.34.001.001225/2020-91; PR_GO – 1.18.000.001206/2021-08; "Operação Hipócritas" – 1.34.008.000147/2018-23 – PRM-Jundiaí; "Operação Alcatraz" – 1.33.000.000335/2022-45 – PR-SC.

[39] São os seguintes procedimentos (referenciados aos acordantes): SICPA e CEPTIS; e Rolls-Royce PLC.

[40] Os prazos de pagamento variam, como os exemplos daqueles em 30 dias a partir do acordo homologado/assinado (v. MPF: 2015 – Carioca Christiani-Nielsen Engenharia S/A; 2019 – RODONORTE – Concessionária de Rodovias Integradas S.A. – 1.25.000.004899/2018-42; 2019 – ECORODOVIAS Concessões e Serviços S.A. – ECS; ECORODOVIAS Infraestrutura e Logística S.A. – EIL – 1.25.000.005107/2018-57; 2019 – Construtora Purunã – 1.25.000.003049/2019-16; 2021 – Samsung Heavy Industries Co. LTD – 1.25.000.003933/2019-42; e CGU: 2021 – Samsung Heavy Industries – Processo 00190.109672/2019-16; 2021 – Amec Foster Wheeler – Processo 00190.004940/2016-53; 2021 – Statkraft – Processo 00190.104794/2021-22); ou até aqueles com lapsos superiores a uma década (v. MPF: em 12 anos – 2016 – Andrade Gutierrez Investimentos em Engenharia S/A; em 25 anos – 2017 – J&F Investimentos S.A; e CGU: em 22 anos: 2017 – UTC Participações S.A. – Processo 00190.017877/2015-34; 2018 – Odebrecht – Processo nº 00190.103765/2018-48; em 24 anos: 2019 – Camargo Corrêa – Processo nº 00190.021050/2015-25).

00190.100977/2018-73 e 1.25.000.001452/2018-11; Samsung Heavy Industries – Processos nºs 00190.109672/2019-16 e 1.25.000.003933/2019-42; e Amec Foster Wheeler – Processos nºs 00190.004940/2016-53 e 1.25.000.003204/2019-96). Os doze casos indicam que 70,5% dos acordos da CGU seguiram a trilha de atuação desenvolvida pela instituição ministerial.

Fase 2: Exploração do material a partir das unidades de codificação selecionadas.

Como instrumentos de comunicação, as cláusulas agregam sentidos que permitem identificar os seus objetivos. Notou-se variabilidade redacional, com alterações e evolução ao longo dos exemplares. No entanto, mesmo com diferentes redações, as disposições guardam o mesmo foco semântico e objetivos, o que permitiu o exercício da análise de conteúdo para identificar as similaridades dos objetos mesmo diante de expressões distintas.

Em seguida, os dados foram categorizados de acordo com seus valores cognitivos em unidades de sentido agregadas. Identificou-se em quantos acordos existiu a reprodução dos pontos codificados, que salientam correlações em categorias comuns, selecionadas por sua repercussão multiagências: a) valoração de danos com indicativos de apuração e critérios; b) investigação criminal preexistente sem colaboração prévia do acordante; c) alavancagem probatória para a responsabilização civil e administrativa; d) proteção contra a pretensão por improbidade administrativa para as pessoas naturais aderentes; e) alavancagem probatória para a responsabilização criminal; f) proteção contra a responsabilização criminal para as pessoas naturais aderentes; g) previsão de programas de integridade; h) compartilhamento do conteúdo dos acordos com outras instituições; e i) postura ativa contra o uso pelas demais instituições do entregue pela colaboradora em seu prejuízo.

Obedeceu-se, assim, aos critérios de validade (pertinência temática e adequação ao sistema), exaustividade (representação integral de sentidos), homogeneidade (elementos classificados em categorias) e consistência (regras de classificação objetivas e constantes).

Fase 3: Interpretação e inferência. Os resultados de cada tópico receberam análise com os indicativos iniciais sobre os sentidos referenciados.

Ressalte-se que o raciocínio a partir dos dados não exerce uma relação de causalidade para conclusões, mesmo porque poderia aguçar desvios de percepção para a construção de soluções. No caso, adota-se a análise com o semblante de correlação das informações, o que permite conjugar ideias e ajustes que a própria realidade de operação dos acordos, com suas vicissitudes, pode eventualmente indicar.

Ao final do procedimento, seguem as *evidências* relacionadas aos conflitos multiagências destacados. No momento, apresenta-se a avaliação preliminar, que será desenvolvida ao longo do trabalho quando a correlação permitir inferências ao apurado:

a) Valoração de danos com indicativos de apuração e critérios.

No caso do MPF foram identificados que 4 (16,6%) dos 24 acordos apreciados tinham a fixação dos valores de reparação baseada em critérios especificados. No caso da CGU, 100% dos 15 acordos analisados tinham a consideração de critérios, com abordagem da sua adoção em anexos específicos.

Entre os acordos do MPF com os indicativos, ou eles eram apresentados pelo acordante (2017 – Rolls Royce – PLC – 1.00.000.002363/2017-81; 2019 – Granebert Mineração Eirelli EPP – 1.17.003.000202/2017-25), ou com o acordo estabelecido com a CGU e/ou demais instituições (2019 – Andrade Gutierrez Engenharia S/A; Andrade Gutierrez Investimentos em Engenharia S/A – 1.26.000.004465/2018-13; 2019 – Flexibras Tubos Flexíveis Ltda.; Technio Brasil – Engenharia, Instalações e Apoio Marítimo Ltda. – 1.25.000.001452/2018-11), casos que podem ser considerados ilustrativos de uma concepção do *ne bis in idem* quanto aos valores pecuniários.

O dado indica que o foco ministerial é destinado principalmente a objetivos além dos valores de reparação. Por sua vez, a CGU tem atuação que, entre os seus focos principais, considera o critério da identificação dos valores com o maior potencial possível.

b) Investigação criminal preexistente sem colaboração prévia do acordante.

No caso do MPF, foram identificados que 22 (91,6%) dos 24 acordos apreciados tinham investigação criminal preexistente no Brasil. As exceções foram os casos 2017 – Rolls Royce – PLC – 1.00.000.002363/2017-81 e 2018 – Keppel Fels Brasil S.A, a partir do direcionamento empresarial por circunstâncias diversas, como a apuração criminal no exterior, que é o caso Rolls Royce.

Por sua vez, 12 (80%) dos 15 acordos da CGU tinham apuração criminal preexistente, sendo que todos passaram necessariamente pelo Ministério Público. Exceções foram os acordos: 2017 – Bilfinger

– Processo nº 00190.502638/2015-85; 2020 – Car Rental Systems do Brasil – Processo nº 00190.109826/2016-19; e 2021 – Statkraft – Processo nº 00190.104794/2021-22.

Os dados indicam o quanto a persecução penal, dirigida aos agentes naturais da corrupção, parece salientar a busca da pessoa jurídica pelo acordo, pois pode envolver maiores riscos de detecção e consequências. O mesmo não parece possível dizer sobre o seu inverso, que seria a suposição de que a pessoa jurídica teria uma motivação espontânea para promover a entrega dos ilícitos, pois ainda dependente da deliberação de seus agentes, como aqueles potencialmente envolvidos nos ilícitos.

c) Alavancagem probatória para a responsabilização civil e administrativa.

Tanto a CGU quanto o MPF, em 100% dos acordos, promoveram a alavancagem probatória que foca no potencial de responsabilização civil e administrativa, alcançando imputações como a pretensão por improbidade administrativa. Nota-se a sobreposição institucional informada pela colegitimidade, com os mesmos objetivos, mas que pode ser uma das causas para conflitos quando uma das instituições não participa dos acordos, ao mesmo tempo que permanece aberta a via da pretensão punitiva pela outra colegitimada.

d) Proteção contra a pretensão por improbidade administrativa para as pessoas naturais aderentes.

Os acordos do MPF contemplaram a possibilidade de os agentes naturais serem protegidos contra sanções por improbidade administrativa em 18 (75%) dos 24 acordos. Por sua vez, dos acordos da CGU, 5 (33,3%) dos 15 acordos tiveram a previsão. Destaque-se que, na maioria dos casos da CGU, com a alternativa protetiva, antes havia as previsões nos acordos do MPF, que terminaram sendo reproduzidas em seguida (2018 – Odebrecht – Processo nº 00190.103765/2018-48; 2019 – Braskem S.A. – Processo nº 00190.103608/2017-51 e outros relacionados; 2019 – Camargo Corrêa – Processo nº 00190.021050/2015-25).[41]

A proteção é garantida às pessoas naturais por meio do mecanismo de "adesão", em que, a partir do acordo de leniência da pessoa jurídica, os agentes podem buscar acordos individuais. A previsão pelo MPF ocorreu a partir de interpretação sobre a regência dos acordos, de

---

[41] Uma exceção é o caso 2019 – Nova Participações S.A. – Processo nº 00190.114137/2018-9, em que havia ação por improbidade anteriormente promovida pelo MPF (cláusula 13.7.2).

modo a superar a restrição do art. 17, §1º da Lei nº 8.429/1992, mas que ensejava incongruências ao instituto da leniência. As previsões legislativas posteriores, em especial a do acordo de não persecução cível, passaram a permitir o mecanismo conciliador. De qualquer modo, a evolução demonstrou que o foco construtivo do MPF, em não contradizer a essência dos acordos e atrair a alavancagem probatória dos agentes naturais, restou confirmado.

e) Alavancagem probatória para a responsabilização criminal.

A partir do MPF foram identificados que 100% dos 24 acordos tiveram a alavancagem probatória criminal como um dos focos, enquanto nenhum dos 15 acordos da CGU passaram pelo crivo criminal. No caso, a instituição ministerial realiza apreciação do conteúdo com o potencial de sua repercussão em sede processual penal, que exige apurações apropriadas.

A persecução penal depende de critérios específicos, próprios da tipicidade penal apreciada por órgãos de execução ministeriais, além do potencial manejo de medidas de investigação restritas ao processo penal. Como ressaltado, a corrupção tem uma estreita ligação com a hipótese criminal, sendo ela um dos focos essenciais do sistema anticorrupção que não se resume a uma elucidação em seara civil ou administrativa.

f) Proteção contra a responsabilização criminal para as pessoas naturais aderentes.

Na trilha do identificado nos itens "b" e "e", embora a LAC tenha o seu foco destinado às pessoas jurídicas, os dados parecem indicar que a repercussão sobre as pessoas naturais é uma realidade destacada. A utilização das colaborações premiadas em paralelo aos acordos de leniência é um fator fundamental de distinção entre a prática do instituto pelas instituições, na medida em que congrega o principal mecanismo dirigido aos agentes humanos.

O dado é que a partir do MPF foram identificados 148 acordos de colaboração premiada decorrentes dos acordos de leniência (conteúdo sob sigilo), por atuação própria,[42] como reconhecido desde a origem da operação no Brasil e pela OCDE ao apreciar o surgimento da LAC. *Por outro lado, pela CGU não houve colaboração premiada por atuação própria, pois, além de o seu foco não ser a alavancagem probatória criminal, não poderia atuar sequer em redundância oficial, pois não exerce a função de persecução penal.*

---

[42] Ver a relação dos acordos em referência, como divulgado pelo MPF, no tópico "Colaboração Premiada" em: https://apps.mpf.mp.br/apps/f?p=131:8:. Acesso em: 24 out. 2022.

A ausência de foco criminal primário pela CGU reduz os potenciais dos acordos de leniência, tanto para o polo do Estado, quanto para aquele dos envolvidos nos ilícitos. O ponto é que uma atuação exclusiva da LAC acaba sendo assentada em previsões artificiais para mobilizar acordos, pois ainda dependente do alcance humano, mesmo que a sua base normativa o exclua. Os dados da pertinência da persecução são ainda mais salientados quando se tem em conta a aparente preferência pelos acordos ministeriais, a despeito da resistência da CGU, que termina por reproduzir sua atuação com base naquela ministerial prévia.

g) Previsão de programas de integridade.

Os acordos buscaram, entre as condições estabelecidas, a implementação ou aprimoramento dos programas de integridade. Nos acordos do MPF, 20 (83,3%) dos 24 acordos têm a previsão. Um dado a ser ressaltado é que, nos casos Flexibras Tubos Flexíveis Ltda.; Technio Brasil – Engenharia, Instalações e Apoio Marítimo Ltda. – 1.25.000.001452/2018-11; e Samsung Heavy Industries CO. LTD – 1.25.000.003933/2019-42 –, houve reconhecimento expresso do modelo adotado pela CGU para o acompanhamento dos programas.

Por sua vez, nos casos Ecorodovias Concessões e Serviços S.A. – ECS; Ecorodovias Infraestrutura e Logística S.A. – EIL – 1.25.000.005107/2018-57; Cia Paranaense de Construção S/A; MLR Locações de Máquinas S/A; Televisão Icaraí Ltda. – 1.25.000.004816/2018-15 –, houve um detalhamento do programa que se assemelha ao promovido pela CGU, considerado como um padrão a ser seguido. De fato, em 100% dos acordos da CGU analisados, há a previsão detalhada do programa de integridade a ser implantado, com indicativos de acompanhamento.

Um detalhe surge dos acordos do MPF, que, em diversos casos, exige ainda práticas especiais, com o monitoramento externo e independente das investigações e programas adotados pelas colaboradoras.[43] Trata-se de indicativo de como variáveis dos programas podem não

---

[43] São os casos: 2016 – Odebrecht S.A.; 2016 – Braskem S.A.; 2017 – J&F Investimentos S.A.; 2018 – Getinge A.B.; Maquet Cardiopulmunary do Brasil Indústria e Comércio Ltda.; Maquet do Brasil Equipamentos Médicos Ltda.; 2018 – Dräger Indústria e Comércio Ltda. – 1.30.001.003998/2017-56; 2018 – Cia Bozano – 1.30.001.002374/2018-01; 2019 – Rodonorte – Concessionária de Rodovias Integradas S.A. – 1.25.000.004899/2018-42; 2019 – Ecorodovias Concessões e Serviços S.A. – ECS; Ecorodovias Infraestrutura e Logística S.A. – EIL – 1.25.000.005107/2018-57; 2020 – Cia Paranaense de Construção S/A; MLR Locações de Máquinas S/A; Televisão Icaraí Ltda. – 1.25.000.004816/2018-15; 2020 – Philips Medical Systems Ltda. – 1.30.001.003458/2020-78.

ter o pleno domínio da instituição ministerial, que busca ainda evitar desconfianças sobre a sua efetividade e eventuais repercussões futuras, como potenciais falhas que ensejem a repercussão penal.

Registre-se que os programas de integridade não são medidas apenas para o ajuste da operação empresarial do passado e ligada à persecução dos agentes a serem desvendados. Outro foco destacado é o futuro das estruturas em que eles operam, e os programas podem ser um fator importante para a harmonização multiagências, na medida em que, ao se afastarem dos mecanismos de persecução, permitem o diálogo e a construção com a participação do Poder Executivo quanto ao trato futuro em relações preventivas.

h) O compartilhamento do conteúdo dos acordos com outras instituições.

Os acordos contam com previsões de compartilhamento do acervo obtido entre as demais instituições, sendo o caso em 23 (95,83%) dos 24 do MPF;[44] e em 100% dos acordos da CGU. Portanto, o padrão de promover o contato e exercício das demais esferas de atuação é logo caracterizado. Mas a estranheza surge porque razões fundamentais para os principais conflitos multiagências ocorrem justamente em razão da indefinição sobre o como, o quando, o alcance e as condições em que o compartilhamento deveria ocorrer.

i) Postura ativa contra o uso pelas demais instituições do entregue pela colaboradora em seu prejuízo.

Identifica-se a postura ativa em limitar o uso, por outras instituições, daquilo compartilhado com foco sancionatório contra a colaboradora em 23 (95,83%) dos 24 acordos do MPF;[45] e 12 (80%) dos 15 acordos da CGU.[46] Busca-se evitar a contradição que a incidência sancionatória sucessiva poderia acarretar ao instituto, que visa a impedir situações piores para a colaboradora do que as das não colaboradoras. Foca em garantir o comportamento das demais instituições, com condicionamento nos termos de compartilhamento.

---

[44] A exceção, que não conta com a previsão expressa, é o caso da Signus do Brasil Comércio de Materiais Hospitalares Ltda.; Signus do Brasil Comércio, Importação e Exportação de Materiais Hospitalares Ltda. (Procedimento nº 1.22.005.000369-2016-25).

[45] A exceção: Signus do Brasil Comércio de Materiais Hospitalares Ltda.; Signus do Brasil Comércio, Importação e Exportação de Materiais Hospitalares Ltda. (Procedimento nº 1.22.005.000369-2016-25).

[46] Exceções – casos: Bilfinger (processo nº 00190.502638/2015-85); SBM Offshore (Processo nº 00190.007023/2015-40); e Andrade Gutierrez (Processo nº 00190.024632/2015-63).

Diante dos dados salientados, constata-se que muitos dos elementos concretos buscam reproduzir lógicas inerentes ao instituto, por vezes com redundâncias ou sobreposições, além de medidas que destacam peculiaridades de cada uma das agências contrastadas. Em seguida, os aspectos positivos e negativos dos modelos multiagências serão apreciados, com indicativos de como a situação brasileira é refletida em diversas dificuldades de harmonização, com menção aos achados em correlação. Primeiro, a abordagem será pela perspectiva do polo institucional, que indica como o Estado recebe as colaboradoras.

CAPÍTULO 2

VIRTUDES E IMPROPRIEDADES DO MODELO MULTIAGÊNCIAS: REFLEXOS INSTITUCIONAIS DOS ACORDOS BRASILEIROS

O combate à corrupção ocorre no contexto do poder punitivo, que, apesar de uno, em modelos plurais se expressa por diferentes instituições e esferas de responsabilização. A pluralidade busca minimizar as potenciais falhas dos modelos concentrados, mas que, se não for adequadamente exercida, pode incidir em lapsos significativos.

É no contexto da "accountability" (O'DONNELL, 1998, p. 29-30, 40), como o comportamento de reportar-se aos padrões esperados, que surge o modelo de múltiplas agências, com capacidade estrutural e vocação para a detecção de ilícitos a partir de funções distribuídas. Ao evitar a concentração de exercício das funções, o modelo multiagências cria um ambiente de controle compartilhado, capilarizado e com potencial de ampliar as oportunidades de atuações complementares, com diversidade de métodos e especializações; e a compensação, com a correção de falhas de uma instituição sobre as demais (CARSON; PRADO, 2014, p. 10-20).

Segundo Carson e Prado (2016, p. 61), o processo de "accountability" na área anticorrupção envolve três estágios principais: (i) supervisão e monitoramento para identificar a corrupção, (ii) investigação de situações suspeitas e (iii) punição nos casos com evidências suficientes. A multiplicidade institucional diversifica formas de sancionamento que se reforçam mutuamente, mesmo quando sobrepostas e com esferas de aplicação distintas, como as áreas civil, administrativa e criminal. A sobreposição seria capaz de aumentar a efetividade de uma rede de responsabilização, evitando o reforço de eventuais culturas institucionais corruptas, na medida em que promove a competição entre as instituições e incentiva não apenas a complementaridade e a compensação, mas também a colaboração entre elas.

Ademais, a multiplicidade de agências pode até mesmo reduzir os custos e permitir novas estruturas ao promover atuações conjuntas, agregando capacidades de monitoramento e investigação nas diferentes esferas sancionatórias, sem extinguir as estruturas existentes ou alterar o formato de operação delas, que podem evoluir com a troca de experiências. Potencializa ainda o risco para a corrupção e permite unir esforços na evolução de medidas, mesmo que a efetivação seja limitada pela organização tradicional das funções de Estado.[47]

Mas as virtudes da estrutura multiagências trazem implicações que podem contradizer o seu potencial (MONTEIRO, 2014. p. 27). A sobreposição de diferentes instituições pode acarretar custos redundantes para a mesma tarefa, a ineficácia dos critérios regulatórios e mesmo incentivar conflitos entre elas, como a situação brasileira dos acordos indica. Sob a perspectiva institucional, o tópico é conhecido como "overlapping" ou "duplicative delegations", que compreende os potenciais positivos e negativos da sobreposição de agências (FREEMAN; ROSSI, 2012, p. 1138-1345; MARISAM, 2011, p. 187-188).

Entre as situações que a sobreposição pode provocar está aquela em que a agência não tem a especialidade ou *expertise* para o manejo adequado dos institutos (O'DONNELL, 1998, p. 46), algo mais salientado quando há falha de coordenação (CARSON; PRADO, 2014). Outros aspectos negativos podem ainda gerar contradições que desestabilizam até mesmo as vias regulares, supostamente estáveis e indicadas por normas expressas, como ocorre com a situação em que os acordos contam com variados requisitos, critérios de admissão e benefícios por cada uma das instituições, em que o comportamento pode não ser considerado ilícito por uma instituição, mas assim ser por outras (CLEMENS; COOK, 1999, p. 446; SEO; CREED, 2002).

---

[47] Em reflexão sobre a efetividade limitada do sistema multiagências brasileiro, Carson e Prado expressam: "The significant progress associated with Brazil's systems of oversight and investigation (ARANTES, 2011; SPECK, 2011) in recent years has not been replicated in its punishment of corrupt actors (AVRITZER, 2011; FILGUEIRAS, 2011; TAYLOR, 2009). Prado and Carson (2016) suggest that this dismal performance can be attributed a lack of institutional multiplicity: a single and underperforming institution – the judiciary – has exercised monopolistic authority in sanctioning corrupt behavior" (2016, p. 62).

Uma outra consequência é contraintuitiva, em que o ambiente competitivo entre as instituições pode infiltrar os programas de leniência com uma disputa entre elas, que podem fazer exigências menores, promover benefícios maiores que o necessário, ou mesmo eventuais desvios comportamentais, pois a colaboradora será incentivada a utilizar sua informação assimétrica para obter acordos inadequados para o Estado. Em uma hipótese extrema, funciona como aquela situação em que, para aprovar um licenciamento inadequado, mas diante de vários servidores habilitados para tanto, o empreendedor busca exatamente aquele que aceite o critério mais complacente ou mesmo o suborno (BARDHAN, 1997).

Pela perspectiva da colaboradora, o problema pode ainda envolver a constatação dos ilícitos pela própria pessoa jurídica, que, nos estágios iniciais, pode não ter a noção exata dos impactos nas diversas frentes temáticas ou o alcance geográfico dos atos, o que dificulta a identificação das agências a serem buscadas. A situação é agravada quando apenas o primeiro requerente pode obter o benefício máximo, como é a regra nos acordos de leniência.

Por sua vez, a existência de múltiplas vias de acesso ao Estado acarreta um risco maior de vazamentos de informações antes mesmo de levar qualquer narrativa a ele. O ponto envolve até mesmo situações fora do ilícito a ser apurado, como o exemplo da procura por profissionais de advocacia qualificada para assuntos especializados, ou com atuação destacada em determinadas localidades. Ao receber a demanda da colaboradora, os profissionais acabam conhecendo todos os envolvidos nos fatos e pode, assim, surgir conflito quando houver impedimento para a representação, por qualquer circunstância, como a atuação prévia quanto a algum delatado, além da violação de preceitos éticos. Ressalte-se que até existem mecanismos de regulação de conflitos, imposições de confidencialidade e de segurança ética, mas o ponto é que, quanto maior o número de pessoas informadas sobre os ilícitos, maiores as dificuldades de gerenciamento dos vazamentos.[48]

As diversas situações indicam que a avaliação pela colaboradora acaba sendo infiltrada por variadas externalidades multiagências. Uma

---

[48] No Brasil, a profissão de advogado é regulada por um Código de Ética, que atribui ao próprio profissional (artigos 20 e 22) optar por um dos mandatos e renunciar aos demais quando houver conflito de interesses. No entanto, a previsão parece não contemplar toda a solução para a situação em questão, pois não previne o conhecimento dos indicativos sobre o caso.

das decorrências é que o modelo envolve uma "troca entre tempo e precisão",[49] na medida em que a produção de todos os elementos necessários para os acordos, com negociação e convencimento em cada uma das agências pode tomar tempo considerável, que pode ser insuficiente para o cumprimento dos requisitos específicos em todas as instituições.

Ademais, o fato de produzir prova contra si perante uma agência e obter o prêmio pode, contraditoriamente, provocar sua punição em outra. Os exemplos antes citados sobre a atuação sucessiva do MPF, CGU e TCU indicam o ponto. Ressalte-se ainda que, além da discordância das diferentes instituições sobre os critérios (LACERDA, 2014, p. 71), a apresentação de informações em uma delas pode aumentar a exposição da colaboradora nas demais e assim os incentivos serem desfocados, criando um movimento defensivo de retenção informativa, em que a colaboradora pode reter (ou minimizar) as informações em uma instituição sobre algo que confessaria abertamente em outra.

Na seara internacional, a situação pode ainda levar a colaboradora a dar preferência para proteger sua posição em jurisdições como as dos Estados Unidos ou da União Europeia, onde pode avaliar haver risco maior caso não haja resolução, por serem sistemas mais consolidados e com maior alcance. Por sua vez, no Brasil os dados indicaram uma predominância dos acordos do MPF, em que um dos fatores diferenciais é a titularidade para a persecução criminal, que por sua natureza pode acarretar maiores riscos aos operadores empresariais, pessoas naturais, enquanto os acordos com outras instituições não contemplam o fator. Trata-se de algo não considerado pela LAC.

Nota-se, mesmo sob uma perspectiva teórica, que a estrutura da Lei Anticorrupção não articulou bem os preceitos funcionais de um modelo que depende de diversas variáveis para sua adequação.

Considere-se ainda que, como não existe a vedação ao *bis in idem* no ordenamento brasileiro em esferas distintas (focos civil, administrativo e criminal), seria necessário haver uma coordenação que leve em conta a razão de ser dos instrumentos negociais, que operam por fundamentos distintos dos sancionatórios típicos.

---

[49] Com reflexões sobre o tema, sob o ponto de vista da potencial colaboradora e como a situação das "múltiplas jurisdições" pode trazer reflexos para a operação dos programas, Taladay expressa: "Thus, the current system involves a trade-off between time and precision. The net result forces a would-be leniency applicant either to hold off on seeking "global" leniency markers at the risk of losing leniency in some jurisdictions or to blanket the globe with leniency marker applications that may create risks of disclosure and end up being a waste of everyone's time and resources" (2012, p. 45).

Veja-se que o art. 18 da LAC, ao indicar que, "na esfera administrativa, a responsabilidade da pessoa jurídica não afasta a possibilidade de sua responsabilização na esfera judicial", termina por expressamente possibilitar que, além dos preceitos sancionatórios em procedimento administrativo, ocorra ainda a aplicação de penas em sede judicial, por legitimados diversos fundamentalmente em caso de a Administração ser omissa em sua função.

Em sentido semelhante, a alavancagem probatória com os acordos é destinada aos procedimentos sancionatórios em face das pessoas jurídicas e mesmo as naturais delatadas, que podem ter sua veiculação exercida por instituições diversas além da CGU e do MPF.

Quanto ao ponto, o destaque é que a multiplicidade de instituições e campos sancionatórios encontra dificuldades para harmonizar abordagens que compreendam as pessoas jurídicas e naturais. A concentração da agência na responsabilização administrativa das pessoas jurídicas, como é a essência da LAC, termina por não compreender o quanto os efeitos sobre as pessoas naturais permeiam e podem alterar substancialmente a operação da leniência (SILVEIRA; FERNANDES, 2019, p. 131; RIBEIRO; CORDEIRO; GUIMARÃES, 2016, p. 242).

Portanto, diante dos elementos conflituosos apresentados, percebe-se que eles ocorrem no modelo multiagências brasileiro em diversas circunstâncias. Os pontos sobre a LAC indicam que os acordos contam com percepções de distintas agências com a capacidade de influenciar no programa. Como salientado, mesmo o TCU chegou a confeccionar normas para definir unilateralmente seu papel. A atuação de todas as instituições isoladamente termina por incentivar a impugnação dos acordos que não se coadunem com a visão específica de cada uma delas.

Mas é com os elementos antes apurados, como aqueles da origem da Lei Anticorrupção e os indicativos de operação prática por cada uma das instituições, que surgem os fenômenos próximos aos pontos cegos, que serão apresentados a seguir, quanto ao polo institucional dos acordos.

2.1 A maximização do próprio interesse público e o isomorfismo

Um elemento estudado desde a década de 1970 sob o foco empresarial salienta que a capacidade de maximizar a utilidade seria o objetivo principal das instituições (FRIEDMAN, 1970; JENSEN;

MECKLING, 1976, p. 305-360). Na seara institucional pública, as operações administrativas podem ocorrer com o foco de maximização de resultados e preservação de valores da instituição, com base na ideia de que o marco legal que rege a sua atuação seria o suficiente para o alcance da sua utilidade pública.

No entanto, outros estudos demonstraram que o foco isolado em maximizar a utilidade pode gerar efeitos colaterais negativos, não apenas para a sociedade em geral, como para as instituições (SILVEIRA, 2015).

Uma das percepções indica que a burocracia estatal tem um forte interesse em expandir seu próprio escopo de atuação, em que mesmo dentro de estruturas, poderes e limites, os seus agentes buscam maximizar suas ambições, como qualquer humano, mesmo com o propósito de fornecer um bom serviço ao público. Acabam buscando mais poderes, recursos, discricionariedade e domínios para atuação, a despeito de não significar necessariamente o incremento do bem-estar. Isso ocorre ainda em razão da dificuldade em se definir exatamente o "interesse público" em cada caso (BUCHANAN; TULLOCK, 1999; NISKANEN, 1994).

Por sua vez, o contexto organizacional das instituições e seus agentes pode afetar os comportamentos no exercício dos institutos. Aspectos internos fixos, enraizados por processos de organização e marcos normativos, podem acarretar equívocos quando a realidade a ser enfrentada não for exatamente a prevista. As normas eventualmente viram instrumentos heurísticos, ou mesmo dogmas, que reduzem o melhor tratamento da realidade e terminam como escudos para sustentar uma legitimidade institucional, mesmo ao custo de critérios como adequação, eficiência e efetividade. A situação pode produzir efeitos de pontos cegos, que contradizem até mesmo as finalidades institucionais e institutos.

É o caso, por exemplo, do foco no curto prazo previsível, que, mesmo sob o pretexto de cumprimento normativo, pode gerar passivos a serem suportados pela sociedade no futuro. Nos acordos seriam como os casos da satisfação de valores de reparação, que, se realizados de forma imediata, sem ponderar a capacidade da colaboradora e seus empregados, permitiria consequências como a paralisação de sua atividade. A imposição da reparação integral deve ser efetivada, mas, quando realizada sem considerar aspectos como as formas de pagamento, a "ability to pay", ou critérios de benefício de ordem, pode fazer a posição da colaboradora ser pior que a das não colaboradoras e subverter a atratividade do acordo. A tônica isolada da repercussão sobre as pessoas empresariais deve ainda evitar a visão de que o combate à corrupção ocorre ao custo da soberania econômica, o que exige ponderar sobre alternativas para não desconfigurar a economia brasileira.

Na mesma linha, com a premissa de maximização racional de ganhos, a teoria da representação ("agency theory")[50] indica que pode haver uma concentração de racionalidade por parte dos agentes institucionais, apenas com o escopo de maximização da própria atuação, mas sem perceber outros fatores a serem preservados. Em tese, nas instituições públicas, pode até haver aplicação dos preceitos normativos, mas sem significar necessariamente a integralidade do esperado pelo Estado como um todo. Como consequência, a maximização das utilidades pelas instituições pode cumprir fundamentos meramente formais, mas que funcionam como expedientes para evitar aquelas das demais na mesma unidade estatal.

A maximização da própria visão de utilidade e a desconsideração das demais é ainda refletida pela perspectiva de que, ao afastar seus concorrentes, as empresas ou instituições públicas tendem a seguir regras formais e informais também adotadas pelos seus pares no mesmo setor de atuação, fenômeno conhecido como isomorfismo,[51] que ocorre a partir de padronizações e normativos copiados, em que a burocratização e as alterações organizacionais resultam em instituições cada vez mais similares, mas sem necessariamente torná-las mais eficientes ou adequadas para a realidade, pois o foco principal da semelhança é a busca da sua legitimação.

Com apreciação de situações, Di Maggio e Powell (1983, p. 148) salientam:

> Early adopters of organizational innovations are commonly driven by a desire to improve performance. But new practices can become, in Selznick's words (1957:17), "infused with value beyond the technical requirements of the task at hand." As an innovation spreads, a threshold

---

[50] A teoria é baseada na divisão de papéis entre os representantes (*agents*) e representados (*principals*), em que os últimos transferem o poder decisório aos primeiros. No entanto, pode ocorrer um desalinhamento entre ambos, uma "agency problem", quando o representante atuar com a tomada de decisões autônomas e não necessariamente no interesse do representado (JENSEN; MECKLING, 1976, p. 305-360).

[51] Abordagem sobre quando uma instituição copia processos e modelos operacionais de outra para obter maiores efeitos, como competitividade, legitimidade e visibilidade perante sua base funcional (DI MAGGIO; POWELL, 1983, p. 147-160).

is reached beyond which adoption provides legitimacy rather than improves performance (Meyer and Rowan, 1977).

É justamente a busca de uma legitimação na tarefa anticorrupção que tem provocado fenômenos de isomorfismo sem a reflexão devida. Os dados dos acordos, com a reprodução coincidente nos termos do MPF e CGU, indicam parte do fenômeno, em que a maximização dos próprios interesses tende a romper limites e alimentar conflitos em pontos cegos.

Como situação peculiar do que o isomorfismo provoca no modelo multiagências, veja a situação das pessoas naturais, que é algo constante na operação dos acordos de leniência, pois a apuração da corrupção é baseada em elementos que regularmente dependem do indicado por agentes naturais, mesmo que a LAC seja restrita às pessoas jurídicas.

No caso, os dados indicaram que 75% dos acordos do MPF contemplaram a alternativa de os agentes naturais serem protegidos contra sanções por improbidade, enquanto algo semelhante ocorreu em 33,3% dos acordos da CGU, sendo que, na maioria dos casos, a alternativa protetiva tinha previsão anterior pelo acordo do MPF. É algo que, com o advento do ANPC, ganhou maior potencial. Em reação, na trilha da Portaria Interministerial CGU/AGU nº 2.278/2016 e a versão da Portaria Conjunta nº 4/2019, a CGU estabeleceu a participação da AGU nas comissões para negociação e responsabilização judicial, para assim atenuar as sanções previstas na Lei nº 8.666/1993 e na LIA, além de viabilizar os acordos de não persecução. Trata-se de exemplo da busca de reprodução comportamental.

No entanto, o destaque é a responsabilização criminal, em que o MPF exerce plena atuação e promoveu 148 acordos de colaboração premiada em decorrência dos acordos de leniência, enquanto *a CGU não tem o instrumento, pois não exerce a persecução criminal.*

No entanto, o ponto tem indicativos de isomorfismo em direção. No caso, a CGU, a AGU e a Polícia Federal (PF) criaram o Protocolo de Execução nº 01/2020,[52] com o objetivo de troca de informações com a CGU a partir de acordos de colaboração premiada então iniciados pela PF. No caso, o ato surge da necessidade de exercer atribuições típicas da persecução penal, em instituto que ao final depende de exercício

---

[52] Disponível em: CGU https://www.gov.br/cgu/pt-br/assuntos/noticias/2020/11/cgu-agu-e-pf-definem-procedimentos-para-troca-de-informacoes-sobre-acordos-de-leniencia-e-delacoes-premiadas/protocolo_de_execucao_pf.pdf. Acesso em: 31 out. 2021.

não alcançado pelos órgãos do Poder Executivo isoladamente (art. 129, I da Constituição da República), além de potencializar riscos típicos do compartilhamento de informações.

Ressalte-se que o dado não se resume às violações normativas da situação, mas ainda por exemplificar como uma instituição originária (CGU), que atua com base em uma premissa legal isolada como a LAC, precisa conjugar instituições diversas (AGU e PF) para simular atuação que seria alcançável por outra no mesmo sistema de operação, como a instituição ministerial (MPF), que conta com a integralidade dos pontos abordados sem exigir a redundância institucional, o que minimizaria aspectos multiagências negativos.

Uma das potenciais consequências negativas do isomorfismo é que falhas podem passar a ser cometidas sem apreciar as críticas, pois se tornam algo normalizado naquele setor operacional, funcionando até mesmo como processos de racionalização em autoengano, em que os agentes naturais não enxergam suas decisões com consequências potencialmente desviadas ou danosas.[53] Ao final, a situação aproxima-se da consideração de que

> organizations tend to model themselves after similar organizations in their field that they perceive to be more legitimate or successful. The ubiquity of certain kinds of structural arrangements can more likely be credited to the universality of mimetic processes than to any concrete evidence that the adopted models enhance efficiency. (DI MAGGIO; POWELL, 1983, p. 152)

É uma consideração de ponto cego no comportamento institucional, em que isomorfismos e maximizações dos próprios interesses trazem em si ainda outras implicações.

2.2 Competição excessiva entre agências do mesmo ciclo e os riscos de exclusão das outras visões

No contexto multiagências existe o potencial competitivo entre as instituições, o que pode ter consequências positivas ou negativas. Há de

---

[53] Para uma perspectiva fora do institucionalismo de Estado, o raciocínio aplica-se até mesmo na compreensão das instituições empresariais com cunho criminógeno, que envolvem a sua estruturação como mecanismos que viabilizam a prática de ilícitos (SIMPSON; BENSON, 2015).

se considerar evidências de que a excessiva competição interna aos grupos – como entre as instituições do microssistema anticorrupção – tende a gerar desempenhos piores e mesmo comportamentos com violações éticas. Em relacionamentos competitivos puros, o foco institucional pode não ser mais a sua capacidade de alcançar os objetivos, mas não deixar outra instituição vencer (SCHWIEREN; WEICHSELBAUMER, 2010, p. 241-253).

Barsky (2008, p. 63-81) salienta que agentes em um sistema unidimensional de avaliação tendem a focar apenas no seu próprio indicador. No caso dos acordos, seria como a seleção especial de uma de suas finalidades, o que acarreta o risco de perder a visão do todo.

Veja as situações conflituosas antes noticiadas, refletidas nos dados sobre os acordos, em que os choques institucionais giram na previsão de haver ou não valores adequados de reparação imediatos, ou em que o MPF foca no objetivo de alavancagem probatória para a persecução, ou a concentração pela CGU na responsabilização das pessoas jurídicas, ou ainda quando o TCU salienta obstáculos se não houver a fixação dos valores adequados ao seu critério. São situações que terminam como manifestações egoísticas em que o contexto amplo de efetividade anticorrupção se perde.

O comportamento do MPF em não procurar critérios uniformes de apuração de valores (somente 16,6% dos acordos apreciados tinham a fixação com critérios especificados) acaba por alimentar a insegurança das colaboradoras e salientar o comportamento competitivo das demais instituições que, por não terem atribuição de persecução plena e considerando a essência de um instituto anticorrupção, terminam por concentrar seus focos na perspectiva civil e administrativa como válvula de legitimação do instituto.

Quando a CGU baseia seus acordos com a perspectiva concentrada nas pessoas jurídicas, desconsiderando os efeitos dos institutos sobre as pessoas naturais (apenas 33,3% dos acordos tiveram a previsão de proteção por improbidade de pessoas naturais, e nenhum caso com a proteção criminal), termina por forçar uma lógica inadequada, pois parte da ideia de que a única motivação empresarial seria a financeira, quando a decisão das corporações é estabelecida por humanos, que podem ser regidos por circunstâncias diversas.

Por sua vez, a ênfase do TCU em valores de reparação e restrições[54] pode desconsiderar a funcionalidade dos acordos e a motivação intrínseca das pessoas, pelo fenômeno do "efeito desativação" ou "crowding-out effect" (FREY, B. S.; OBERHOLZER-GEE, F., 1997; FREY, B. S.; JEGEN, R., 2001), em que para a atuação institucional pode não mais interessar a correção da postura dos infratores, ou a entrega efetiva de todos os responsáveis, pois o necessário passa a ser a recompensa objetiva a ser obtida pelo Estado, que ao final pode tratar as pessoas, sejam colaboradoras ou não, de forma semelhante.

São situações em que desconsiderar as demais finalidades e visões, principalmente das instituições que constroem os acordos, pode aguçar conflitos e minimizar o potencial não apenas da sua própria visão, mas ainda obscurecer em ponto cego o próprio instituto.

2.3 O viés do egocentrismo

É comum a tendência, em relação ao grupo a que se pertence, de haver uma visão inflacionada sobre a própria contribuição em qualquer esforço coletivo. Em situações de *joint ventures*, é comum a crença de que a contribuição da companhia seja superior às contribuições das demais empresas relacionadas, o que envolve a percepção de que o seu esforço seria, em geral, maior do que a realidade sustenta. O fenômeno pode até mesmo levar à reconstrução mental do passado, com uma implicação ética relevante: a alocação inadequada de resultados a determinada iniciativa, diminuindo as demais. O egocentrismo é um elemento derivado de ponto cego, manifestado pelas pessoas naturais, mas com reflexo na realidade operacional das instituições (BAZERMAN; TENBRUNSEL, 2011, p. 48-56).

As implicações de comportamentos egocêntricos podem ser confundidas com premissas arrogantes ou elitistas, que terminam por afastar interlocutores e sabotar perspectivas de cooperação. Parte do fenômeno é observada quando as instituições deixam de contemplar a participação ou mesmo as opiniões das demais, o que ocorre quando

---

[54] Como é a aplicação da sanção de inidoneidade para participar de licitação (art. 46 da Lei nº 8.443/1992 – Lei Orgânica do TCU). O conflito de sua incidência aos colaboradores com acordos de leniência foi apreciado nos julgados do STF antes citados (MS nº 35.435, MS nº 36.173, MS nº 36.496 e MS nº 36.526).

se busca garantir a exclusividade de legitimação ou o afastamento da atuação alheia.

No contexto multiagências dos acordos de leniência, existem casos que indicam parte da situação. Como antes relatado, veja o apreciado pelo TRF-4ª Região,[55] quanto a um acordo de leniência realizado pelo MPF com seus efeitos questionados pela CGU, em que a manifestação egocêntrica alegava sua competência exclusiva para acordos no âmbito do Poder Executivo da União (art. 16, §10 da LAC) e buscava a indisponibilidade de bens dos acordantes. A alegação fundamental foi que a sua legitimação exclusiva impediria a deliberação das demais instituições sobre os critérios, de modo que a consideração da União deveria ser a mais adequada ao seu interesse, em que a sua ação por improbidade administrativa representaria uma contribuição superior àquela do acordo do MPF. O voto condutor do julgado salientou que, no âmbito do Poder Executivo, a competência da CGU

> não impede, e até parece recomendável, a participação de outros órgãos, como a Advocacia da União, o Ministério Público e o Tribunal de Contas da União (TCU). [...] Constata-se, dessa maneira, vício no acordo de leniência sob exame, o que, entretanto, não leva à nulidade do ato negocial, pela possibilidade de ratificação pela CGU, ou re-ratificação, com participação dos demais entes, levando-se em conta o aspecto a seguir examinado, qual seja o ressarcimento ao erário e a multa.
> [...] Se, de um lado, é possível o abrandamento ou até mesmo a exclusão de penalidades (tanto na LAC quanto na LIA, consoante fundamentação desenvolvida acima), não se poderá afastar o ressarcimento integral do dano. Torna-se necessária, portanto, a manifestação da CGU, AGU (e TCU), apontando o *quantum* a ser indenizado. Mas, de outro lado, imprescindível a presença do Ministério Público, em razão de sua competência exclusiva no que tange à repercussão na esfera penal, avaliando a importância e necessidade das informações a serem prestadas.

Por outro lado, o MPF, ao concentrar seu foco na alavancagem probatória e ter a capacidade de atuação em múltiplas esferas, pode exercer comportamento egocêntrico que eventualmente reduza a perspectiva de uma atuação útil das demais instituições. Algumas expressões em seu Estudo Técnico nº 1/2017-5ª CCR (p. 65) indicam sintomas do viés:

---

[55] TRF-4ª Região. Agravo de Instrumento nº 5023972-66.2017.4.04.0000. 3ª Turma. Rel. Desembargadora Federal Vania Hack de Almeida. Data da sessão: 22.08.2017.

Impende refrisar-se, além disso, que as provas necessárias ao esclarecimento e punição de atos de corrupção e de práticas lesivas ao erário estão sempre ligadas a tipos penais (corrupção em sentido estrito e outros tipos correlatos). Não há, ademais, nestes casos, necessidade de validação externa, burocrática ou administrativa, decorrente de *expertise* técnica de setores especializados, nem de identificação qualificada da natureza dos fatos por parte de órgão regulador (como o Cade, por exemplo) ou de instância administrativa (como a Receita Federal, em relação aos crimes fiscais). Os fatos delitivos, com as circunstâncias e elementos que os caracterizam na ocorrência material, configuram o tipo por si mesmos, sem que se lhes tenha que ser atribuída qualidade ou confirmada natureza específica, através da chancela burocrática. Ao revés, se há setor treinado na detecção e caracterização de tais ilícitos é o dos órgãos encarregados da persecução criminal genérica, destacando-se, como é intuitivo e central na presente abordagem, o titular exclusivo da ação penal, o Ministério Público.

Mesmo que a percepção do MPF possa ser correta nas situações descritas, o ponto é que os aspectos positivos de um modelo multiagências podem ser obscurecidos quando se tem em conta uma perspectiva egocêntrica pelas instituições.

O fenômeno egocêntrico conta ainda com um modelo de análise repartido, corrente em apreciações doutrinárias, em que o mesmo objeto sofre categorizações a partir do observador. Veja-se que os fatos apresentados nos acordos são os mesmos e independem da instituição. No entanto, quando doutrina e julgados criam categorias de acordos em diversas espécies para os mesmos fatos – como o Acordo de Leniência Anticorrupção da LAC ou o Acordo de Leniência do MP –, criam uma situação em que os agentes institucionais passam a tratar o instituto como o principal a ser defendido, em que a sua carga cognitiva passa a ter "algo para chamar de seu", com manifestações em viés de confirmação.[56] Busca-se, então, afastar aquilo que contrarie sua expressão e desconsidera-se que a realidade tratada – os fatos objeto da colaboração – independe dos acordos. Os múltiplos acordos passam, assim, a ter maior peso que o principal comum a eles, e a doutrina acaba funcionando como instrumento de reforço dos conflitos.

---

[56] O viés de confirmação é uma manifestação comportamental em que os agentes recorrem a raciocínios para justificar escolhas intuitivas e selecionar evidências que corroborem sua crença, afastando aquelas que as contrarie (sobre a perspectiva, com evidências e fundamentos substanciais, ver: DAWSON; GILOVICH; REGAN, 2002; MERCIER; SPERBER, 2011).

Pela perspectiva institucionalista, nota-se que comportamentos egocêntricos devem ser identificados para não sustentarem o instituto como algo a ser defendido como um fim em si, que reforça egoísmos que alimentam os conflitos. O exercício de funcionalidades isoladas, quando deixa de contemplar as demais visões, pode sacrificar resultados efetivos, como ocorre com a crença de que uma instituição alcançaria necessariamente resultados superiores aos das demais por ter um instrumento só seu, mesmo que não existam evidências para tanto.

2.4 Pontos cegos éticos em perspectiva e o perigo das racionalizações institucionais

Os agentes estão regularmente sujeitos a uma moldura decisória, que delimita sua visão de mundo ao considerar que a realidade é aquilo posto por sua própria perspectiva, sem ver todas as alternativas a ela. O fenômeno é ainda mais aguçado na realidade pública, pois, quando moldada por normas, sobre as quais não há disponibilidade e não deixam de ser aplicadas, as alternativas podem ser ainda mais limitadas ou sequer apuradas. O processo de incidência normativa pode ser a trava de qualquer contextualização, mesmo para uma análise sobre o melhor desempenho de institutos.

Uma das suas caracterizações é baseada na teoria da perspectiva,[57] que indica haver uma valoração diferente para eventos certos ou prováveis, em que a certeza é mais valorizada que o incerto. Uma das suas abordagens indica que o sentimento de uma perda financeira é maior do que o prazer de um ganho similar. Para evitar a perda certa, tende-se a aceitar riscos que não seriam admitidos se fosse para tentar auferir ganho semelhante.[58]

Um efeito do fenômeno quanto aos acordos de leniência é a potencial criação de uma situação de ponto cego que não permite identificar as consequências sobre todos os objetivos do instituto. Comportamentos institucionais focados na obtenção de certeza imediata quanto aos montantes de reparação, como o caso da CGU e TCU, podem ser exercidos com o sacrifício de outras finalidades incertas e fora do seu sistema

---

[57] Sobre um dos desenvolvimentos da teoria, ver: KAHNEMAN; TVERSKY, 2012, p. 346-352.
[58] Sobre a aplicação da teoria em negociações de acordos, com evidências empíricas, ver: KOROBKIN; GUTHRIE, 1994, p. 107-192; BABCOCK et al., 1995, p. 289-303.

unidimensional de controle, como é o caso da alavancagem probatória para a persecução da corrupção.

De forma semelhante pode ocorrer com a visão do MPF, quando foca na persecução e não esclarece exatamente como viabilizar o cálculo dos valores em seus acordos, o que alimenta conflitos sobre os riscos aos outros objetivos do instituto.

Os focos salientam um comportamento restritivo das instituições quanto ao incerto, que não dominam, quando então passam a exigir com destaque aquilo que objetivamente é certo e têm controle para a sua utilidade institucional. Como consequência, quando institutos são compostos por objetivos diversos, pode-se assim desconsiderar outras informações estranhas ao seu foco e conduzir a erros de decisão que, uma vez tomada por uma instituição, pode provocar reflexos negativos na atuação das demais. Na apreciação de casos sobre a situação, Bazerman e Tenbrunsel salientam que

> it is common for decision makers to err by limiting their analysis to the data in the room, rather than asking what data would best answer the question being asked. These decision makers were guilty of a common form of bounded ethicality: moving forward too quickly with readily available information, rather than first asking what data would be relevant to answer the question on the table and how the decision would affect other aspects of the situation or other people. (2011, p. 15)

Veja-se novamente o que ocorre quando o foco é reduzido a um dos objetivos dos programas de leniência, como a reparação de danos, sem a perspectiva exata de responsabilização dos autores dos atos, ou vice-versa, quando apenas a alavancagem probatória é tomada, sem aprofundamento daquele outro objetivo. A *bounded ethicality* está no processo psicológico que pode levar pessoas, mesmo bem-intencionadas, a ter comportamentos eticamente questionáveis que contradizem sua própria ética preferencial, com a tomada de decisões que causam o mal a parceiros, sendo inconsistente com as suas próprias crenças e preferências (BAZERMAN; TENBRUNSEL, 2011, p. 5). É a situação das finalidades públicas como um todo, na medida em que o seu potencial alcance, um objetivo comum a todo o Estado, acaba sendo reduzido. Cada uma das instituições pode afirmar que deseja todos os objetivos do instituto (a detecção de ilícitos, provas, eficiência investigativa, persecução dos infratores, reparação integral dos danos etc.), mas faticamente não desempenhar atos efetivos além do seu próprio foco isolado.

Especificamente no contexto das instituições, a salientar como a questão tem origem nas perspectivas individuais das pessoas que por elas atuam e vai além delas, Bazerman e Tenbrunsel refletem:

> an organization's ethical gap is more than just the sum of the individual ethical gaps of its employees. Group work, the building block of organizations, creates ethical gaps. Group link – the tendency for cohesive groups to avoid a realistic appraisal of alternative courses of action in favor of unanimity – can prevent groups from challenging questionable decisions, as was the case with NASA's decision to launch the Challenger. (2011, p. 15-16)

É o que ocorre, como exemplo, na situação em que os acordos em sede administrativa não levam em conta a responsabilidade criminal dos agentes dos atos corruptos, quando então as instituições sem a atuação de persecução penal podem chancelar seus acordos mutuamente, em sede administrativa, sem avaliar a efetividade do entregue contra a corrupção.

O fenômeno é salientado ainda como uma dissonância cognitiva, principalmente quando se percebe que as instituições lançam mão de fortes racionalizações para justificarem suas perspectivas e atos. A racionalização funciona como meio de manutenção da autoimagem positiva do comportamento, o que a psicologia social mostra, sob manifestações diversas (COHEN; DING, 2012; AYAL; GINO, 2011; ASHFORTH; ANAND, 2003; TSANG, 2002, p. 25; BERSOFF, 1999), como alegações em negação de responsabilidade ("a culpa é da lei vigente"), o comportamento social do setor ("todas as instituições fazem isso"), a negação de prejuízo a terceiros ("os demais não sofrerão com isso"), a imagem de saldo positivo ("fez mais bem do que mal"), a aceitação de superioridade relativa ("os outros são piores"), a condenação daqueles que fazem a crítica ("eles devem olhar antes para o próprio umbigo"), a negativa das intenções ("não era o meu desejo") ou mesmo a culpabilidade da vítima ("eles tiveram o que mereciam").

São comportamentos típicos dos *white-collar crimes*, que podem ser manifestados por instituições, mesmo de Estado. O grande risco das racionalizações em pontos cegos é a perpetuação das mesmas práticas questionáveis. Todo o contexto pode prejudicar não apenas a harmonização entre as instituições, mas o próprio instituto dos acordos de leniência, na medida em que pode não produzir todas as suas finalidades e ainda subtrair qualquer perspectiva de atração da colaboração.

2.5 As limitações focadas em normas e efeitos colaterais

Para a utilização adequada de institutos como os acordos de leniência são indicados ao menos três pontos de adaptação das instituições às normas, que não se restringem apenas aos aspectos formais de operação na realidade sem resultados.

O primeiro ponto de adaptação é que institutos apenas sob a ótica normativa podem acabar considerando o seu cumprimento como um fim em si, mesmo sem alcançar finalidades efetivas. Termina como um padrão para satisfazer a norma e legitimação da instituição que dela faz uso. Ver o caso dos acordos de leniência quanto ao foco reparatório, como os montantes divulgados indicam.[59] No entanto, se deixarem de demonstrar como o instrumento foi efetivo para responsabilizar aqueles que cometeram os atos de corrupção, a percepção sobre o instituto pode ter sua credibilidade prejudicada.[60]

Um segundo é a desconexão das áreas de controle e operação dos acordos daquilo esperado ser entregue em colaboração. Surge a tendência de a colaboradora contentar-se com a conformidade perante as normas da instituição leniente, como aquelas da responsabilidade administrativa, mesmo que o entregue não tenha substância suficiente para todas as demais finalidades do instituto, como a persecução dos responsáveis pelos atos.

Os pontos culminam no terceiro, que é o foco dos programas de leniência nas finalidades desejadas pela instituição segundo o seu

---

[59] A LAC (art. 16, §6º) determina a divulgação dos acordos e notícias sobre resultados são constantes. Ver: CGU: https://www.gov.br/cgu/pt-br/assuntos/responsabilizacao-de-empresas/lei-anticorrupcao/acordo-leniencia. Acesso em: 16 out. 2021; https://www.gov.br/cgu/pt-br/assuntos/noticias/2018/12/cgu-e-agu-assinam-acordo-de-leniencia-de-r-1-49-bilhao-com-a-andrade-gutierrez. Acesso em: 16 out. 2021; e MPF: http://apps.mpf.mp.br/apex/f?p=131:8: Acesso em: 1º nov. 2021.

[60] Ainda na Fase 3 sobre o cumprimento da Convenção da OCDE (Brazil Phase 3 Report, para 101), o Grupo relatou a percepção sobre os institutos negociais, em que "where a foreign bribery case is concluded by a resolution, the most important elements of the resolution should be disclosed, to ensure greater transparency, raise awareness and increase confidence in enforcement of the foreign bribery offence". Em geral, a lógica considera que "Information on the sanction is particularly important, as it enables the public to assess whether or not sanctions imposed through resolutions are 'effective, proportionate and dissuasive', in line with the criteria in Article 3 of the Anti-bribery Convention. This practice also increases accountability and can alleviate concerns that resolutions offer an 'easy way out' to offenders. [...] Making this information public contributes to enhancing public trust in the resolution system. This allows the public and civil society to assess whether the conditions and criteria provided in the law have been respected and to verify that a resolution is not the result of an arbitrary decision" (OCDE, 2019, p. 152 e 156-157).

próprio padrão normativo, como salientado nos tópicos anteriores. A situação pode causar efeitos colaterais, como fixar padrões falhos, que passam a ser adotados na operação de novos acordos. O efeito pode simplesmente prolongar indefinidamente as falhas e acomodar potenciais colaboradoras ao erro das instituições, que criam expectativas de tratamento semelhantes em novos ciclos.

Ao fomentar comportamentos restritos à observância formal de uma instituição, termina-se por induzir agentes públicos e privados a agirem de forma limitada quanto aos custos e benefícios do acordo, bastando o ajuste às normas padronizadas. Não haverá esforço para alcançar além do possível com as respectivas normas estritas, desprezando o potencial das demais finalidades além do padronizado.

A padronização de finalidades isoladas acaba causando diversos efeitos. Estudos indicam o problema na seara comportamental humana, em que critérios, como os financeiros isolados (sancionatórios e de reparação), têm o potencial de deturpar outras finalidades dos institutos em geral. Gneezy e Rustichini (2000) apresentam um trabalho que ilustra a situação, indicando que a retirada do preceito ético e funcional da finalidade a ser protegida, quando substituída pela perspectiva meramente econômica, tem o potencial de subtrair a carga das demais finalidades.

Por sua vez, em experimento sobre como os sistemas de controle e punição afetam o nível de cooperação entre indivíduos, Tenbrunsel e Messick (1999) promoveram o teste com três situações: um grupo em que não havia controles ou punições entre os participantes, o segundo em que havia algum controle e pequenas sanções, enquanto no terceiro os controles e sanções eram elevados.

Os resultados indicaram que quanto maiores são os controles e punições, menor a cooperação eficiente entre os agentes. Diante dos controles, os agentes se concentravam simplesmente em cumprir as determinações formais e econômicas, sem se preocupar com a inadequação dos padrões adotados, a efetividade dos resultados e as finalidades dos seus atos.

O dado é que, quando se espera que agências cooperem em prol de resultados comuns, as potenciais restrições e excessos de controle entre elas podem provocar condutas de seus agentes que se voltam contra os seus objetivos. Quando as instituições manejam os controles entre si, como os baseados em critérios de legitimação formais, sem ponderar as razões e efeitos das previsões, terminam por desconstituir a lógica operacional dos institutos que, no caso dos acordos de leniência, potencialmente ensejam conflitos levados ao Poder Judiciário.

Veja-se novamente a situação do conflito entre o MPF e a CGU, no citado caso julgado pelo TRF-4ª Região.[61] A base de sustentação do MPF para seus acordos aparentava um conflito em razão da previsão formal da LAC. No entanto, mesmo que se considere a atuação ministerial adequada, fato é que passou a exigir o reforço do ônus argumentativo e embates, pois a aparente restrição legal a indicar a legitimidade da CGU, sem contemplar todas as vertentes para o instituto, terminou por incentivar comportamentos que testam os seus limites. O Poder Judiciário foi chamado a decidir parte do conflito, anunciando a necessidade de cooperação entre instituições. O resultado é que, no caso concreto, acabou ocorrendo um "acordo-espelho" com a AGU/CGU, paralelo ao antes realizado com o MPF,[62] ou seja, mera aparência de legitimação no sentido dos pontos apreciados até então, sem ganhos substanciais de desempenho efetivo ou inovador. A cegueira é novamente salientada.

Como identificado nos acordos apreciados, existem reproduções constantes dos pontos, sendo a dinâmica daqueles promovidos pelo MPF objeto da atuação posterior da CGU, sem inovações substanciais, mas com contornos em finalidades específicas, como a fixação de valores diferenciados. Por outro lado, o MPF reconhece que a CGU e o TCU têm o potencial de melhor indicarem valores. Ademais, apesar de prever a necessidade de programas de integridade, o MPF reproduz indicativos operacionais da CGU.

Por isso é fundamental a tomada dos acordos não apenas com a visão isolada das normas que fixam competências e atribuições. É preciso um foco capaz de potencializar os efeitos dos acordos. É quando surgem os indicativos a exigir o reforço de outras dimensões nas instituições, de modo a serem incentivadas a cooperar para o instituto alcançar todo o seu potencial. Mas para tanto é preciso ter em conta ainda um fator em especial, próprio da composição coletiva multiagências.

---

[61] TRF – 4ª Região. Agravo de Instrumento nº 5023972-66.2017.4.04.0000.
[62] Ver: https://www.gov.br/cgu/pt-br/assuntos/noticias/2018/12/cgu-e-agu-assinam-acordo-de-leniencia-de-r-1-49-bilhao-com-a-andrade-gutierrez. Acesso em: 1º nov. 2021.

2.6 O sistema multiagências como um problema de ação coletiva em subgrupos

Antes da abordagem institucional dirigida ao combate à corrupção, pesquisadores passaram a considerá-la um problema de ação coletiva (*collective action problem*), que ocorre quando a razão para a sua prática está no contexto de um número significativo de outros agentes com a mesma atuação corrupta, em dimensões sistêmicas (PERSSON; ROTHSTEIN; TEORELL, 2013, p. 449-471). No entanto, a preocupação doutrinária tradicional dirige-se a estratégias insuficientes para combater ilícitos sucessivos e uma das alternativas seria justamente a multiplicidade institucional (CARSON; PRADO, 2014, p. 1).

Entretanto, a própria concepção multiagências pode também ensejar um problema de ação coletiva, na medida em que as dificuldades de operação podem estar nos fatores inadequados de cooperação entre as instituições, em que interesses isolados desarranjam o instrumento, com efeitos negativos comuns a todas, como indicado nos tópicos anteriores. Para otimizar o acordo de leniência, a atuação coordenada é um fator essencial.

Foi indicado, na parte inicial do capítulo, que a multiplicidade institucional pode eventualmente dificultar uma estrutura anticorrupção eficiente, principalmente quando se tem em conta a situação em que as agências simultaneamente atuam segundo regras de jogo diversas e focos distintos sobre um mesmo objeto corrupto. Quanto aos acordos, é o caso do foco exclusivo de determinadas instituições sobre as pessoas jurídicas ou naturais, a consideração imediata dos valores integrais ou não de reparação etc. Muitas delas podem ser até contraditórias e mesmo colocar as colaboradoras em uma situação de vantagem, com a possibilidade de escolher a instituição que melhor garanta benefícios, criando a competição entre elas na busca de oferecer uma maior atratividade.[63]

O ponto é que, apesar de pertencerem a um grupo com um objetivo público comum, as instituições podem acabar dividindo-se em subgrupos competitivos. Seguindo os moldes do isomorfismo, instituições com aspectos funcionais próximos, em sua natureza ou modo de operação, podem constituir subgrupos capazes de reforçar entre si

---

[63] Em alguns aspectos, considerando a situação da multiplicidade institucional como um obstáculo aos esforços estatais de evolução, ver DI JOHN, 2008, p. 33-34; e SHARKEY, 2013.

o afastamento do objetivo anticorrupção amplo da coletividade. Como esclarece Olson Jr.:

> assim como se pode supor que os indivíduos que pertencem a uma organização ou grupo têm um interesse comum, eles também têm interesses puramente individuais, diferentes dos interesses dos outros membros do mesmo grupo ou organização. [...] É claro que qualquer grupo ou organização estará usualmente dividido em subgrupos ou facções antagônicas. Esse fato não debilita a pressuposição feita aqui de que as organizações existem para servir aos interesses comuns de seus membros, porque essa pressuposição não implica que os conflitos internos do grupo estejam sendo desprezados. Os subgrupos antagônicos dentro de uma organização usualmente partilham algum interesse comum (senão, por que manteriam a organização?), ao mesmo tempo que cada subgrupo ou facção também tem um interesse comum independente e só seu. Aliás, esses subgrupos com frequência terão o interesse comum de derrotar algum outro subgrupo. Portanto, a abordagem utilizada aqui não despreza o conflito dentro de grupos e organizações porque considera cada organização como uma unidade somente até o ponto em que ela de fato tenta servir a um interesse comum, e considera as várias facções oponentes para analisar o vigoroso antagonismo entre elas, como unidades. (2015, p. 20)

Os subgrupos quanto aos acordos podem ter variadas manifestações. Para ilustrar, reflita-se sobre algumas delas.

O foco das alegações do TCU quanto aos acordos é essencialmente a reparação e o uso de previsões sancionatórias para incentivar colaboradoras. Parcialmente, o mesmo ocorre com a CGU/AGU, que consolida a perspectiva ao caráter reparatório, recolhimento dos valores e efeitos administrativos e civis da LAC. Por sua vez, com o MPF nota-se o foco imediato em angariar subsídios para a persecução. São situações em que cada instituição poderia alcançar parcelas das finalidades públicas, isoladamente como subgrupos individuais, ou unindo feições grupais próximas.

Veja as situações da CGU/AGU em afastar a atuação do MPF, que forma um subgrupo unitário com atuação criminal; ou ainda quando o TCU isoladamente visa questionar a atuação das demais instituições pela perspectiva do seu próprio viés, subtraindo efeitos da operação dos acordos anteriormente consolidados. Vale ainda pensar na situação em que o MPF atua autonomamente na persecução penal e por improbidade das pessoas naturais, ao mesmo tempo em que as jurídicas envolvidas buscam o acordo com grupo diverso em sede administrativa e civil, como a CGU, que não atua sobre o foco persecutório do subgrupo ministerial.

Ressalte-se que a divisão em subgrupos pode envolver o caso daqueles que não promovem acordos de leniência, mas buscam intervir e dependem daquilo entregue em colaboração para ter algo a atuar, como ocorre com o TCU, que não contribui para a formulação dos acordos (atos do subgrupo da CGU e MPF) e busca controlar os critérios adotados, podendo até mesmo exercer uma capacidade destrutiva do construído. O ponto se aproxima ao que Olson Jr. (2015, p. 28) percebeu, em que seu desempenho necessariamente se aproveita do realizado anteriormente por outrem, mas sem a necessária contribuição:

> o indivíduo membro da grande organização típica está em uma posição análoga à da empresa em um mercado perfeitamente competitivo, ou à do contribuinte em um Estado: seus esforços individuais não terão um efeito sensível sobre a situação de sua organização, e ele poderá desfrutar de quaisquer vantagens obtidas pelos outros quer tenha ou não colaborado com o grupo. (OLSON JR., 2015, p. 28)

Trata-se de uma falha da perspectiva cooperativa. Um subgrupo que aproveita a atuação dos demais pode ter seu comportamento como fruto do apontado nos tópicos anteriores, mesmo sem voluntariedade dirigida ao efeito causado, que dispersa o foco comum em prol da sua perspectiva isolada. Ressalte-se que as finalidades públicas pelo foco individual de cada instituição até poderiam ser alcançadas. No entanto, os problemas que surgem são outros.

Primeiro, o desempenho de Estado acaba sendo inferior àquele que seria obtido com a cooperação de todos, pois implica, além dos custos da sobreposição, o desperdício dos potenciais de negociação e ativos operacionais que são diluídos, minimizando a efetividade da atuação e levando a um custo maior da sociedade.

Mas o destaque é que assim explicita a matriz dos conflitos multiagências, pois, no contexto dos acordos, a divisão em subgrupos tem implicações sensíveis para um instituto que em sua essência é negocial, incentivando a competição entre as instituições com pontos cegos. A natureza negocial não funciona por mera previsão legal ou vontade do operador estatal, pois depende de um elemento externo comum, que é a vontade da colaboradora dirigida ao Estado como um todo. Mas a divisão do propósito coletivo de um grupo maior (Estado) para subgrupos de instituições (isolados ou não), termina por fraturar a voluntariedade externa dirigida a eles e potencializa as faces negativas do modelo multiagências. A vontade fracionada tensiona motivos, contradições e ressalvas.

Nesse sentido, o mapeamento não seria completo sem identificar como funciona a lógica do comportamento de colaboração a partir do polo das colaboradoras, que será abordado a seguir.

CAPÍTULO 3

A ATRATIVIDADE DOS ACORDOS: A RACIONALIDADE ECONÔMICA ORIGINÁRIA, A GOVERNANÇA CORPORATIVA E OS PASSOS ALÉM DA ESCOLHA RACIONAL

Quando se trabalha a corrupção por meio das pessoas jurídicas, logo surgem as tradicionais reflexões da chamada criminologia empresarial, que considera o contexto da empresa como condutora do ilícito.[64]

Uma das matrizes teóricas tradicionais é a apresentada por Becker (1968), cujos estudos, que levaram ao Nobel em 1992, fazem parte de uma das percepções da teoria da escolha racional. No contexto empresarial, a racionalidade é expressão de uma avaliação de todas as variáveis em um contexto de custo-benefício, realizada pelo infrator ao conduzir sua manifestação criminosa. A base teórica possui grandes implicações, principalmente quando em consideração que a percepção da pessoa jurídica não se confunde necessariamente com a dos seus agentes, pessoas naturais.

Um dos pilares tradicionais da abordagem tem dois pressupostos – a racionalidade dos agentes e a maximização da utilidade – em que, diante das informações no momento da decisão, o agente buscará o maior benefício esperado. Mesmo sob uma perspectiva criminológica, desde Beccaria no clássico "Dos delitos e das penas", havia o alerta da relação entre o benefício proporcionado pelo crime e o custo das penas, como uma lógica avaliada pelo criminoso e baseada no padrão

---

[64] Sobre a temática, com ampla abordagem das origens e diversas teorias na compreensão, ver: SOUZA, 2021, p. 27-56.

racional. Linha semelhante foi abordada por Jeremy Benthan na matriz utilitarista, que Posner (2010, p. 4-5, 36) reconhece ter papel inspirador no desenvolvimento de padrões por Stuart Mill, em especial sob o comportamento individual a partir de incentivos.

Os estudos sobre os acordos de leniência tomaram a perspectiva racional na sua origem, que para os ilícitos anticoncorrenciais permitiu abordagens sobre os incentivos que levam pessoas jurídicas a buscar os acordos, envolvendo situações como as dos cartéis, que funcionam com pluralidade de agentes no contexto econômico.[65]

Da sua experiência prática é que surgiram os indicativos iniciais para a construção de programas de leniência eficientes.[66]

Spagnolo e Buccirossi (2005, p. 2) salientam as características dos ilícitos a serem consideradas, como os vínculos entre os agentes sem instrumentos típicos, pois o seu empreendimento não é baseado em técnicas jurídicas convencionais; a duração da estrutura ilícita ao longo do tempo, em que a governança interna garante expedientes para afastar entraves; e o fato de os agentes conhecerem reciprocamente os seus ilícitos e possivelmente deterem provas ou meios de obtê-las. São elementos que atraem a manutenção de estruturas anticoncorrenciais, mas que se aplicam a outras espécies de ilícitos coordenados, como aqueles entre auditores e auditados, reguladores e regulados, ou outras interações com o foco de corrupção (RUFINO, 2015, p. 47-65).

Nesse sentido, a abordagem com base racional, como a de Becker e a adotada por Spagnolo, apura os incentivos que garantiriam maior atratividade aos acordos e que passam por ao menos três fatores: a) benefício máximo ao primeiro colaborador que buscar o acordo; b) sanções substanciais aos não colaboradores ou perdedores da corrida pelo acordo; e c) elevado risco de detecção (SPAGNOLO, 2004, p. 18).

A apreciação é baseada em um modelo dinâmico de relações, porque os empreendimentos ilícitos precisam ser sustentados por interações reiteradas, que internamente são articuladas para evitar o desmantelamento da sua estrutura. Os incentivos terão o dinamismo

---

[65] O exemplo de aplicação anticoncorrencial foi salientado pelo Corporate Leniency Policy for Antitrust Violations, introduzido pelo US Department of Justice (DOJ) em 1993, em que os acordos promoveram a detecção considerável de cartéis e resultaram em sanções substantivas de altos executivos de empresas de diversos países, como a Nova Zelândia, Reino Unido, Canadá, Austrália, França, Alemanha, Suécia e outros com programas de leniência específicos, além da União Europeia (OCDE, 2002; 2003).

[66] Como exemplos de apreciação, ver: SPAGNOLO, 2004; AUBERT; REY; KOVACIC, 2004; e AUBERT; REY; KOVACIC, 2006.

desta interação ao longo do tempo, de acordo com o esforço entre os agentes dos ilícitos para manterem a cooperação sustentável entre si.

O primeiro fator para incentivar a desestruturação do ilícito é o benefício máximo ao primeiro colaborador, que toma em consideração que a avaliação da pessoa jurídica leva em conta a espécie de ganho para quem se antecipar aos demais colaboradores. O benefício máximo é o diferencial.

A experiência dos Estados Unidos salienta como os benefícios concentrados no primeiro colaborador, mesmo com efeitos proporcionais caso o relato ocorra após o início de investigações, incrementou substancialmente a detecção de ilícitos mediante acordos. O regime originário de 1978 não contemplava o diferencial para o primeiro, que foi introduzido somente em 1993 e criou os incentivos para tanto (CHEN; REY, 2013, p. 917-957). Trata-se de um elemento crucial na reforma do *Corporate Leniency Policy*, que, no seu "Amnesty Program – Section A", passou a garantir o total abono de sanções apenas ao primeiro que trouxer informações antes de uma investigação instaurada. Os relatos dos agentes do DOJ salientam a percepção sobre o diferencial, em que cerca de 50% das propostas de leniência passaram a ser espontâneas (HAMMOND, 2001; SPRATLING, 1998; 1999).

A razão para se restringir o benefício máximo apenas ao primeiro colaborador é no sentido de se criar a corrida ("races to report") entre as pessoas empresárias envolvidas, provocando o "medo de chegar em segundo". É algo que não ocorreria se os demais pudessem receber o mesmo tratamento, situação em que a estratégia poderia ser a do "wait and see", ou "não reporte primeiro, mas esteja pronto para reportar se alguém o fizer" (SPAGNOLO, 2004).

Nos programas que admitem colaborações sucessivas além do primeiro colaborador – sistemas moderados –, seria possível a admissão de outros benefícios aos demais em sequência, mas isso diminuiria o valor da primeira colaboração. Os acordos além do primeiro podem ter problemas mesmo em situações de "hard information", em que o Estado exige a entrega substancial de fatos e evidências. No caso, a possibilidade de colaborar, mesmo quando anteriormente delatado por outro colaborador, pode ser usado para regulação das próprias relações ilícitas, na medida em que todos os seus agentes sabem que podem noticiar uns aos outros em situações com risco de detecção. O efeito pode até ser o incentivo à manutenção dos comportamentos ilícitos.

A depender da espécie de benefício concedido aos colaboradores sucessivos, ou àqueles que se apresentam após uma investigação iniciada mesmo sendo o primeiro, o efeito até poderia provocar uma "reserva de segurança" pelos candidatos, na medida em que pode valer a pena não mais ser o primeiro e prosseguir com os ilícitos encobertos. Caso eventualmente ocorresse a colaboração de um dos concorrentes, os demais agentes ainda contariam com sua reserva para diminuir a resposta estatal, mesmo não sendo o primeiro. Funciona assim como uma válvula de escape em reserva contabilizada, ou "estratégia sistemática de colusão-delação".[67]

Portanto, uma das recomendações para minimizar efeitos assim é que as recompensas sejam ótimas e diferenciadas para o primeiro colaborador (BUCCIROSSI; SPAGNOLO, 2001). Seguindo a trilha, o segundo fator considera que as consequências ao colaborador não podem ser piores que aos não colaboradores.

Inicialmente a competição entre potenciais colaboradores não existiria se a autoridade tratasse igualmente colaboradores e não colaboradores, pois entraria em jogo um padrão nos moldes clássicos de Becker, em que mesmo o aumento das penas apenas incentivaria a permanência no ilícito, pois colaborar ou não deixaria de fazer qualquer diferença.

Mas quando se toma em consideração o potencial de penas para os não colaboradores, o fator não considera a sanção como um fim em si. Na verdade, a substância sancionatória para não colaboradores ou retardatários, em uma situação competitiva entre eles, tem ainda o efeito de possibilitar ao Estado uma margem maior de negociação, pois poderá oferecer recompensas maiores e assim ganhar potencial de adaptação, de acordo com a qualidade do entregue pelo colaborador, seja ele o primeiro ou não.

A situação, sob o ponto de vista do colaborador, traz ainda a correlação entre o aumento da pena abstrata e a redução significativa daquela aplicada, pois, sendo o custo da sanção aumentado, cresce a vantagem potencial a ser obtida (HINLOOPEN, 2003, p. 428-429).

---

[67] Como resultado de um efeito contraditório, a reserva é um comportamento parecido com o que ocorre com o chamado "efeito Arlen", quando as corporações, que têm programas de *compliance*, tendem a realizar a detecção mínima ou parcial de ilícitos, como forma de evitar a entrega de infrações graves e serem responsabilizadas, principalmente em sistemas sem previsão de isenção integral. Ver: ARLEN, 1994, p. 833-867; 2012; STASIAK, 2020.

Mas o potencial sancionatório gravoso ainda envolve a avaliação pelo Estado de todas as alternativas para minimizar efeitos negativos sobre o primeiro fator, como o caso do "wait and see". Quanto ao ponto, a distinção entre os benefícios ao primeiro e os efeitos sancionatórios aos demais competidores ainda incentiva efeitos de "quebra de confiança" entre eles. Surge o "risco estratégico" (HARSANYI; SELTEN, 1988), em que os efeitos máximos apenas ao primeiro potencializam a percepção de perda da oportunidade pelos demais, o que causa aversão.

Existe ainda uma ressalva: se a vantagem de manter o ilícito for maior do que o valor atribuído ao acordo, surge a possibilidade de os acordos passarem a ser "exploráveis" contra o Estado, principalmente se a situação do colaborador for pior que a dos não colaboradores.

A exploração ocorre como nos casos em que todos os participantes podem realizar o acordo de leniência, pois menos agentes passam a ter o potencial de serem obrigados a pagar todo o custo dos ilícitos, reduzindo o valor da recompensa máxima atribuível a cada um deles (SPAGNOLO, 2004, p. 4). Ao revés, restringir a elegibilidade apenas ao primeiro reduz as possibilidades de exploração, pois significa que todos os outros pagarão a totalidade das consequências. Trata-se de lógica capaz de otimizar até mesmo estratégias para direcionar a cobrança da reparação, preferencialmente, aos não colaboradores.

Por outro lado, de nada adiantariam benefícios substanciais se não houvesse razão para os seus agentes se preocuparem em obtê-los. O potencial de detecção dos ilícitos e suas consequências substanciais, com o julgamento e a condenação, são essenciais no cálculo pela perspectiva racional.[68] Portanto, o elevado risco de detecção é o terceiro fator. Como descrevia Becker, penas severas associadas a poucas chances de detecção não são suficientes para a dissuasão quando houver uma eficácia declinante da última (1968, p. 169-217).

Ressalte-se que, mesmo para a perspectiva racional, as penas isoladamente não têm o caráter intimidatório capaz de dissuadir ilícitos, mas a certeza ou probabilidade de sua implementação sim. No entanto, nas situações em que a identificação dos fatos depender exclusivamente do Estado, que pode não ter ciência ou acesso aos seus meandros, o fator de receio das penas, mesmo quando gravosas, acaba sendo ainda mais neutralizado.

---

[68] Sobre a combinação entre sanção e probabilidade de detecção para gerar dissuasão, com base em dados empíricos e foco em executivos, ver: PARKER; NIELSEN, 2009.

Como ocorre com os fatores anteriores, ao final todas as circunstâncias envolvem o foco do cálculo, em que o contexto empresarial avalia alternativas para escapar das consequências do ilícito, sendo os acordos de leniência mais uma delas.

O risco de detecção é uma percepção comum na experiência internacional e foi discutido por grupo de trabalho especializado na OCDE, em painel dedicado aos "non-trial resolutions" para casos de corrupção, em que a metáfora do "carrot and stick"[69] foi utilizada para explicar como os modelos negociais funcionariam apenas em países capazes de promover com sucesso a persecução e impor sanções efetivas, sendo ainda uma capacidade reconhecida pelo público. Em outras palavras:

> The carrot is only as enticing as the stick is menacing. Regardless of the incentives provided by a non-trial resolution, they will remain meaningless if the most probable alternative for an alleged offender is to escape any form of judicial reckoning [...]. There is little incentive to settle even for a defendant who has bribed in a system that is generally unable to bring cases to a conclusion. (OCDE, 2019, p. 82-83)

O ponto é significativo, pois considera que a aplicação adequada do sistema de persecução, conjugada a penas significativas, tem a capacidade de reforçar a corrida pelo acordo. Mas a situação passa não apenas pelos benefícios ao primeiro colaborador, pois a corrida com efeitos favoráveis leva ainda em conta a persecução penal dos indivíduos que cometeram as violações (SPRATLING, 1999). Como analisado adiante, aqui reside um dos problemas fundamentais dos programas de leniência brasileiros quando não consideram a repercussão sobre a agência humana.

A lógica passa pela percepção de que todos os envolvidos nos ilícitos sabem o quanto os demais agentes conhecem sobre a organização, assim como os benefícios de um programa de leniência. A possibilidade aberta a todos pode ensejar um ciclo em que o menor sinal de fragilidade de um deles passa a gerar desconfiança nos demais. Mas quando se tem em conta que aquele que não colabora sofrerá resultados gravosos é que o receio de permanecer na estratégia de não confessar

---

[69] Trata-se da conjugação entre as medidas dissuasórias de comportamentos indesejados, como as sanções ("stick") e incentivos para a adoção de medidas consideradas como adequadas pelo Poder Público ("carrots"). Sobre a abordagem, ver: ANDREONI; HARBAUGH; VESTERLUND, 2003, p. 893-902.

será ainda maior. Spagnolo (2004, p. 3-4) chega até a sugerir que o programa deveria, além da imunidade, premiar o colaborador com o valor das multas pagas pelos demais comparsas, como um maximizador da desconfiança em um grau de insuportabilidade.

Não será abordado aqui o ponto sobre as peculiaridades do sistema brasileiro de persecução para garantir a efetividade das sanções, com suas restrições e sucessivas instâncias que potencialmente acarretam a sua inefetividade. Mas quanto ao fator da detecção de ilícitos e suas consequências, o modelo multiagências tem nele o principal ponto positivo, na medida em que os ilícitos descobertos podem ensejar consequências em diversas áreas de responsabilização, por múltiplos titulares capazes de detecção e sancionamento.

Saliente-se que o caso de nos acordos de leniência a gravidade das sanções se tornar efetiva ganha um contorno especial, pois o potencial de detecção não é aquele tradicional exercido pelo Estado. Identificar os ilícitos não depende mais apenas do aparato estatal, o que altera o risco de detecção, potencializado pelos envolvidos com acesso aos elementos para subsidiar sua persecução (provas, informações das dinâmicas etc.). O potencial do Estado, antes duvidoso, passa a ter outro contorno para efetivar sanções.

Portanto, todos os fatores salientados têm sua base na perspectiva da racionalidade, que indicia aquilo que poderia mover as pessoas jurídicas diante da alternativa dos acordos. A racionalidade incide principalmente por envolver os efeitos típicos de sua operação pelo ente moral, a ser percebida por outro polo também de matriz formal, como o Estado. No entanto, surgem indicativos de como os padrões de racionalidade tradicionais, ao contrário das muitas apreciações doutrinárias, podem não se ajustar ao âmbito anticorrupção isoladamente. Mesmo na seara econômica surgem elementos além da escolha meramente racional.

Ressalte-se que, por não se resumir apenas a um desvio ético-normativo, o combate à corrupção passa por movimentos institucionais além do estrito foco sancionatório, compreendendo ainda a arquitetura de prevenção e detecção. Ademais, como a corrupção envolve a interseção entre os setores público e privado, compreender o padrão racional de apenas um deles poderia deixar de captar sua base de operação fundamental, que é recíproca. A concentração da visão corrupta apenas ao modo operacional do setor público pode não enxergar como a violação se sustenta perante ele. Como ressalta Klitgaard (1998, p. 4), "although people tend to think of corruption as a sin of government, it also exists in the private sector. Indeed, the private sector is involved in most government corruption".

Ou seja, compreender a relação entre os setores público e privado é essencial, em especial no contexto dos acordos de leniência, em que uma aproximação visa a superar a desconfiança mútua, por vezes baseada na expectativa de reação à corrupção, seja pela perspectiva privada, que receia a reação do poder punitivo sobre si, seja pela perspectiva do Estado, que trata com desconfiança aqueles que se comportaram de algum modo violador.

As razões dos dois polos – colaboradoras e Estado – não são as mesmas e a incompreensão da relação provoca desarranjos operacionais, como os efeitos descritos no capítulo anterior, que logo salientaram a situação do contexto organizacional do Estado e que vão além da lógica racional.

A racionalidade considera aquilo que leva a pessoa jurídica a decidir por um acordo, que passa pela percepção sobre os riscos, garantias, custos e benefícios, que acarretam incentivos para mobilizar a vontade. No entanto, não são compostos apenas por racionalizações, e um sistema multiagências fragmentado dificulta a operação dos acordos pela empresária colaboradora.

Para a previsão brasileira, que tem como uma de suas características a destinação dos acordos de leniência exclusivamente às pessoas jurídicas, a consideração da sua governança corporativa pode auxiliar na identificação de parte significativa dos problemas de aplicação do instituto, pois reflete naquilo considerado para elas se aproximarem do Estado.

Tradicionalmente são apontados os perfis das empresas com as categorias subjetiva e objetiva, como sendo o empresário e o estabelecimento, respectivamente. Mas é o seu perfil funcional que considera a sua prática e a capacidade de ir além dos critérios econômicos que racionalizam os comportamentos empresariais. É a relação entre o empresário, o estabelecimento e seus diversos agentes com contratos coordenados e fins comuns, que indicam o perfil institucional ou corporativo (MARTINS FILHO, 2010). A compreensão da dinâmica corporativa pode evitar algumas falhas de uma abordagem estritamente racional e permitir compreender, por exemplo, como a consideração estrita da responsabilidade objetiva, assim como a separação dos acordos da pessoa jurídica e das naturais, subtrai potenciais dos acordos de leniência.

Uma das decorrências do perfil funcional confunde-se com o advento do conceito de "stakeholders", que congrega todos aqueles interessados no seu desempenho, abrangendo não apenas seus agentes, cotistas e acionistas, mas também fornecedores, consumidores etc. Trata-se de compreensão que vai além do caráter meramente econômico do desempenho empresarial e alcança sua atuação como agregador, impedindo a fragmentação da sociedade moderna por uma espécie de autoridade racional da modernidade, que terminaria com um ente abstrato em detrimento do indivíduo.[70]

A experiência internacional considera que os acordos de leniência têm efeito potencial sobre os *stakeholders*, na medida em que a sua promoção pode minimizar os resultados negativos da condenação empresarial e seus efeitos colaterais, como aqueles sobre partes inocentes, como empregados, consumidores, fornecedores e investidores. Os acordos reconhecidamente podem proteger tanto *stakeholders* internos quanto externos.[71]

Por sua vez, a ideia de governança corporativa, a partir de movimentos em causas políticas e culturais, com destaque econômico desde a Crise de 1929, terminou por reformar a cultura de poder dos proprietários sobre as decisões empresariais, para uma evolução que considera as grandes corporações com controle disperso no movimento crescente do mercado mobiliário.

No entanto, com estruturas dinâmicas, a ideia de proprietários como acionistas dispersos termina por dificultar a sua interferência direta, na medida em que o foco decisório passa ao grupo de controladores majoritários. Fazendo um paralelo com as empresas familiares, os controladores passam a exercer a presidência dos conselhos de administração e a função de *Chief Executive Officer* (CEO), situação que passa ainda pela seleção de gestores profissionais.[72]

A dispersão do controle acionário trouxe um aspecto problemático sob a perspectiva gerencial, que originou teorias como a Teoria da Firma, a Teoria da Agência ou a Teoria do Agente-Principal, que ocorrem quando o sócio contrata agentes para a administração da empresa, os quais se tornam gestores. Diante dos objetivos sociais da

---

[70] Sobre o tema, com o desenvolvimento da perspectiva, ver: TOURAINE, 1994.
[71] Ver o exemplo da percepção canadense a ilustrar o ponto: TRANSPARENCY INTERNATIONAL CANADA (2017, p. 7).
[72] Sobre a evolução, ver: INSTITUTO BRASILEIRO DE GOVERNANÇA CORPORATIVA – IBGC (2021).

empresa, as normas de governança corporativa passam então a reger a representatividade dos proprietários (cotistas e acionistas), mas com mecanismos para minimizar os conflitos entre os interesses deles e os dos seus representantes. As medidas ingressam em diversas questões, desde a transparência de informações, passando pelas remunerações dos agentes, entre outras que variam a depender do porte empresarial e mesmo da sua origem, com peculiaridades nas situações de empresas familiares, algo bem característico no Brasil (SILINGARDI, 2013, p. 78).

É nas falhas de operação da governança que atos ilícitos podem não ter sua ocorrência abordada adequadamente, o que pode influenciar situações para o trato dos acordos de leniência.

É o caso da deliberação quando surge a alternativa de um acordo, que pode significar a entrega dos agentes responsáveis pela atuação empresarial e que não seriam motivados a apresentar os ilícitos que ocorreram sob sua gestão. Pode haver uma ruptura do seio empresarial para a responsabilização por corrupção, impedindo que a pessoa jurídica mova os mecanismos de incentivos racionais a ela dirigidos.

Outra situação é que a desconsideração pelo Estado quanto aos agentes que decidem pela colaboradora pode não mover o necessário para manter a sua atividade sem prejudicar *stakeholders* e o ambiente de desempenho econômico. Mas quando houver a consideração dos agentes que mobilizaram a pessoa empresarial ao ilícito, os acordos podem impulsionar a identificação do foco de gestão responsável, para então promover a sua contenção e a extração dos agentes com as medidas a eles destinadas, seguida de novos expedientes pelos mecanismos adequados de gestão corporativa.

Para tanto, em razão das diversas situações de conflitos corporativos que podem dificultar o foco nos gestores é que um programa de leniência deve remover as preocupações dos potenciais colaboradores naturais quanto a sua responsabilização, mas apenas quando eles não tenham reservas em admitir as irregularidades e assim ajudarem a agência empresarial a admitir o seu caso (TALADAY, 2012, p. 45).

No entanto, o programa brasileiro, ao concentrar nas pessoas jurídicas todo o esforço do instituto quanto aos fatores indicados (como o benefício máximo ao primeiro colaborador, sanções substanciais aos não colaboradores e o elevado risco de detecção multiagências), acabou sendo conduzido por uma perspectiva estritamente racional de avaliação, típica para as pessoas jurídicas, mas desconectada da governança corporativa e da persecução das pessoas naturais, que podem não funcionar com o mesmo padrão. Veja as correlações nos acordos: identificou-se que 91,6% dos acordos do MPF tinham investigações criminais preexistentes no Brasil, enquanto da CGU foram 80%. Todas apuravam atos de pessoas naturais.

Efetivamente, a situação pode causar diversas distorções para promover o recomendado para a atratividade dos acordos, mesmo com o foco inicial sobre as pessoas jurídicas, como a seguir indicado: a) a divulgação prévia dos requisitos e procedimentos a que a colaboradora será submetida em caso de sucesso ou recusa de acordos; b) benefícios superiores ao estado ilícito que incentivem a "corrida pela colaboração"; c) sigilo e compartilhamento restrito de informações no decorrer das apurações; d) técnicas para corroboração das narrativas apresentadas em colaboração; e) expectativa contra redundâncias sobre os mesmos fatos diante da incerteza da repercussão humana.

São elementos em que a atratividade dos acordos, quando a decisão racional da pessoa jurídica for desconectada da realidade sobre seus agentes naturais, pode não corresponder ao esperado pelo seu polo institucional.

3.1 Divulgação dos requisitos e procedimentos em caso de sucesso ou recusa de acordos

O primeiro elemento passa pela expectativa quanto ao comportamento do Estado. O foco primário de um programa de leniência é vencer o silêncio da colaboradora, algo que o desconhecimento ou inconsistências sobre o que será exigido podem dificultar suas avaliações. Deve haver clareza do que rege a operação para que os interessados cooperem, o que abrange os benefícios e os procedimentos para o acordo (OCDE, 2019, p. 94).

Quando a via dos acordos é conhecida, com procedimentos publicizados e critérios transparentes, as barreiras cognitivas podem ser ultrapassadas. O padrão evita surpresas para uma situação em que os custos para eventual falha de operação – caso da não admissão do acordo – podem ser elevados para a colaboradora. Basta pensar que a colaboração envolve aspectos como a rejeição ao proveito econômico do ilícito, a visão moral intuitiva do público sobre a pessoa empresarial, assim como o trato futuro com os demais delatados.

Quanto ao último aspecto, as estruturas ilícitas funcionam em ecossistemas baseados na confiança entre seus agentes, pessoas naturais, até mesmo com afinidades além da base negocial, como vínculos familiares, de educação, classe ou mesmo religiosos (LESLIE, 2004, p. 562-573), que podem afetar comportamentos de rompimento. Ademais, faz parte da operação cognitiva humana o receio do desconhecido. É quando a transparência pode ser essencial para garantir o conforto da colaboração das pessoas jurídicas, não por si, mas a partir daquilo que seus agentes naturais percebem.

A experiência internacional tem indicativos do quanto a orientação clara dos incentivos e estruturas de operação dos acordos é essencial, na medida em que assegura um exercício consistente de discrição pelos negociadores. A transparência e a segurança dos programas de leniência são os principais fatores de sucesso na Europa, especialmente após as reformas de 2002 e 2006, que garantiram maior segurança quanto à anistia total de multas e as informações exigidas para a admissão dos benefícios (HOANG; HÜSCHELRATH; LAITENBERGER; SMUDA, 2014). De forma semelhante foi o que ocorreu nos Estados Unidos após a reforma de 1993, que previu a anistia automática para reportes antes das investigações, sem prejuízo de potenciais benefícios para aquelas em andamento, com transparência dos critérios (HINLOOPEN, 2003, p. 416-418).

O grupo de trabalho da OCDE que avalia a aplicação dos sistemas de resolução salienta que

> from the standpoint of alleged offenders, a clear framework or guidance (hereafter "guidance") increases certainty as to the outcome of the process, and how their behavior can positively or negatively impact this outcome. Certainty of a resolution's outcome can be an incentive for defendants to voluntarily disclose wrong doings and cooperate. (2019, p. 94)

Nesse sentido, diversas recomendações foram expedidas, como no caso da Alemanha, para esclarecer os critérios que seus procuradores adotam para a dispensa da persecução e o nível de colaboração exigido, garantindo um exercício discricionário consistente. Em síntese, afirma-se que a "guidance can hence be instrumental in a defendant's decision whether or not to voluntarily disclose wrongdoings, cooperate and enter a resolution in as much as it provides answers to two questions: why enter a resolution, and how?" (OCDE, 2019, p. 94).

A orientação é salientada pelos benefícios que o ato pode proporcionar. Evitar as consequências de uma persecução e julgamento é algo inerente. Mas, mesmo quando os acordos implicarem apenas a redução de penas, como é o caso brasileiro, o quantitativo e os critérios de sua contabilização ganham o mesmo contorno de previsibilidade. Na avaliação da fase 4 da Noruega, o grupo da OCDE percebeu que faltava orientação, o que poderia intimidar potenciais colaboradores a vencer a inércia para buscar os acordos (2019, p. 94-95).

No Brasil, um exemplo inicial de transparência é o programa de leniência do Cade no âmbito anticoncorrencial, que divulga amplamente seu proceder e busca esclarecer eventuais dúvidas dos postulantes.[73] Trata-se muitas vezes de *soft law*, mas com capacidade de ordenar os padrões de comportamento e expectativas de operação.

Quanto aos aspectos procedimentais, um dos essenciais é a transparência quanto ao tempo para a apresentação dos elementos que confirmem o apresentado inicialmente. O prazo pode não ser fixo, pois a solidez das colaborações pode demandar lapsos superiores a um período estabelecido, a depender do caso.

Como ilustração, considere-se que o volume de documentos em uma investigação pode ser de larga escala e depender, por exemplo, do uso de um processador de dados eletrônicos externo ("fornecedor PDE"). O tempo de resposta para os fornecedores PDE geralmente é de vários dias para cada custodiante e pode acomodar apenas um número limitado de entidades por vez. Quando esse procedimento for concluído, os documentos estarão em um formato que será disponibilizado em uma plataforma eficiente de revisão. Assim, o requerente frequentemente leva semanas apenas para processar arquivos de *e-mail* em um formato pesquisável e apto a ser utilizado em uma investigação.

Por outro lado, em razão da necessidade de corroboração das narrativas os marcos temporais podem incentivar a proatividade da colaboradora na corroboração, sob pena de tornar a colaboração ineficaz.

Portanto, o prazo a ser considerado para a colaboradora apresentar os elementos de corroboração depende de uma percepção da realidade que por vezes não consta da estrita dogmática doutrinária, jurisprudencial ou normativa. Ou seja, a divulgação de marcos temporais exatos funciona como um padrão cognitivo, não necessariamente fixo, mas variável segundo as circunstâncias exigidas.

---

[73] Ver o "Guia do Programa de Leniência do Cade". Disponível em: https://www.gov.br/cade/pt-br/assuntos/programa-de-leniencia/guia-do-programa/GuiadoProgramadeLeninciadoCade.pdf. Acesso em: 07 set. 2021.

Por sua vez, é corrente a percepção sobre a "porta de saída" para situações em que as negociações não prosperam. Os efeitos da negociação frustrada são relevantes, na medida em que os documentos e informações gerados na negociação poderiam ser utilizados por terceiros ou pelo Estado para iniciar novos atos persecutórios ou de reparação. Seguindo a trilha do Regimento Interno do Cade (art. 205), a LAC prevê que a proposta de acordo rejeitada não implicará reconhecimento do ilícito (art. 16, §7º).[74]

Outra razão do indicativo é que a negativa de um acordo pode ter efeitos significativos para a empresária em seu ramo de operação. No Reino Unido, os *Deferred Prosecution Agreements* (DPA) e os acordos de resolução civis não resultam na condenação da pessoa jurídica, o que tem implicações na apreciação delas para a opção do acordo. Mas ainda assim uma proposta inadmitida pode ter consequências. No exemplo do caso "Rolls-Royce", considerou-se que, caso o acordo DPA não fosse aprovado,

> debarment and exclusion would clearly have significant impact, and potentially business critical, effects on the financial position of Rolls-Royce. This could lead to the worst case scenario of a very negative share price impact, and, potentially, more serious impacts on shareholder confidence, future strategy, and therefore viability.[75]

Outra preocupação é que a via de saída pode envolver o risco de criar expectativas nas demais instituições ou mesmo sobre os agentes da mesma instituição, ainda que os elementos apresentados não sejam utilizados contra a candidata que teve o acordo rejeitado ou dele desistiu. No caso, potencialmente os agentes que mantiverem contato com o apresentado podem desenvolver a perspectiva em viés de confirmação, na medida em que, após o conhecimento sobre os ilícitos, o seu semblante cognitivo pode não mais conseguir se afastar dos impulsos provocados pelo conhecimento, potencialmente direcionando comportamentos aos

---

[74] Art. 16. §7º Não importará em reconhecimento da prática do ato ilícito investigado a proposta de acordo de leniência rejeitada.

[75] Ver o relatório do grupo de trabalho da OCDE sobre o Reino Unido, Fase 4, 2014, p. 171, referindo-se ao julgamento de 17 de janeiro de 2017, UK SFO and Rolls-Royce Plc e Anor, p. 52-57. Disponível em: www.sfo.gov.uk/cases/rolls-royce-plc/. Acesso em: 03 jul. 2021.

mesmos fatos em outras oportunidades e circunstâncias, mesmo que o agente alegue não haver influência em seus comportamentos futuros.[76]

Trata-se de situação que o MPF ainda não tem o tratamento ideal, como aquela em que o procurador natural aprecia o material apresentado em proposta de acordo, sobre fatos sem apuração prévia e mesmo assim inadmite o ato consensual. Para minimizar efeitos negativos, um dos indicativos é haver consulta em sistema na ocasião da oferta de acordo, para saber se existe apuração prévia sobre o narrado. Se a persecução inexistir, mas ainda houver negativa ao acordo proposto, o proceder poderia ser direcionado à 5ª CCR para provocar a redistribuição do feito, com as precauções necessárias. Para evitar situações de carga cognitiva a partir de acordos, as comissões da CGU e AGU podem buscar um tratamento pertinente, com previsões para que os agentes com contato prévio não desempenhem atuações em apurações decorrentes.

Por sua vez, a situação no contexto multiagências ganha ainda outro destaque quando mesmo a plena previsibilidade por uma das agências puder não ser observada pelas demais.

Veja-se que tanto a CGU[77] quanto o MPF[78] têm atos para esclarecimento dos seus procedimentos e divulgação consolidada na internet. Qualquer colaboradora pode ter acesso. No entanto, a indefinição dos critérios para os montantes sancionatórios e de reparação é uma das falhas do modelo do MPF, que não promoveu a publicidade detalhada dos critérios a serem adotados. É uma informação que, apesar de não impedir os acordos, pode dificultar a sua adequada apreciação como alternativa.

No caso da CGU, a instituição produziu indicativos sobre os critérios adotados em parte considerável, como a IN nº 01/2015, com metodologia para a apuração do faturamento bruto e dos tributos com repercussão; além da IN nº 02/2018, que prevê a metodologia de cálculo da multa administrativa a ser aplicada no âmbito dos acordos.

---

[76] Sobre o viés de confirmação em situações próximas e suas implicações, ver: KAHNEMAN; SIBONY; SUNSTEIN, 2021, p. 321-325.
[77] Ver: CGU. Acordo de Leniência. Disponível em: https://www.gov.br/cgu/pt-br/assuntos/responsabilizacao-de-empresas/lei-anticorrupcao/acordo-leniencia. Acesso em: 12 nov. 2021.
[78] Ver: MPF. Guia Prático – 5ª CCR – Acordos de Leniência. Disponível em: http://www.mpf.mp.br/atuacao-tematica/ccr5/publicacoes/guia-pratico-acordo-leniencia/. Acesso em: 12 nov. 2021.

No entanto, de nada adiantaria a fixação de critérios prévios e transparentes, mobilizando a colaboradora ao acordo, caso uma externalidade desconsiderasse sua configuração por critérios distintos. É a situação que pode ocorrer com o TCU, que, ao exercer seu critério na apuração de valores, salienta como a falta de coordenação multiagências alimenta um modelo de operação de risco.

Como salientado, uma potencial colaboradora que tome a iniciativa de um acordo perante a CGU ou o MPF, mesmo baseada em critérios transparentes compartilhados pelas instituições, pode não ter a garantia de que haverá sua admissão pela outra, assim como eventualmente pelo TCU.

Em relação aos acordos do MPF alguns receios são expressos por Mendes e Fernandes (2021) sobre a indefinição dos critérios, mesmo após uma das principais dúvidas, aquela quanto aos efeitos nas ações de improbidade, ter sido superada pela Lei nº 13.964/2019:

> a despeito do avanço da legislação, as condições de celebração desses acordos, o regime de direitos e deveres dos colaboradores e a forma de definição das contribuições pecuniárias são matérias que ainda continuam disciplinadas tão somente por atos internos do MP. Essa circunstância, por si só, gera riscos de comprometimento da segurança jurídica desses acordos.

No entanto, o receio é uma ancoragem cognitiva. Não é a natureza da base jurídica (seja ela a lei, atos infralegais, *soft law* etc.) o diferencial do que rege a operação dos acordos e sua essência. Não é a forma de veiculação normativa, mas a transparência dos critérios a serem considerados que é o essencial para o seu incentivo, seja qual for o veículo, que em qualquer caso deve respeitar a margem legal dos extremos sancionatórios diferenciais.

Critérios, assim como o texto legal que não se confunde com a norma, funcionam como um meio de comunicação. O caráter dinâmico do direito se justifica diante da complexidade das relações jurídicas e sociais da atualidade, que é incompatível com o modelo fechado (ZANETI JÚNIOR, 2015, p. 140-141). Em especial, no caso da agência ministerial, os métodos para apuração de valores e critérios de fixação de montantes sancionatórios são apreciados em cada caso e confirmados pelo seu órgão de revisão (5ª CCR), que cria precedentes, mas ainda sem padrões definitivos.

No caso, o valor dos precedentes funciona como identificação da norma, diminuindo as assimetrias em ambientes decisionais não rígidos, como os negociais, em que eles atualizam a norma ao longo do tempo (WOLKART, 2013, p. 19-34). Os precedentes funcionam ainda como um estoque de bens que produz conhecimento e confere informação aos negociadores ou litigantes em determinada área do direito, com custos inferiores àqueles da sua ausência (POSNER, 2011, p. 743-753).

Portanto, a diminuição de incertezas, mesmo para os quantitativos sancionatórios e de reparação, passa pela constituição de um sistema estável de técnicas e precedentes vinculantes que, quando atualizado por critérios previamente divulgados, diminui a assimetria de informação e a divergência de expectativas. São pontos para aprimoramento que a experiência comparativa entre as agências permite evoluir, principalmente quando se pensar em um modelo institucional cooperativo que deve apreciar o existente.

Aqui ainda é destacado um dos efeitos positivos de se criar um caminho concentrado para acordos com critérios uniformes, pois a sua busca pode deixar de ser algo aleatório e assim evitar o chamado "forum shopping", que é uma seleção pela colaboradora daquela instituição, ou agentes, que possam melhor garantir seus benefícios, como ocorre com a exploração de assimetrias antes referida. Com um caminho que contemple todas as agências, as colaboradoras sabem de antemão para onde se dirigir e a competição se encerra.

De qualquer forma, todas as situações apresentadas ingressam na avaliação da pessoa jurídica ao considerar o acordo como alternativa. O seu perfil funcional avalia o divulgado previamente, mas que ainda assim poderia ser insuficiente para motivá-la ao acordo. No caso, os critérios prévios podem ser essenciais, mas a sua avaliação passa pelas perspectivas dos seus diversos *stakeholders* e agentes naturais que operam a decisão.

Em especial, quando se está diante de práticas de corrupção, em que as consequências imediatas recaem sobre seus agentes naturais, a atratividade vai além dos critérios das pessoas jurídicas com seu caráter econômico de desempenho. A questão atinge outra percepção, pois de nada adiantará conhecer os critérios, caso eles não contemplem todos aqueles atingidos pela sua escolha, que assim podem mobilizar a decisão empresarial contra os acordos. A falha na percepção pode alimentar pontos cegos como os citados e um outro efeito é o tratado a seguir.

3.2 Benefícios que incentivem a "corrida pela colaboração": a compreensão alternativa do "dilema dos prisioneiros" em casos de corrupção

A confiança é essencial para uma relação estável ao longo do tempo, mesmo que seja ilícita. Um sistema de cooperação publicizado e ao alcance dos interessados é fundamental para a lógica de incentivos. Mas há ainda um ponto destacado da transparência: sua capacidade de incentivar a "corrida pela delação", quando os comparsas ficam em dúvida sobre a potencial colaboração dos demais. O primeiro a colaborar teria o benefício máximo, enquanto os retardatários receberiam pouco, ou nada (HARRINGTON, 2013, p. 27).

O critério do primeiro colaborador ("first come, first served") tem correspondência em modelos internacionais. Os acordos do Cade seguem a linha, na medida em que na área anticoncorrencial ocorrem ilícitos – e o cartel é seu símbolo – com natureza plurisubjetiva, que exige a pluralidade de participantes, em que cada um deles pode avaliar o comportamento dos demais.

No contexto de diversos agentes, a instabilidade deve ser provocada em seu seio, como ocorre com o receio contínuo de ser detectado a partir da deserção de um deles. É quando o oferecimento de recompensas significativas apenas ao primeiro colaborador cria um risco na espera pelo comportamento dos outros e a corrida ao acordo faz sentido.

Para a apreciação da corrida, a situação em que se encontram os potenciais colaboradores é tratada pela doutrina com abordagem da "teoria dos jogos" na Análise Econômica do Direito (AED), também apurada como *Law and Economics* (L&E),[79] que tem embasamento teórico para a indução de comportamentos.[80] Aqui não será realizada a apreciação exaustiva sobre a origem e técnicas da AED, mas a apresentação de como ocorre a sua abordagem para a compreensão do tema.

O instrumental da teoria dos jogos tem aptidão para apurar como se comportariam as pessoas jurídicas diante das alternativas de acordo.[81] É teoria relacionada a modelos matemáticos sobre estratégias para a

---

[79] Entre outros, sobre a perspectiva da análise econômica dos acordos de leniência, ver: CANETTI, 2019, p. 57 *et seq.*; LAMBSDORFF, 2012; LESLIE, 2006, p. 453-488; LESLIE, 2004, p. 562-573; RUFINO, 2020, Kindle: posição 251 *et seq.*; SPAGNOLO; MARVÃO, 2016.

[80] Como introdução na linha da economia comportamental, ver: THALER; SUNSTEIN, 2008.

[81] A teoria dos jogos tem origens referidas na obra de John Von Neumann e Oskar Morgenstern, ainda na década de 40 do século passado (VON NEUMANN; MORGENSTERN, 1990).

tomada de decisões por agentes racionais, em que sua ideia essencial, quando dirigida a dificuldades de obtenção de evidências do ilícito, é possibilitar a manifestação espontânea dos agentes criminosos. Sua apreciação tem ganhado destaque no trato dos acordos de leniência em diversos estudos, que utilizam a abordagem para ampliar a quantidade e a qualidade de acordos, além de críticas sobre a eficiência de alguns modelos de leniência (SPAGNOLO; BUCCIROSSI, 2005; CHANG; HARRIGTON JR., 2009).

Uma de suas expressões mais conhecidas é aquela do "dilema dos prisioneiros", desenvolvida por Albert Tucker, que recebeu adaptações (LESLIE, 2006, p. 453-488) quando aplicada aos acordos do sistema antitruste, pois os investigadores, em regra, não têm conhecimento dos ilícitos. No caso, se os praticantes envolvidos (jogadores) não confessarem, o Estado pode não conseguir atuar.

O dilema é uma arquitetura que em sua descrição tradicional envolve um exemplo de dois agentes praticantes da mesma infração, que abordados pela autoridade são interrogados em celas separadas e sem chance de comunicação entre si. No entanto, não há provas suficientes contra ambos para a resposta estatal máxima (por exemplo, cinco anos de pena). Na perspectiva dos infratores surge o dilema a partir de uma oferta: se ambos confessarem, cada um será condenado a três anos; se nenhum deles confessar, a pena respectiva será de um ano; mas se apenas um deles confessar, ficará livre, enquanto o outro receberá a pena máxima de cinco anos. Em síntese, são duas estratégias possíveis: cooperar entre si ou competir (KILLINGBACK; DOEBELI, 2002, p. 421-438).

Como se trata de um jogo com tentativa única, a melhor estratégia racional seria competir, independentemente da escolha do adversário, pois é a alternativa que produz o melhor potencial de resultados: se o jogador competir com seu comparsa e colaborar com a autoridade, enquanto o outro não competir, o resultado do único colaborador será a liberdade; se o outro também competir e colaborar com a autoridade, ambos receberão três anos; a opção de nada fazer deixará o jogador omisso sujeito ao ato do adversário, sobre o qual não tem controle e assim se sujeita a um resultado que não depende mais de si. Em tese, a cooperação mútua de inércia, sem colaborar com a autoridade, teria o melhor resultado para ambos com um ano de pena, mas isso não ocorre quando os jogadores não podem assumir compromissos de não confessar entre si e não têm certeza sobre o comportamento do outro, que se encontra na mesma situação de incerteza.

A partir da dinâmica, o "equilíbrio de Nash" ocorre quando os jogadores estão impossibilitados de obter um resultado superior a partir de uma mudança que dependa somente de si.[82] O equilíbrio ocorreria na situação em que manter a inércia não aumentaria os ganhos, caso os demais jogadores optassem pela colaboração com o Estado. O resultado é que os colaboradores terminariam por supostamente escolher a solução ótima para o Estado (duas condenações, aliadas ao máximo de penas possíveis diante das possibilidades postas).

Com decisões racionais, o resultado estabilizar-se-á em um ponto no qual nenhum deles consegue ampliar seu proveito. Para o Estado, o foco deveria ser que as suas propostas de benefícios garantam que não ocorra a cooperação entre os jogadores no momento de suas escolhas, algo diretamente ligado ao preceito de confiança (COOTER; ULEN, 2010, p. 58), que, como ressaltado, entre os pares do ilícito (jogadores) é um elemento subjetivo essencial das estruturas com agentes diversos.

Para a quebra do laço ilícito entre eles, Leslie (2006, p. 465-475) sugere as seguintes indicações na lógica de leniência: a) tornar a confissão (colaboração) a opção dominante; b) se não for possível ser a dominante, que a atratividade da confissão aumente; e c) dificultar a construção de confiança entre os agentes do ilícito.

No entanto, como salientado sobre os fatores a serem produzidos pelo Estado para alcançar o equilíbrio e impulsionar condutas contra a manutenção ilícita, há de se considerar que o modelo oficial não pode ocorrer com cargas inexistentes ou mínimas de punição ou detecção, pois não haveria como o Estado oferecer incentivos suficientes para alterar condutas.

No caso, os programas de leniência têm maior potencial quando a estrutura de incentivos considera uma taxa de detecção significativa, assim como as sanções decorrentes, de modo a dissuadir e motivar a consciência vantajosa em cooperar.[83] Na situação em que não há uma

---

[82] O "equilíbrio de Nash" é a situação em que nenhum dos jogadores tem a ganhar alterando sua estratégia unilateralmente, mesmo quando os participantes não cooperarem entre si. Alcança-se a estabilidade, pois não há incentivo para que eles alterem o próprio comportamento. Ver: FIANI, 2004.

[83] O potencial de detecção para influenciar comportamentos cooperativos foi objeto de diversos testes, com implicações sensíveis. Para ilustrar as constatações, ver: BATESON; NETTLE; ROBERTS, 2006, p. 412-414.

ameaça concreta aos jogadores, não há estratégia dominante, pois, ao decidir se colabora, a variável considerada pelo agente não seria evitar o grau de pena, mas maximizar seus lucros potenciais com o ilícito mantido encoberto.

A situação muda caso a autoridade possa obter informações sólidas sobre o ilícito por outras fontes. Um fenômeno identificado por experimentos é o *preemption effect*, que ocorre quando um empresário que, mesmo não acreditando na capacidade do Estado em identificar os ilícitos cometidos, termina por preocupar-se com o potencial de outro agente dos ilícitos procurar os acordos. Ser descoberto pelas autoridades pode não ter o mesmo peso quanto ao receio de ser entregue por um dos comparsas, que busca evitar que o outro colabore em primeiro lugar e assim subtraia a alternativa que existia ao seu dispor, mas utilizada por um semelhante (GÄRTNER, 2014). No caso, novamente a aversão à perda tem um peso sensível na consideração humana (KAHNEMAN; TVERSKY, 2012, p. 352-356).[84]

Por sua vez, segundo Leslie (2006, p. 477-478), especificamente no contexto dos ilícitos anticoncorrenciais, os membros de cartéis são inseridos em dois dilemas do prisioneiro com opções simultâneas: podem trair o cartel no mercado, baixando os preços e contrariando o combinado; ou delatar o cartel. É quando as técnicas de atratividade em um contexto multiagências, que conscientemente explorem as instabilidades potenciais de infratores, podem tornar o silêncio menos atraente e a colaboração a opção mais efetiva ao final.

Ademais, para que o modelo seja calibrado adequadamente pela perspectiva do Estado, entram em jogo outras abordagens de avaliação, como a Melhor Alternativa Sem Acordo (MASA).[85] Ou seja, é fundamental avaliar quais são as possibilidades das potenciais colaboradoras sem o acordo. Ademais, a avaliação deve ocorrer também para o próprio Estado, tomando-se em conta a sua efetiva capacidade de persecução, considerando as disfuncionalidades processuais e as dificuldades de reparação. Devem ser consideradas variáveis realistas,

---

[84] Ver BIGONI, 2015, p. 2; e HARRINGTON, 2013. Um dos experimentos descreve a situação em que dois sujeitos interagem em um jogo de acordar preços com possibilidade de comunicação, algo semelhante ao que ocorre em situações de cartéis e corrupção. No caso, cada um deles decide se deve pressionar um botão que sinaliza o desejo de se comunicar, que é um efeito consistente com as preocupações de que um rival solicitará leniência, independentemente da ameaça estatal. Uma modificação do modelo é permitir que os membros do cartel tenham informações sobre a probabilidade de a autoridade processá-los com eficácia.

[85] Ou "Best Alternative to a Negotiated Agreement" (BATNA). Ver: SHELL, 2018, p. 98.

sob pena de se supervalorizar um cenário irreal, com risco de rejeitar-se acordos que atendam aos interesses públicos, que de outro modo o Estado não conseguiria.

Enfim, romper o ambiente do ilícito deve fazer com que os benefícios da sua manutenção cessem e seja aumentada a probabilidade de um dos seus agentes arcar com os pesados custos da punição, alimentando ainda mais a perspectiva do Estado favorável ao acordo. É quando a estratégia de colaborar se torna dominante e as feições do "dilema do prisioneiro", com a "corrida para a colaboração", ganham sentido.

No entanto, parte essencial dos conflitos surge da incompreensão sobre como a operação dos acordos de leniência anticorrupção tem aspectos sensíveis que diferem da matriz tradicional do dilema dos prisioneiros. São vários os aspectos envolvidos, que modificam a aplicação do seu modelo econômico considerado pela doutrina.

Primeiro, sanções não são consideradas sem percalços em um modelo que dependeria de cálculos sob o controle de quem oferece as alternativas. O dilema dos prisioneiros pressupõe que o interesse do Estado seja a obtenção do máximo de pena, algo que não tem amparo sequer na realidade operacional do sistema punitivo. O Estado de Direito tem como premissa a aplicação de penas adequadas e não meramente retributivas, como poderia ser a expressão de sempre se buscar o máximo punitivo.

Mesmo penas máximas em sede administrativa podem ser revistas pelo Poder Judiciário. Ademais, os órgãos de persecução em sede judicial não têm a capacidade de concretizar por si o máximo como fruto da atuação, que é tarefa destacada ao Judiciário (Constituição da República, art. 5º, XLVI), que se baseia em diversos critérios para aplicar a pena adequada, que não se confundem com o mero desejo da persecução oficial. Ou seja, em negociação o Estado não tem como garantir que obterá o máximo de pena a ser aplicada àquele que deixar de colaborar, desnaturando um dos componentes da fórmula do dilema.

Por sua vez, para operar a atratividade no modelo anticorrupção, é certo que a LAC determina que a pessoa jurídica seja a primeira a manifestar o seu interesse em cooperar (art. 16, §1º, I). Porém, o Decreto nº 11.129/2022, que regulamenta a sua operação pela CGU, traz uma atenuação ao princípio "first come, first served".

Em tese, o inciso I do art. 37, Decreto nº 11.129/2022,[86] possibilita que outras pessoas jurídicas celebrem o acordo de leniência, ainda que não sejam as primeiras a manifestar interesse, o que confirmaria a visão de que a corrida pela leniência não seria incentivada como exigido pela previsão legal. No caso, o art. 37, inciso I ressalva a observância do requisito do primeiro apenas "quando tal circunstância for relevante". Algumas outras ressalvas são salientadas, como aponta Ribeiro (2017, p. 236-237) em comentário ao decreto anterior com dispositivo semelhante, considerando que o critério de corrida seria mais adequado nos casos de conluio envolvendo duas ou mais empresárias, como é a situação do art. 5º, inciso IV, alínea "a", da LAC,[87] que perderia aplicabilidade em atos de corrupção sem o perfil de cartel.

Em síntese, expressam Sales e Bannwart Junior (2015, p. 43) que, na realidade da corrupção, há situações em que "não há uma associação de entes privados para a prática de atos de corrupção, de modo que se torna irrelevante que a delatora seja a primeira, pois ela será a única. Por isso, a interpretação do decreto se mostra razoável e sem ferir o enunciado normativo da Lei".

São indicativos que salientam como na situação da corrupção o mecanismo teórico do dilema dos prisioneiros não pode sequer ser considerado sem adaptações na sua operação.

Quanto aos programas que permitem acordos além do primeiro da fila,[88] de forma pragmática Zachia Alan notou ser:

> evidente que as autoridades não poderão simplesmente trancar os representantes em salas distintas, propor-lhes o acordo e aguardar que decidam imediatamente. Então, no ambiente da firmatura dos acordos de leniência, a ferramenta utilizada para a quebra do vínculo cooperativo é justamente estabelecer a regra de que apenas o primeiro a vir à frente será o beneficiado. Em outras palavras, viabilizar o benefício da leniência a todos os envolvidos, mesmo que tenha havido acordos anteriores, importa, na prática, jogar por terra a garantia estratégica necessária a evitar que haja cooperação entre os que recebem as propostas. É que se todos puderem se beneficiar indistintamente, bastará ao interessado

---

[86] Art. 37. A pessoa jurídica que pretenda celebrar acordo de leniência deverá: I - ser a primeira a manifestar interesse em cooperar para a apuração de ato lesivo específico, *quando tal circunstância for relevante* (grifou-se).

[87] Art. 5º, inciso IV, alínea "a": "frustrar ou fraudar, mediante ajuste, combinação ou qualquer outro expediente, o caráter competitivo de procedimento licitatório público".

[88] É o que expressamente previa a Medida Provisória nº 703/2015, que eliminaria a restrição ao primeiro colaborador, mas que perdeu eficácia por sua não aprovação.

aguardar a possibilidade da firmatura de acordo por algum interessado. Caso isso ocorra, bastar-lhe-á endereçar-se à autoridade para dizer que também deseja colaborar e, também, ser beneficiado. Caso não haja leniência, basta se aguarde o desfecho da apuração sem a colaboração. (2017, p. 189-222)

É a perspectiva da exploração do programa, salientada anteriormente quando foram apresentados os fatores a serem considerados pelo programa de leniência.

Como alternativa ao benefício máximo à primeira colaboradora, mas sem impedir os acordos sucessivos e assim evitar sua exploração, Simão e Vianna (2017, p. 119-122) sugerem exigir-se o ineditismo das informações, pois, mesmo nos casos com diversas pessoas jurídicas, é possível que o Estado tenha interesse em informações além daquelas da primeira, de outra fonte que, "em sede do mesmo esquema de corrupção, tenha tido contato mais próximo e indevido com outros agentes públicos ou, ainda, tenha a guarda de documentos que indiquem a localização de valores ilícitos, cujo conteúdo não era de conhecimento da primeira empresa colaboradora". A colaboração da outra pessoa jurídica aumentaria, assim, a capacidade persecutória, sendo razão para permitir-se ir além da primeira.

É ainda a situação em que a potencial colaboradora, mesmo que não seja a primeira, traz informações novas em que participa de mais de um ilícito e tem sua atuação descoberta em apenas um deles. Trata-se de uma das manifestações da chamada leniência *plus*. A atratividade de um acordo amplo, que alcance fatos além do antes descoberto, ganha impulso, mesmo que os envolvidos não façam parte do ilícito originário. A situação é ilustrada pelo acordo que envolveu o cartel nas obras da Usina Nuclear Angra 3,[89] em que a pessoa jurídica colaboradora foi anteriormente mencionada por participação em fatos apurados a partir de outro acordo de leniência.[90]

---

[89] Ver: CADE. Histórico da conduta do Acordo de Leniência firmado entre Cade e Construções e Comércio Camargo Correa S.A. 2015a. Disponível em: http://www.cade.gov.br/noticias/cade-celebra-acordo-de-leniencia-em-investigacao-de-cartel-em-licitacao-da-usina-angra-3/historico_da_conduta_publico.pdf. Acesso em: 19 nov. 2020.

[90] Ver: CADE. Histórico da conduta do Acordo de Leniência firmado entre Cade e Setal/SOG Óleo e Gás. 2015b. Disponível em: http://www.cade.gov.br/noticias/cade-celebra-acordo-de-leniencia-no-ambito-da-201coperacao-lava-jato201d/hc-versao_publica.pdf. Acesso em: 1º set. 2016.

No caso, ao ser abordada pelas autoridades em persecução, a empresária detectada buscou o acordo de leniência e informou sobre fatos ilícitos distintos daquele originário, dos quais sequer aquele que a delatou participou. Se não trouxesse informações sobre os novos ilícitos, potencialmente sofreria a plenitude do poder punitivo, enquanto o Estado permaneceria cego quanto aos demais ilícitos, ou seja, surgem indicativos dos proveitos para os diferentes polos dos acordos além da aproximação original e da admissão além da primeira colaboração na corrida. No entanto, trata-se de uma dinâmica que não opera isolada e distante de outras espécies de colaboração. Ao revés, pode ser delas dependente.

Veja-se que, quando os acordos possibilitam que os acordantes tragam fatos ainda não descobertos, mesmo quando não relacionados ao originário, a razão não é apenas expandir o potencial do instituto para o Estado, mas principalmente não limitar o exercício do instrumento de defesa da colaboradora, que por sua natureza deve ter sua máxima efetividade garantida e a ela cabe avaliar seu potencial para si. Para tanto, o diferencial envolve a melhor contextualização dos ilícitos com o esclarecimento da atuação das pessoas naturais, tanto as da pessoa jurídica colaboradora, quanto dos agentes de outras pessoas privadas e do Estado.

Sobre o ponto, uma das preocupações é sobre a divisão de atribuições para a persecução do entregue em colaboração, nas ocasiões em que ilícitos sobre pessoas diversas, em especial as naturais, não seriam da atribuição dos órgãos originários que promoveram os acordos de leniência. No entanto, além de a questão ser exterior ao objeto de apreciação dos acordos, a sua solução ocorre regularmente com a distribuição após a recepção das narrativas. É uma questão de operação da realidade e não de legalidade, que deve ser respeitada da mesma forma, assim como ocorre quando um órgão recebe notícia de fato sobre o qual não tenha atribuição e promove o declínio em seguida.

No caso, Mendes e Fernandes (2021) bem perceberam uma potencial solução da situação, pois:

> A rigor, a transação da pretensão punitiva em relação a determinado fato delituoso típico exige não apenas a participação no acordo do promotor-natural como ainda a homologação pelo juízo competente. Nesse ponto, aos acordos de leniência do MPF parece plenamente aplicável o entendimento jurisprudencial do STF no sentido de que a colaboração premiada, como meio de obtenção de prova, não constitui critério de

determinação, de modificação ou de concentração de competência. Assim, os elementos de informação trazidos pelo signatário que não forem conexos ao objeto da investigação primária devem sempre receber o mesmo tratamento conferido ao encontro fortuito nos outros meios de obtenção de prova.[91]

Ressalte-se ainda que o carreamento de outras condutas além do ilícito originário é um mecanismo por vezes não compreendido plenamente quando apreciado por lógica jurídica que desconsidera a natureza dos atos. Ver, como exemplo, o suscitado por Mendes e Fernandes (2021) sobre os acordos que abordam ilícitos diversos e que exigem novos instrumentos complementares, dirigidos às pessoas naturais, como a colaboração premiada e o acordo de não persecução cível:

> A ampliação do escopo desses acordos, mais uma vez, tenciona o princípio da legalidade, seja pela ausência de previsão expressa na LAC, seja pela possível violação das regras de competência penal. Ainda que o MPF assuma a titularidade da ação penal pública e possa valer-se do regime da Lei nº 12.850/2013 para firmar os acordos de colaboração premiada, a celebração de acordos de leniência tão amplos, com natureza dúplice administrativa e penal, acaba incidindo em verdadeiro vácuo legal, que tem sido preenchido por uma atuação constante da 5ª Câmara de Coordenação e Revisão do MPF.

No entanto, não se trata de vácuo legal, mas de utilização simultânea de instrumentos previstos em lei para os mesmos trechos da realidade. A condução conjunta de instrumentos poderia até ter uma previsão legal expressa, algo que não ocorreu e salienta uma das falhas originais da LAC. No entanto, sua ausência não impediu a fluidez da conjugação dos institutos, como os casos promovidos, em especial pelo MPF, demonstram. Não é uma falha legislativa que contornaria a natureza dos atos jurídicos envolvidos, pois o que ocorre é uma exigência da dinâmica resolutiva anticorrupção, que exige a consideração humana.

O fundamental é que, no contexto anticorrupção, a lógica da corrida tem uma dinâmica distinta da antitruste, em que a última se destina a ilícitos de uma pluralidade empresarial em que todas se beneficiam mutuamente, como os cartéis, enquanto o ato de corrupção, em regra,

---

[91] A referência ao entendimento do STF é quanto ao seguinte julgado: STF. Inq nº 4.130 QO. Tribunal Pleno. Rel. Dias Toffoli. Data do julgamento: 23.09.2015. Acórdão Eletrônico. *DJe*, 03 fev. 2016.

seria um modo restrito ao relacionamento entre corruptor e corrupto, sem prejuízo de ocasiões em que as diversas pessoas empresárias corrompem em contexto conjunto, quando o padrão tradicional do dilema dos prisioneiros até poderia ser mantido.

Em qualquer caso, a efetiva corrida no campo anticorrupção, mesmo nos casos isolados entre corruptor e corrupto, envolve uma lógica de operação dos acordos de leniência que não é exatamente aquela citada do Decreto nº 11.129/2022, que ampliou a aplicabilidade mesmo àquelas pessoas jurídicas que não sejam as primeiras. Em parte, o que ocorre é uma falha do raciocínio nos moldes tradicionais do "dilema dos prisioneiros", na medida em que a teoria dos jogos tem uma concepção equivocada de agência, pois foca em "como jogam", mas não em "por que jogam". No caso, a razão é algo inerente ao funcionamento da economia comportamental do ilícito e a descrição de um exemplo ilustra a situação.

Uma pessoa jurídica empresarial é um vértice de relações jurídicas variadas, por vezes sucessivas, reiteradas, ou com exercícios periódicos. Diversos dos seus relacionamentos, em especial aqueles com participação estatal, podem ensejar e sofrer incursões como atos de corrupção, com agentes públicos isolados ou não, nas mesmas localidades ou distintas, com variações em cada caso. O dado é que a diversidade de situações aumenta as variáveis a serem atentadas para evitar a detecção, com incremento nos custos de transação dos ilícitos.

Como atos de corrupção são vias duplas de relação, inerente a eles é a confiança entre seus praticantes de que não violariam a cooperação entre si. Em tese, quanto menor o grupo de participantes, maior o potencial de controle. O agente público corrupto pode conhecer os agentes empresariais com quem se relacionou e o comportamento deles quanto ao ato ilícito na sua área de atuação funcional.

Mas o que ocorre quando uma das partes não restringe sua atuação apenas ao caso corrupto atomizado? Uma pessoa jurídica empresarial, p. ex., que atue em localidades diversas, ou com múltiplos empreendimentos ou áreas de atuação distintas, tem potencialmente o risco de envolvimento em variadas situações corruptas, praticadas em múltiplas situações isoladas, com meandros distintos em cada caso. Muitas vezes, controlar e evitar a detecção do ato corrupto significa um custo de transação inviável. É quando incidem assimetrias de informação crescentes, não com prejuízo ao Estado, mas entre os diversos agentes corruptos (pessoa jurídica, seus agentes naturais e públicos).

Um agente corrupto isolado passa a ter que avaliar a possibilidade de haver detecção da corrupção em localidade ou área diversa da sua, sobre a qual não tem controle, o que poderia levar a pessoa jurídica a promover um acordo de leniência capaz de levar ao Estado cada um daqueles atos isolados. Esses agentes, cientes do potencial, passam a avaliar as consequências que a detecção acarretaria. Uma notícia sobre fatos relacionados à pessoa jurídica em localidade diversa pode ser capaz de incutir uma reavaliação dos seus custos para o agente isolado, que sofreria o risco de ser entregue por um acordo amplo dela. Ao próprio agente poderia surgir motivação para entregar o ilícito em que atuou antes do acordo empresarial. Algo semelhante poderia ainda ocorrer com todos os agentes corruptos em ocasiões independentes umas das outras. A corrida não seria mais necessariamente entre eles, mas contra a pessoa jurídica comum. É o semblante da corrida que envolve a corrupção.

O destaque é que a situação humana nos atos de corrupção salienta mais um diferencial dos acordos de leniência, em que o critério para a corrida subsistirá, mesmo que seja apenas uma a pessoa jurídica envolvida. Na mesma linha, o acordo é algo que pode ocorrer por diversas outras razões, como o caso da sucessão de novos gestores, em que o paradigma de confiança dos agentes do ilícito é alterado, quando passam a buscar uma colaboração antes da pessoa jurídica para assim não receberem toda a carga punitiva.[92]

Pode haver ainda situações que chegam ao conhecimento da organização ilícita e provocam o desarranjo cognitivo dos seus membros, que podem interpretar os comportamentos e motivações dos demais para buscar o acordo, algo ainda mais salientado quando o ilícito envolve diversas pessoas naturais. Na experiência prática, situações em que instituições como o DOJ (SPRATLING, 1999) e Cade (ATHAYDE, 2019, p. 123) recebem integrantes de cartéis no mesmo dia não são incomuns.

São todas elas situações que reforçam o quanto o instituto depende da consideração dos agentes naturais para sua operação adequada, que foge ao aspecto racional isolado da pessoa empresária. O entregue pelas pessoas naturais pode retirar a novidade – e utilidade – do entregue pelas pessoas jurídicas e impedir seus acordos de leniência, caso não ocorra a recepção coordenada entre as respectivas agências jurídicas e naturais.

---

[92] Em reflexões sobre a hipótese, ver: STEPHAN; NIKPAY, 2014, p. 15.

Ademais, implicações aos agentes individuais trazem ainda o potencial de se evitar o uso indevido da personalidade jurídica para acobertamento, além de incentivar a colaboração contra o interesse de gestores. Como observou Hammond, sobre como os programas que também são destinados às pessoas naturais impulsionam os acordos das jurídicas:

> the individual amnesty program helps prevent companies from covering up their misconduct. The real value and measure of the Individual Leniency Program is not in the number of individual applications we receive, but in the number of corporate applications it generates. It works because it acts as a watchdog to ensure that companies report the conduct themselves. [...] So long as one of its employees has individual exposure, the company remains at great risk. If the company self-reports the conduct under the Corporate Leniency Policy, then the company and all of its cooperating executives will avoid criminal prosecution. However, if the company delays or decides not to report, then the company puts itself in a race for leniency with its own employees. In this example, if the company does not report the conduct first, then the executive may come forward on his own and report the conduct for his own protection, thereby potentially leaving the company out in the cold. [...] If the secretary gets nervous, say, after talking to a relative who convinces her that she has real criminal exposure for her own conduct, she may decide to report the conduct. (2004)

A lógica é ainda mais incisiva quando se tem em conta que a corrida pode ocorrer entre os agentes de empresas diversas, sendo ainda aplicável àquelas situações em que o indivíduo foi identificado a partir de uma conversa com um investigado que trabalhava para outra empresa, sendo que esse alguém colabora e entrega o fato cometido por aquele.[93]

Portanto, o sistema de corrida exigiria, para maior efetividade dos programas de leniência, mecanismos que garantam a previsibilidade sem resumir o alcance dos acordos apenas às pessoas jurídicas. Os acordos de leniência anticorrupção não podem estar desconectados daqueles instrumentos destinados às pessoas naturais, como é o caso da colaboração premiada. Uma corrida pela leniência anticorrupção

---

[93] Veja o exemplo do caso "Lysine cartel", em que um indivíduo se torna colaborador e continua a participar de ações controladas para identificar outros agentes do esquema. Sobre o caso: CONNOR, 2001, p. 5-21.

pode não necessariamente ocorrer entre pessoas jurídicas, mas contra pessoas naturais que promoveram os atos a elas atribuídos, sejam agentes corruptos internos ou não.

3.3 Sigilo e compartilhamento restrito de informações na preservação das finalidades do acordo

O acordo de leniência envolve uma experiência de inteligência sobre a operação das corporações, em que as informações podem não ser apenas sobre os ilícitos, mas alcançar a estrutura competitiva delas. Os acordos funcionam em um ambiente de renúncia ao direito de não autoincriminação, em que a divulgação do apresentado poderia prejudicar a persecução e ainda promover a exposição empresarial além dos ilícitos, em que as colaboradoras e seus gestores seriam submetidos a condições piores que as dos não colaboradores.[94]

Especialmente quanto ao objetivo de elucidar ilícitos, a descoberta das suas nuanças pode depender de informações sobre a dinâmica interna nas empresas e as práticas que levaram aos atos corruptos, sendo assim necessário o acesso a deliberações ou documentos acessórios que confirmem as narrativas. A notícia prematura de que algum dos participantes colaborou com o Estado seria um dado a incentivar a autoproteção pelos demais e ensejar atos como a destruição de provas e expedientes para obscurecer as apurações, colocando em risco a efetividade de qualquer medida.

Seguindo a trilha, a correlação da apuração criminal é bem significativa na prática. Quanto aos acordos analisados, foram identificados que 91,6% dos acordos do MPF tinham investigação criminal preexistente, enquanto os acordos da CGU eram em 80%, indicando que, mesmo em sede administrativa, o sigilo pode ser exigido. Veja a situação do Cade, que, mesmo na seara anticoncorrencial, pode depender do

---

[94] O Considerando nº 26 das Diretivas sobre Antitruste da União Europeia também destaca a necessidade de que a colaboração não seja mais danosa para quem busca a resolução, destacando o risco da divulgação de material autoincriminatório, que poderia enfraquecer os incentivos cooperativos. As colaboradoras poderiam ser dissuadidas, pois implicaria o risco de sua exposição e do seu pessoal à responsabilização em condições mais desfavoráveis que a dos demais infratores. Para assegurar que as pessoas jurídicas continuem dispostas a se apresentar voluntariamente, os documentos deverão ser excluídos da divulgação. Ver o Considerando nº 26 da Diretiva 2014/104/UE do Parlamento Europeu e do Conselho, de 26 de novembro de 2014. Disponível em: https://eur-lex.europa.eu/legal-content/PT/TXT/?uri=celex:32014L0104. Acesso em: 02 maio 2020.

empréstimo de provas de investigações criminais (MARTINEZ, 2013, p. 250-251), prosseguindo em procedimento inquisitório (art. 48, II, da Lei nº 12.529/2011) que pode ser sigiloso (art. 49).

A questão é especialmente salientada no contexto anticorrupção, pois existem medidas probatórias que podem exigir medidas cautelares, como a busca e apreensão, além daquelas típicas da persecução penal, como interceptações telefônicas e telemáticas, entre outras. São medidas que sem a feição criminal não poderiam ser adotadas. Porém, ressalte-se que eventualmente "técnicas especiais de investigação" podem ser manejadas mesmo na atuação administrativa contra cartéis em diversos sistemas. É a situação exemplar da ação controlada, que é prevista em modelos internacionais (como os do Canadá, Portugal, União Europeia, entre outros), quando, a partir de um acordo, admite-se que o colaborador prossiga com a atividade ilícita, como forma de não parecer aos demais que a persecução se encontra corrente.

Outro aspecto é que o sigilo favorece os expedientes de negociação, na medida em que subtrai potenciais de pressão externa e cria um ambiente favorável ao diálogo franco entre colaboradores e agentes de Estado, algo necessário para a maturação de situações que envolvem a confissão e a definição dos benefícios, que são instruídos por técnicas negociais. O diferencial é que o antagonismo entre colaboradores e o investigador é a todo momento testado para a construção cooperativa, sendo que o tempo de sigilo pode se estender com o objetivo de garantir a fidedignidade das informações apresentadas.

O sigilo é necessário até mesmo para a efetividade de uma garantia que a colaboradora visa exercer, tendo em vista que o acordo é um instrumento de defesa. Não por acaso existe a etapa de corroboração, que funciona para saneamento, esclarecimento de dúvidas e busca de elementos suficientes para o juízo de valor persecutório. É após sua condução que se alcança o acordo que até então existe apenas em expectativa. Novamente, mesmo em situações além da espécie anticorrupção, o procedimento de corroboração em sigilo é previsto pelo Cade,[95] em que o art. 86, §9º da Lei nº 12.529/2011 permite que a relação se desenvolva em ambiente apto a induzir comportamentos cooperativos. A falta de sigilo poderia tornar inefetiva a apuração e, como consequência, o próprio instrumento defensivo.

---

[95] Ver o Guia do Programa de Leniência, p. 34. Disponível em: http://www.cade.gov.br/assuntos/programa-de-leniencia/guia-do-programa-de-leniencia. Acesso: 12 nov. 2020.

Outro potencial proporcionado pelo sigilo é a diminuição dos custos de entrada na negociação, pois os encargos do abandono do ilícito ainda têm repercussão, como a reprovação do círculo social da colaboradora, que pode ser acentuada quando a negociação é noticiada. O potencial contra a colaboradora é ampliado com represálias em diversas frentes (reputacional, mercado e mesmo a violência), sendo muitas as circunstâncias avaliadas pela colaboradora para definir se busca o acordo (STEPHAN; NIKPAY, 2014, p. 16 e 23). Existe ainda a precariedade da colaboradora quando confrontada pelos delatados, pois enquanto o acordo exige a confissão, os demais comparsas ainda serão sujeitos ao contraditório processual incerto.

O sigilo ainda minimiza a posição de inferioridade da colaboradora, em que o acordo é a troca de benefícios certos da situação ilícita, por benefícios duvidosos da colaboração. O que os incentivos da corrida em sigilo permitem é evitar que a colaboradora seja inferiorizada aos seus comparsas que perdem a disputa (LESLIE, 2006, p. 462). Como visto no tópico anterior quanto ao tradicional dilema dos prisioneiros, quando os adversários não confessam, ocorre um equilíbrio eficiente entre os jogadores, enquanto a estratégia dominante da confissão tende a ocorrer quando não há a confiança entre eles e o receio de se tornar perdedor. Em qualquer caso, os custos suportados pela colaboradora não podem ser superiores aos daqueles que não confessam, o que ocorre enquanto não houver garantia de que o acordo será efetivado. Por isso o sigilo é fundamental mesmo por uma perspectiva racional.

Os reflexos ainda envolvem o destacado no início do tópico atual, pois não é incomum que a colaboradora apresente documentos com mais informações sobre si do que sobre os demais agentes dos ilícitos, que atingem aspectos sensíveis de empreendimentos, estratégias comerciais e outros, que podem significar profundo abalo na sua realidade empresarial.

A reflexão tem efeitos até mesmo sobre as ações civis. É uma situação conhecida nos casos de cartéis internacionais, em que prejudicados exerceram ações indenizatórias em outras jurisdições, como nos Estados Unidos, mas buscaram no Brasil o acesso às provas apresentadas pela colaboradora para serem utilizadas contra ela (MARTINEZ, 2013, p. 276).

Diante de situações como as apontadas é que a LAC limita o compartilhamento de informações desde a proposta de acordo, como é a previsão do §6º do art. 16 da Lei nº 12.846/2013[96] e do art. 38, §3º do Decreto nº 11.129/2022,[97] que não permitem a divulgação do entregue, com ressalva da publicidade após a negociação quando não houver prejuízo.

A ressalva do dispositivo legal – de que somente serão divulgados "após a efetivação do respectivo acordo, salvo no interesse das investigações e do processo administrativo" – confirma que o sigilo tem uma função essencial tanto para a atratividade, quanto para a eficiência do instituto como instrumento de persecução. No entanto, nota-se que o sigilo, para preservar a imagem, reputação e os segredos técnicos da colaboradora, não tem previsão legal específica, mas não é pela ausência de previsão que a sua proteção deixaria de ser garantida, pois é um efeito da mesma lógica que inspira as demais finalidades simultâneas do sigilo, muitos não expressos.

Por sua vez, as razões do sigilo têm também reflexos fundamentais no próprio procedimento de apreciação pelo Estado. As dificuldades práticas da preservação do sigilo envolvem o trâmite desde o recebimento da proposta, negociação e conclusão, que pode depender da atuação de diversos agentes, mesmo quando concentrados no órgão inicial. O compartilhamento com agentes de outras instituições sempre envolve o incremento do risco de vazamentos ou utilização enviesada de informações. Por isso é recomendável o aprimoramento de técnicas procedimentais e jurídicas que possam resguardar o pleno funcionamento da operação, o que envolve a repercussão nos conflitos multiagências.

Ressalte-se que nos acordos analisados há previsões de compartilhamento do acervo perante as demais instituições, sendo o caso em 95,83% dos manejados pelo MPF e em 100% dos acordos da CGU. No entanto, existe uma indefinição sobre os momentos, o alcance e outras circunstâncias para a sua ocorrência, que envolve o fato de os acordos promoverem a alavancagem probatória dos ilícitos, em que o sigilo pode ser essencial para minimizar vazamentos. Mas a lógica do sigilo envolve ainda outra faceta pouco analisada pela doutrina, que é não permitir constrangimentos aos operadores do instituto, principalmente quando estes não forem revestidos de prerrogativas e garantias

---

[96] Art. 16. §6º A proposta de acordo de leniência somente se tornará pública após a efetivação do respectivo acordo, salvo no interesse das investigações e do processo administrativo.

[97] Art. 38. §3º A proposta apresentada receberá tratamento sigiloso e o acesso ao seu conteúdo será restrito no âmbito da Controladoria-Geral da União.

funcionais para a função, tendo em vista que a corrupção envolve agentes que podem estar próximos ou inseridos no corpo funcional ou político ligado às instituições públicas, que de algum modo podem interferir.[98] Basta refletir sobre os receios em se trazer fatos imputáveis aos ocupantes da cúpula dos poderes ou de instituições com acesso às narrativas compartilhadas.

Outros potenciais conflitos ainda surgem na situação abordada pelo STF quanto ao compartilhamento de provas de um acordo para outras apurações, concluindo pela impossibilidade de seu uso em face da colaboradora quando não houver adesão a ele pela instituição usuária, como decorrência da consensualidade, que impõe ao Estado o ônus em troca dos bônus do acordo, sem prejuízo de fontes autônomas de responsabilização.[99]

Quanto ao tema, existe ainda um outro ponto incongruente destacado. Veja a hipótese de o Ministério Público requisitar as informações para a persecução penal. Em tese, mesmo que as informações sejam obtidas em acordos de leniência por outras instituições, não poderia haver condicionamentos ao requisitado. O ponto fundamental é que a requisição seria para o exercício penal em face dos agentes do ilícito, pessoas naturais, que não se confundem com as pessoas jurídicas colaboradoras dos acordos de leniência. É mais um sintoma causado pelo formato da legislação brasileira, que desconsidera a perspectiva humana do instituto.

O tema tem reflexos no campo internacional e suscita a necessidade de coordenação das investigações e critérios para o compartilhamento. Na reflexão quanto aos sistemas multijurisdicionais, há indicativos do uso de *waivers*, que são abdicações do uso do material em face das colaboradoras, como expressado por grupo de trabalho da OCDE:

> in the case of international cartels with multiple jurisdictions involved, the need to coordinate investigations among the relevant jurisdictions may require at least partial waivers of the agencies' confidentiality

---

[98] Nota-se que a lógica alcança uma amplitude especial quando envolve narrativas que dependeram de acordos de colaboração premiada, algo recorrente nas adesões aos acordos do MPF. As colaborações premiadas não são acessíveis em seu teor sequer por comissões parlamentares de inquérito enquanto houver necessidade para o êxito das apurações criminais (Ver: STF. Petição nº 5.713/DF. Min. Teori Zavascki; MS nº 33.278/DF, Rel. Min. Roberto Barroso).

[99] V. Ag.Reg. no Inquérito nº 4.420. 2ª Turma. Rel. Min. Gilmar Mendes. 28.08.2018.

obligations. For that reason, agencies in many jurisdictions ask marker applicants to grant waivers of confidentiality that would allow the agency to discuss and coordinate with agencies in other jurisdictions. (2014, p. 4)

A sensibilidade do sigilo é tão salientada que há ainda indicativos de como pode ocorrer a subversão do instituto de leniência até mesmo antes de se chegar ao Estado. A OCDE (2019, p. 74) identificou situações de dificuldades para o compartilhamento das investigações internas das pessoas jurídicas, que aguçam a percepção sobre como um modelo que preserve as informações adequadamente é essencial. A situação da Alemanha, que passou a ser um mau exemplo, traz reflexões:

> In countries where sharing internal investigations and producing documents or materials is not mandatory, certain authorities have recently reported difficulties in obtaining information about the results of internal investigations. During the Phase 4 evaluation of Germany, prosecutors indicated that companies are less likely to share internal investigations findings than in the past. The Phase 4 evaluation report notes in particular the increased tendency of companies to carry out their own internal investigations without coordinating these with the investigating authorities. The risk of losing evidence and influencing both co-defendants and witnesses was emphasized by the German prosecutors. They also pointed out that, in spite of new provisions on witness cooperation (section 46b CC), the willingness to cooperate on the part of the accused persons has decreased radically in the past years. One prosecutor stated in Germany's questionnaire answers that hardly any accused persons voluntarily confesses to the public prosecutor's office to get a more lenient sentence. This was confirmed by both prosecutors and lawyers at the on-site visit.

A resistência alemã não é por acaso. As razões para a situação são variadas. No entanto, uma ponderação essencial, igualmente refletida nas dificuldades com múltiplos operadores (OCDE, 2019, p. 74), ocorre na medida em que:

> Decreased willingness to cooperate could be the consequence of the sanctions pronounced in multiple jurisdictions against at least one prominent German company and a large number of its employees (or former employees) including years after the conclusion of the main coordinated non trial-resolutions with the company. This is a possible downside of the increased cooperation among investigating and prosecuting authorities reflected in the growing number of multi-jurisdictional

cases and the subsequent investigation of either the same company or its subsidiaries as well as employees in the same or other jurisdictions.

O dado é que, ao se realizar um acordo, o resultado esperado seria a otimização da persecução nas múltiplas agências ou jurisdições em face de terceiros delatados, em que o acordo originário seria uma garantia de não ser direcionada contra si. No entanto, uma consequência é que:

> over time, however, companies and their lawyers may become aware of the risks of long and costly proceedings in multiple jurisdictions for themselves and their employees. This may negatively impact willingness to cooperate unless clear policies frame both the benefit of such cooperation and the use that can be made of information obtained through cooperation in parallel or subsequent proceedings. (OCDE, 2019, p. 74).

Portanto, o sigilo e a regulação dos padrões de compartilhamento trazem implicações imediatas sobre a avaliação realizada pelas colaboradoras quanto aos acordos. O destaque é que, para as diversas situações, o foco não se restringe apenas às pessoas jurídicas empresariais, mas essencialmente aos seus operadores, pessoas naturais. É algo que traz reflexos na operação multiagências, que pode não saber conduzir os compartilhamentos e alimentar recepções desencontradas.

3.4 Oportunidade para corroboração das narrativas

O acordo de leniência tem uma premissa essencial: o que se denomina como alavancagem probatória é o foco que leva o Estado a admitir a própria leniência, ao reconhecer a sua incapacidade de obter informações e provas por vias que não sejam aquelas apresentadas pela colaboradora. No entanto, assim como a mera confissão, narrativas sem corroboração não permitem o acordo (art. 16, II da LAC).

O propósito da corroboração é a reconstrução de hipóteses narrativas, que serão posteriormente veiculadas pelo Estado em processos persecutórios. Se não houvesse uma perspectiva para a produção de efeitos, a razão útil para o Estado perder-se-ia. É o seu potencial que justifica atribuir uma contraprestação à colaboradora.

Ao mesmo tempo que a carga informativa (narrativas, dados e provas) é essencial ao Estado, ela também é fundamental para a colaboradora, pois é a sua admissibilidade que constitui a pretensão de conter o poder punitivo sobre si. Direitos não devem ser constituídos em bases temerárias e aquilo apresentado em colaboração precisa ter consistência. Por isso o interesse da colaboradora em sua constituição adequada.

A técnica corroborativa precisa ser estabelecida com precauções para o alcance das provas necessárias. Alguns programas de leniência até mesmo oferecem recompensas financeiras a quem colabora, como forma de prevenir em parte o conteúdo probatório insuficiente. O Reino Unido é exemplo, em que a *U.K. Competition and Markets Authority* oferece recompensas de até £100,000 excepcionalmente, com valor fixado com base na relevância das informações, nos danos econômicos da conduta, riscos e nos esforços do colaborador para apresentar evidências.[100] Para incentivar a colaboração adequada, o sistema até mesmo impede represálias a funcionários que delatarem ilícitos nas empresas em que trabalham (*Public Interest Disclosure Act 1988*).[101]

No entanto, as colaborações, assim como a confissão, são sujeitas a nuanças diversas, cognitivas e de voluntariedade, próprias da condição humana. Experimentos demonstram que confissões podem provocadas e destoantes da realidade, sendo que, quando recompensas são envolvidas, barreiras psicológicas contra a distorção deixam até mesmo de funcionar (PERILLO; KASSIN, 2010; GARRETT, 2008). Para evitar distorções é que, no decorrer do procedimento de corroboração, o Estado precisa confirmar seu potencial, afastando eventuais falhas em colaborações ou confissões exercidas de qualquer forma.

Ressalte-se ainda que aquilo a ser corroborado tem em conta que a persecução é destinada a elucidar fatos pretéritos, que podem estar sujeitos a variáveis que dificultam sua cognição, a depender de circunstâncias como o tempo, o acesso a informações remotas etc. Nos delitos com pluralidade de agentes, os elementos remontam a reuniões, expedientes de informação compartilhados, práticas de contato remoto e presencial, entre outros. São dados complexos da atividade

---

[100] Ver: UK Informant Rewards Policy. Disponível em: https://www.gov.uk/government/publications/cartels-informant-rewards-policy. Acesso em: 27 nov. 2021.
[101] No Brasil existem iniciativas que contemplam a alternativa da recompensa e figuras próximas ao *whistleblower*, mas que ainda exigem evolução. Ver a Lei nº 13.608/18, posteriormente alterada pela Lei nº 13.964/19, que passou a prever incentivos aos reportantes do bem, com os canais de denúncia, a previsão de sigilo e proteção, além da recompensa (art. 4º-C. §3º Quando as informações disponibilizadas resultarem em recuperação de produto de crime contra a Administração Pública, poderá ser fixada recompensa em favor do informante em até 5% (cinco por cento) do valor recuperado).

de apuração, em que são utilizadas técnicas para identificar se as narrativas da colaboradora, ainda em tese, ocorreram.

Considerando os pontos ressaltados é que todas as precauções práticas devem ser tomadas, principalmente aquelas sobre os depoimentos de pessoas naturais, tanto colaboradores quanto testemunhas, que são passíveis de falhas cognitivas. É algo ainda mais salientado quando puderem passar pelo filtro da pessoa jurídica nos acordos de leniência, que pode infiltrar componentes para sustentar sua própria ótica da realidade, com manifestações em viés de confirmação, principalmente por depender de deliberações dos agentes naturais que decidem pela alternativa do acordo.

A questão é haver, na consecução do acordo, o esforço institucional para que o apresentado pela colaboradora ocorra com segurança e com a expectativa de efetividade para elucidar os ilícitos, mas sem as travas comportamentais da sua exposição.

Em sequência, o procedimento pode e deve minimizar eventuais efeitos de confissões e delações equivocadas, criando filtros contra imperfeições da reconstrução narrativa e potenciais derivados da assimetria de informação em relação ao colaborador, que tem controle sobre o que narra e conhece seus detalhes. No caso, é possível que algumas narrativas sejam além do devido, em sobredelação para obter-se o máximo de benefícios, ou mesmo para prejudicar delatados, dispersando indevidamente o esforço de persecução do Estado. Ademais, é possível que o delator, em subdelação, esconda fatos para proteger determinadas pessoas ou mesmo fruir benefícios da atividade criminosa ocultada.

Portanto, a corroboração funciona ainda para evitar potenciais exagerados e benefícios desproporcionais, protegendo o instituto das infiltrações comportamentais humanas. Na medida em que os ilícitos trazem indicativos para a persecução penal, seus instrumentos funcionam como filtro para se evitar a entrega de algo sem substância e efetividade. Busca-se, assim, evitar que o mecanismo de leniência termine sendo mal utilizado, caso as instâncias de persecução e judiciais passassem a confiar apenas nas declarações da colaboradora com a entrega de benefícios, a despeito da inexistência de provas substanciais.

Porém, o problema sobre a substância a ser entregue ocorre mesmo no sistema multiagências, o qual conta com esferas de responsabilidade e rotas de recepção diversas, pois, sem a certeza da sua admissão e efeitos, a colaboradora pode ser levada a manter reservas de informação por segurança, sob pena de não ter o que entregar como contraprestação nas diversas instituições.

Ademais, outro aspecto ressaltado anteriormente deve ainda considerar que o material entregue em acordos destina-se a subsidiar a persecução em face dos agentes dos ilícitos relatados, não apenas pessoas jurídicas, mas ainda as naturais, como é próprio da natureza criminal da corrupção. No entanto, a redundância institucional pode criar competição entre as agências, tanto no uso de medidas para a obtenção, quanto na preservação das provas, prejudicando ao final sua efetividade.

Sobre o ponto, Martinez ressalta uma situação pertinente ao contexto multiagências, em que medidas como a busca e apreensão são disponíveis tanto a autoridades administrativas quanto criminais, podendo ensejar a competição para quem obtém o material primeiro e assim o utiliza sem os percalços do compartilhamento. Mesmo uma alternativa para compatibilizar a situação, como seria o caso de a autoridade criminal fazer, por exemplo, apenas a interceptação de comunicações e o encaminhamento do material, em seguida, às instituições administrativas para a busca e apreensão, ao final não teria sequer respaldo prático ou mesmo lógico, pois, "se a autoridade criminal está investigando a conduta e entende que poderia obter dados adicionais em diligência de busca e apreensão de documentos, não deixará de fazê-lo em benefício da autoridade administrativa" (2013, p. 252).

A lógica se aproxima de mais um dos aspectos em que a consideração apenas administrativa ou civil dos acordos falha. A elucidação da criminalidade corporativa na atualidade é dependente do aparato investigativo típico da seara criminal, que é preparado com os instrumentos e as garantias para o seu manejo sem os gravames indevidos. Toda a matriz legislativa em vigor, desde os exemplos das medidas previstas na Lei das Organizações Criminosas (Lei nº 12.850/2013) até as prisões cautelares, forma o arcabouço próprio para o enfrentamento da corrupção e a viabilização das provas exigidas para a persecução.

Trata-se de uma situação típica no campo anticorrupção, na medida em que os ilícitos, por sua natureza, podem demandar medidas investigativas para corroboração que são exclusivas da seara criminal, principalmente quando se espera do Estado o desempenho efetivo das suas finalidades. A consideração administrativa isolada pode ser insuficiente aos propósitos contra os ilícitos e a criminalidade avançada envolvida.

Na prática, dos acordos notou-se que tanto a CGU quanto o MPF promoveram a alavancagem probatória com foco de responsabilização civil e por improbidade administrativa em 100% dos casos. No entanto, o grande diferencial está na conjugação do instrumento, em que 100% dos acordos do MPF tiveram ainda a alavancagem probatória criminal, enquanto nenhum dos acordos da CGU teve o mesmo foco. Ou seja, existe um diferencial de qualidade – com instrumentos decorrentes – para alcançar as finalidades do instituto entre as instituições. Com acordos semelhantes, uma agência se mostra capaz de obter mais para o Estado com a corroboração e garantir, assim, maior efetividade aos benefícios acordados.

3.5 Expectativa contra redundâncias sobre os mesmos fatos e a incerteza da repercussão humana

O critério de racionalidade poderia parecer um indicativo sólido, em que a pessoa jurídica avalia custos, benefícios e se a estratégia de buscar o Estado compensa. A divulgação dos critérios, procedimentos e benefícios é um diferencial para a sua avaliação. No entanto, a transparência poderia não funcionar caso sua concretização dependesse do exercício de subjetividades amplas pelo Estado, subtraindo aquele padrão previsível do racional.

Como ressaltado, a falta de garantias quanto aos benefícios é uma das causas para os resultados inefetivos do programa de leniência dos EUA até a sua reforma em 1993, quando então houve um acréscimo notável de casos (KOBAYASHI, 2001, p. 2-3; MOTCHENKOVA, 2004, p. 2). Até a reforma, o montante sofria variação de acordo com o critério subjetivo do procurador responsável pelo caso. Apesar de as previsões do programa serem estabelecidas com as respectivas vantagens possíveis, os seus termos finais ainda sofriam influxos de incerteza (HAMMOND, 2000). Quando a reforma fixou que a imunidade total era a regra para a primeira colaboradora, independente dos critérios dos órgãos de persecução, a atratividade tornou-se maior, pois evitou surpresas por subjetividades (SPRATLING, 1998).

No entanto, é possível que programas de leniência contemplem margens subjetivas para ajustar a realidade de cada caso. Em especial, nota-se que, nos acordos de leniência brasileiros (art. 16, §2º e §3º da

LAC),[102] não há a fixação objetiva, pois a redução sancionatória, assim como valores de reparação, são ainda sujeitos a critérios pela perspectiva daqueles que operam os acordos, mesmo que a CGU tenha produzido indicativos para a apuração dos valores,[103] algo que o MPF ainda não o fez na mesma proporção.

Mas o principal efeito dos critérios objetivos não é apenas reduzir a margem de subjetividade da instituição que celebra o acordo. O efeito a ser destacado é o potencial de evitar a produção de efeitos redundantes por diferentes instituições, com o exercício de critérios distintos e sobre os quais a colaboradora não tem controle, mas que podem subverter a avaliação por ela antes realizada ao se apresentar ao Estado.

No contexto multiagências brasileiro, mesmo que as previsões se aproximassem de critérios objetivos, os seus efeitos poderiam não ser sustentáveis, pois o modelo não cria reservas quanto ao esperado das demais instituições além do acordo original, que podem não admitir o então acordado. Houve menção aos exemplos das intervenções do TCU quanto aos critérios adotados pela CGU e MPF, ou entre o alcance das previsões das respectivas instituições quanto aos seus acordos.

Mas existe ao menos um ponto comum em todas as situações, capaz de salientar como o desvirtuamento do instituto ocorre no contexto multiagências: apesar de tratar do mesmo objeto (fato apresentado em acordo), as percepções e efeitos sobre aquele trecho da realidade variam por circunstâncias a ele estranhas, a partir de avaliações dos agentes humanos de cada instituição. O objeto apreciado é o mesmo, mas o seu predicado incerto. É quando as redundâncias se escondem em pontos cegos.

Um raciocínio é capaz de ilustrar o fenômeno e explicar como ele opera de forma semelhante nas diversas situações. No caso, considere-se a hipótese da utilização cruzada de provas, em que diversas pessoas jurídicas realizam acordos distintos e fornecem provas dos ilícitos comuns. No entanto, a instituição que concretizou os acordos,

---

[102] LAC. Art. 16. §2º A celebração do acordo de leniência isentará a pessoa jurídica das sanções previstas nos inciso II do art. 6º e no inciso IV do art. 19 e reduzirá em até 2/3 (dois terços) o valor da multa aplicável. §3º O acordo de leniência não exime a pessoa jurídica da obrigação de reparar integralmente o dano causado.

[103] Ver o Decreto nº 11.129/2022, a IN nº 01/2015, a IN nº 02/2018 e a Portaria Normativa Interministerial nº 36, de 07 de dezembro de 2022, que utilizam elementos como: o equivalente monetário do produto do ilícito, proveitos do ato, superfaturamento, a vantagem indevida com o lucro, tempestividade da autodenúncia, ineditismo dos atos lesivos, a efetividade da colaboração, entre outros.

ou uma das demais agências não participantes, apesar de não utilizarem o material contra a própria colaboradora, assim o fazem contra as demais que também colaboraram, utilizando as provas apresentadas de forma cruzada, umas contra as outras.

Ressalte-se que provas são elementos para uma representação fática. O acordo de leniência não suprime a existência de fatos, mas as consequências externas a eles, como as sanções. A sanção é uma criação artificial, sem vida autônoma, que pode ser suprimida como parte dos acordos. Aquilo que o acordo exige é a entrega de fatos, sendo as provas apenas elementos para a sua aceitação, como a etapa de corroboração salienta. Como regra, se não existirem provas suficientes dos fatos, a consequência será não haver o acordo.

Mas, uma vez demonstrados os fatos, ao usar provas contra as colaboradoras além do acordado, o Estado atuaria em redundância contra o princípio da unitariedade das provas, pois os fatos foram provados anteriormente por cada um daqueles acordos. Desde então, eles existem e foram admitidos. O que se torna ineficaz é a consequência sancionatória contra as pessoas que sobre eles acordaram e ao adotar novas consequências que suprimem os efeitos dos acordos, a atuação de Estado se aproxima de um desvio da finalidade.

Ressalte-se que a mesma lógica alcança ainda aquelas provas obtidas posteriormente e externas às colaborações. O objeto dos acordos é o fato narrado que foi confirmado pelas provas com corroboração. A especialização do uso da prova é a forma de conferir previsibilidade às sanções recebidas em contraprestação. Mesmo que o Estado obtenha posteriormente evidências diversas sobre o mesmo fato, o novo material não suprime aquilo entregue em acordo prévio – o fato narrado –, que foi corroborado anteriormente. As novas provas podem ser assim indiferentes. Por isso que, para superar um dos aspectos conflituosos do modelo multiagências, há de se considerar a existência de apurações anteriores sobre os mesmos fatos, de modo a identificar se o acordo é efetivamente útil ao Estado.[104]

Em qualquer caso, a insistência em produzir efeitos redundantes contra colaboradoras sobre a mesma hipótese fática é fenômeno de uma

---

[104] Ressalte-se que há distinção entre as sanções e a reparação integral do dano, em que o uso redundante não é vedado e mesmo outras provas posteriores podem ser utilizadas, pois não se está a tratar de sanção (art. 16, §3º da LAC). Mas não se pode desconsiderar que o proceder das instituições para fixar os montantes pode funcionar como atrativo a ser avaliado pela colaboradora.

perspectiva de maximização de efeitos, em que a quebra da alteridade significa sabotar, além do instrumento e da confiança da colaboradora, o próprio Estado, que, ao oferecer um benefício por um de seus braços, mas subtrair sua efetividade com o outro, indica que ele mesmo violou o acordo. É algo ainda mais saliente nos movimentos brasileiros, com a sucessão de esferas e manifestações punitivas sobre as colaboradoras.

A situação de redundância voluntária sobre os mesmos objetos, mas com efeitos diversos além do acordado, é uma daquelas que remontam a um dos elementos da teoria da cooperação, que é conhecida como violação ao princípio de eficiência no dilema dos prisioneiros, em que "o cerne do problema era as estratégias de maximização não perceberem que seu próprio comportamento levaria à mudança de comportamento do adversário" (AXELROD, 2010, p. 113), ou seja, tentar extrair o máximo proveito à custa da colaboradora e a despeito da atuação antecedente do próprio Estado pode enviar um aviso ao público em geral, com o sinal de que o Estado não sabe perdoar.

Mas a despeito da potencial consciência do ponto pelas instituições e a busca por conciliações institucionais constantes, ainda assim os diversos fenômenos redundantes persistem e escondem-se em ocorrências que transformam os mesmos objetos – os fatos – em elementos errantes, de acordo com o que cada apreciador considerar para deles extrair os efeitos desejados em sua instituição.

A compreensão do fenômeno passa pela percepção de que instituições não operam por si, como entes autônomos. Atuações e efeitos redundantes não subsistiriam por uma racionalidade institucional isolada. O que ocorre é as instituições dependerem da manifestação dos seus agentes, que concretizam as avaliações subjetivas, mas não garantem a admissão das suas conclusões pelos agentes das outras instituições, que são tão humanos quanto. Os acordos analisados confirmam a postura ativa das instituições em tentar limitar o uso, pelas demais, daquilo compartilhado contra a colaboradora, algo que ocorre em 95,83% dos acordos do MPF e 80% da CGU. Mas aqui surge o detalhe fundamental: a precaução positivada nos acordos não tem previsão legal, o que não impediu a sua constante adoção consciente, criada pelos agentes das instituições, que insistem nos modelos próprios, mesmo cientes de que enfrentarão resistências. A insistência em promover atuações redundantes sobre os mesmos fatos e provas termina como reflexo daqueles pontos cegos institucionais que envolvem a maximização do próprio interesse público, a competição excessiva no mesmo ciclo e o viés do egocentrismo, todos manifestados por seus agentes.

São situações que ao final provocam reações na perspectiva das pessoas jurídicas, em que até mesmo critérios objetivos para acordos podem deixar de funcionar como atrativos principais. Note-se que, a despeito de o MPF não exercer a adequada fixação de valores e mesmo diante de critérios mais previsíveis por instituições como a CGU, os acordos exercidos pela instituição ministerial são consideráveis, o que termina por salientar que existem características institucionais que atraem a sua consideração pelas colaboradoras. É algo que a LAC não tratou adequadamente e que envolve a matriz da atuação anticorrupção.

Trata-se da lógica da redundância potencial, mas com uma peculiaridade que se afasta da racionalidade centrada nas pessoas jurídicas e sobre a qual elas não conseguem calcular com exatidão. No caso, a entrega dos fatos em acordos pode ensejar não apenas a redundância de manifestações institucionais sobre a pessoa jurídica, mas a indicação de ilícitos praticados por aqueles que operam a sua estrutura empresarial.

Surge assim novamente o contexto da governança corporativa. Seus agentes, pessoas naturais que conduziram os ilícitos, podem estar sujeitos a preceitos de responsabilização diversos, não apenas civis e administrativos, mas essencialmente criminais, algo marcado na seara anticorrupção. Não parece ser coincidência que 91,6% dos acordos do MPF tinham investigação criminal prévia no Brasil, sendo o mesmo em 80% dos acordos da CGU.

É algo que envolve uma matriz essencial dos conflitos multiagências e tem efeitos no exercício do instituto, que ao final é a incerteza da repercussão humana pelos acordos de leniência a partir dos mesmos fatos. É quando um novo passo na evolução, além da tônica racional, é chamado no mapeamento do instituto e seus conflitos multiagências.

Vários dos pontos apreciados até então evidenciaram em alguma medida os reflexos na situação. Mas por ser um pilar essencial do instituto e constantemente afastado no Brasil, a consideração humana no seu contexto exige uma abordagem a ela destacada.

CAPÍTULO 4

A CONSIDERAÇÃO HUMANA E O VETOR DE COOPERAÇÃO ALÉM DA RAZÃO ECONÔMICA: REFLEXOS NA RESPONSABILIZAÇÃO DAS PESSOAS JURÍDICAS E OPERAÇÃO DOS ACORDOS

Os institutos negociais sofrem questionamentos constantes. A sociedade civil, apesar de reconhecer os acordos como instrumentos úteis, ressalta que não deveriam ser símbolos de impunidade. A percepção é corrente em sede internacional, como os relatos da OCDE e outras organizações indicam (OCDE, 2019, p. 79; CORRUPTION WATCH, 2016; TRANSPARENCY INTERNATIONAL, 2015). As orientações são no sentido de serem adotados padrões para acordos apenas nos casos em que ocorra a confissão dos ilícitos que serão objeto de persecução.[105]

Ressalte-se que mesmo a Convenção das Nações Unidas contra a Corrupção (UNCAC) estabelece que a assistência pelas pessoas jurídicas, em investigações e procedimentos civis e administrativos, deve ser levada em consideração pelos signatários sempre que apropriado (artigo 43.1), sendo a restituição de ativos um preceito fundamental (artigo 51). No entanto, a concentração do foco apenas na reparação de danos, programas de integridade e outros efeitos civis ou administrativos poderia causar uma reação de repulsa aos acordos, pois existe uma consideração de que o uso da leniência em demasia, sem a

---

[105] Ver o relato da Global Witness e da UNCAC Coalition: www.fcpablog.com/blog/2016/3/15/ngos-to-oecd-corporate-pretrial-agreements-can-work-but-we-s.html. Acesso em: 06 ago. 2021.

contraprestação efetiva para a persecução dos ilícitos, pode ser questionado pela sociedade.

A preocupação é a do "impact such an approach may have on public confidence, and most importantly on exposing corruption given that few if any details of wrongdoing emerge from such an approach" (OCDE, 2019, p. 80). Trata-se da visão compartilhada pelo Grupo de Trabalho da OCDE, que, em apreciação da fase 2 dos sistemas na Eslovênia, República Eslovaca e República Checa, além da Grécia, recomendou alterações nas legislações respectivas, de modo a evitar o efeito de *effective regret*, quando poderia haver a isenção plena das sanções sem a entrega efetiva dos ilícitos para persecução. Recomendações semelhantes ocorreram na fase 3 da avaliação de Portugal e Espanha (OCDE, 2019, p. 80).

Portanto, os indicativos internacionais trazem a perspectiva de as sanções criminais serem consideradas como a regra em acordos. Ainda na seara anticoncorrencial, na década de 1990, a Comissão Europeia então indicava que deveria haver a imputação daqueles que promoveram a violação e não apenas da unidade econômica responsável.[106] Quanto ao ponto, Wils esclarece que

> As to the choice of the person or persons to whom a violation is to be imputed, the general rule formulated by the Community Courts is that "when [...] a violation is found to have been committed, it is necessary to identify the natural or legal person who was responsible for the operation of the undertaking at the time when the violation was committed, so that it can answer for it". (2005, p. 13)

Em trilha semelhante, a Corte de Justiça da União Europeia reconheceu a referida lógica no julgamento do caso "Hüls", em que as penas impostas, então sob a Regulation 17 (posteriormente: Regulation 1/2003), mesmo sendo os procedimentos antitruste da União Europeia de natureza civil ou administrativa, poderiam ser caracterizadas sob a noção criminal do Article 6 ECHR.[107]

---

[106] Ver: Judgment of the Court of First Instance of 17 December 1991 in Case T-6/89 Enichem Anic v. Commission [1991] ECR 11-1695 paragraph 236. Disponível em: https://eur-lex.europa.eu/legal-content/PT/TXT/PDF/?uri=CELEX:61989TJ0006efrom=EN. Acesso em: 20 dez. 2021; e Judgment of the Court of Justice of 16 November 2000 in Case C-279/98 P Cascades v. Commission [2000] ECR 1-9709 paragraph 78. Disponível em: https://curia.europa.eu/juris/liste.jsf?language=enenum=C-279/98. Acesso em: 20 dez. 2021.

[107] Case C-199/92P, Hüls v European Commission, 1999. ECR 4287, paragraph 150.

Desde então, com a possibilidade oferecida aos Estados-Membros para as previsões criminais, suas implantações foram avançando. A Irlanda e a Estônia trouxeram previsões criminais apenas por meio de multas a pessoas jurídicas, enquanto existe a previsão de multa e pena privativa de liberdade para as naturais. No Reino Unido, multas não criminais são previstas para pessoas jurídicas, mas sanções diversas são aplicáveis aos agentes delas, como a desqualificação de diretores e prisão. Em França e República Eslovaca, as sanções para as pessoas jurídicas não são criminais, mas existem previsões para as pessoas naturais. Na Alemanha, penas não criminais são aplicadas a pessoas naturais e jurídicas, sendo que a situação de fraude licitatória pode acarretar pena de prisão.

Portanto, a percepção de que a efetividade dos acordos das pessoas jurídicas não pode prescindir da persecução dos agentes da condução ilícita é um aspecto crescente, pois "overall, a balance must be found to ensure that foreign bribery cases are detected and prosecuted by incentivising self-reporting and cooperation, while at the same time ensuring that the punishments imposed on individuals and companies provide sufficient general and specific deterrence" (OCDE, 2019, p. 122).

No Brasil, o trato da repercussão criminal dos acordos de leniência é problemático, sendo corrente o destaque da desconexão entre os incentivos que motivam as pessoas jurídicas e as naturais (MARRARA, 2015, p. 509-527; DIAS; ALMEIDA, 2020, p. 301-330), mesmo considerando que a operação empresarial ilícita é baseada em atos corruptos de seus agentes. Os acordos das pessoas jurídicas que desconsiderem as naturais envolvidas podem ensejar disfuncionalidades ao instituto, como ser incapaz de trazer todo o contexto dos ilícitos que se busca detectar e que dependem da instrução humana.

Ademais, se a razão do acordo é a entrega dos atos das pessoas jurídicas conduzidos por seus agentes (art. 16, *caput*, I e II da LAC), a implicação necessária é considerar a repercussão que os acordos terão sobre eles, o que pela própria natureza dos ilícitos implica a feição criminal.

É o descompasso entre a pretensão do acordo pela pessoa jurídica e aquilo que incentiva seus agentes – expostos à autoincriminação – que salienta a necessária integração dos focos, sendo que a implicação teria ainda outra vantagem, pois a consideração criminal cria filtros de otimização na medida em que

create the stronger need for procedural protections to avoid false convictions. These stronger procedural protections create in their turn the need for stronger investigative powers so as to avoid enforcement becoming ineffective. On the other hand, the message-sending role of criminal enforcement explains the requirement of a guilty state of mind (as this shows the need for wrong valuations to be repudiated) as well as the absence of a strict relationship between punishment and actual harm, reflecting the desire to deter the criminal behaviour unconditionally rather than merely to price it. (WILS, 2005, p. 7)[108]

Mas o destaque exigido sobre as pessoas naturais não é baseado apenas na sua necessidade para esclarecer os ilícitos. Pesquisas em psicologia aplicada sugerem que o compromisso normativo é ainda um fator destacado para o comportamento adequado (TYLER, 1990; RUPP, 2008), e o potencial sancionatório, desde que tenha incidência crível de aplicação (no mesmo sentido da perspectiva racional), permite um fator diferenciado na decisão sobre os atos corruptos, pois salienta o reforço do compromisso com as normas, que tem uma perspectiva além da jurídica.

É algo que está no âmago dos reclamos da sociedade civil antes citados quanto ao que se espera dos acordos anticorrupção e tem reflexos em diversos aspectos operacionais, na medida em que a exclusividade dos acordos de leniência para pessoas jurídicas e o afastamento da feição humana dos acordos traz mais incongruências e conflitos do que geralmente é apreciado. Trata-se de ponto a ser salientado.

A matriz do raciocínio é que atos como os de corrupção não são atribuíveis às pessoas jurídicas isoladamente. São as condutas humanas que permeiam a sua prática, produzindo reflexos como a consideração da comunidade sobre os ilícitos e como violações poderiam ser evitadas pelas normas sem que seja necessária a concretização de sanções.[109] O ponto é que, apesar de as normas vedarem a corrupção, se ainda assim os comportamentos criminosos persistem, a insuficiência normativa é algo intuitivamente considerado e trabalhar somente com elas pode ser uma falha.

Em auxílio para a compreensão do ponto toma-se a evolução do raciocínio em etapas teóricas, com abordagens pontuais e específicas,

---

[108] Ainda sobre o tema, ver: COOLER, 1984; COFFEE, 1992.
[109] O ponto tem reflexos até mesmo na discussão sobre a potencial dissociação entre crime e pena (FELDMANHALL; SOKOL-HESSNER, 2015, p. 23-24).

selecionadas desde a filosofia moral, passando pela psicologia e levando finalmente ao paradigma da neurociência da moralidade.

Primeiro, em especial na consideração do que move os seres perante seus pares, seja espontaneamente, ou ainda pela existência de normas, toma-se como instrumento a Teoria da Vergonha Moral, na abordagem de Ernst Tugendhat (TUGENDHAT, 2003a), que parte da operatividade ética com base nas habilidades dos agentes e seus papéis sociais.

No caso, a vergonha simples é aquela do exercício de habilidades especiais dos humanos, desenvolvidas pelos indivíduos em suas comunidades e que envolve práticas avaliadas segundo sua qualificação e efetividade, como são as instrumentais, de produção, técnicas, até aquelas de papéis sociais específicos, como as profissionais. É o caso das manifestações de habilidades culturais, esportivas, cognitivas, de desempenhos profissionais em diversas áreas etc. A partir delas é que se sedimenta a autoestima do ser, que decorre do reconhecimento positivo pelos demais membros quanto ao que elege para a sua identidade. O fracasso no seu desempenho produz o sentimento de vergonha no próprio ser, que deriva daquelas reações de ridículo ou fracasso (TUGENDHAT, 2003a, p. 58-59).

Mas além das habilidades especiais, outra capacidade central para a socialização é aquela em que o juízo de valor não é apenas sobre o desempenho das habilidades de cada um, mas essencialmente sobre suas atuações como parceiros de uma operação solidária de sociedade, como bons cooperadores, em que a noção de ética é fundada nas expectativas comportamentais recíprocas. Ou seja, os juízos são referidos ao desempenho de capacidades que geram expectativas sociais compartilhadas, que podem estar refletidas em normas. Como frisado, o fracasso no desempenho das habilidades especiais pode configurar a vergonha simples ao seu titular, mas a falha no exercício de uma capacidade para a cooperação produz um sentimento mais abrangente que o mero fracasso, que é a vergonha moral.

A distinção entre a vergonha simples e a vergonha moral está naquilo que o ato fracassado provoca, na medida em que na moral surge um sentimento de indignação e censura que pode se manifestar publicamente como marca das reprovações ao desempenho cooperativo em sociedade. A vergonha simples tem no fracasso de uma habilidade a possibilidade de crítica, escárnio ou comiseração, mas a vergonha moral tem um elemento diferencial de repulsa, em que a reprovação ética é detectável por dois polos: seja pela censura e indignação dos espectadores quanto ao ato avaliado, como um polo externo; seja ainda pelos indícios de constrangimentos experimentados pelo transgressor, como um polo interno.

No primeiro polo, a vergonha moral vai além de uma percepção do fracasso e compreende a reação de terceiros, espectadores em sociedade, com sensações de indignação e censura por uma prática a indicar que o sujeito fracassou não exatamente no seu acervo de habilidades pessoais, mas na sua capacidade geral para a cooperação em sociedade.

Por sua vez, o polo dos constrangimentos sentidos pelo próprio violador quanto aos deveres e proibições é relacionado a uma ideia de sanção interna, que torna possível uma ética de dever. Os sentimentos surgem da consciência de estar integrado a um grupo social, com expectativas de cooperação, em que a autonomia não é apenas do indivíduo, mas recíproca em que "cada um dá à vontade de todos os outros um peso tão grande quanto dá a sua própria", a justificar os sistemas morais (TUGENDHAT, 2003b, p. 13). A reciprocidade ingressa ainda no conceito de "bom" que integra a percepção de justiça e autoestima, o que é dado àqueles que agem de acordo com o sistema normativo.

Ao decidir fazer parte da comunidade, a potencial indignação dos outros funciona assim para as violações serem então internalizadas como vergonha moral (TUGENDHAT, 2003a, p. 59-60). Ela funciona como o anúncio de uma punição ou de uma exclusão do convívio, não no sentido necessariamente material de pena, mas de um laço social rompido, de reputação, que potencialmente ocorreria se houvesse o descumprimento do esperado. No caso, o grande diferencial da concepção da sanção interna é que ela pode se manifestar antes mesmo da consumação de uma violação, em que o tormento pela suposição de uma violação se manifesta naquilo que a psicologia trabalha como o sentimento de culpa.

Ressalte-se que o potencial de sanção interna é um componente significativo de que as normas podem ser cumpridas sem que sanções externas precisem ser concretizadas. É o momento em que surge a perspectiva dos compromissos em sociedade, sem que seja necessário a todo instante ameaçar e aplicar sanções.

O dado fundamental é que o polo interno da vergonha moral se manifesta quando se interioriza a sua noção como sanção, como o sentimento de culpa. Mas a interiorização da culpa também considera que as proibições e os deveres assegurados por sanções externas podem ser insuficientes, pois se assim não fosse seria como conferir ao direito as funções da moral. Ou seja, é preciso que as sanções sejam representadas por uma estrutura psíquica que reconheça as proibições e os deveres, mas que independam da incidência sancionatória para o seu cumprimento.

Por sua vez, a segunda etapa teórica aprecia o sentimento de culpa, até mesmo pela matriz psicológica tradicional, em que Freud indica a estrutura do superego, no sentido de que as diretrizes comportamentais são elaboradas na tensão entre os princípios do saber e da realidade. O superego não garante por si a observância aos deveres ou evita a violação de proibições, pois diversos contrapesos podem minimizar a internalização da sanção, como ofertas de recompensas e prazer, que atuam no semblante sensorial humano e podem satisfazer de algum modo a estrutura psíquica do ser. O diferencial é que ainda assim o superego permite entender e supor a reação social decorrente das violações, quando o prazer de um ato pode ser contido por meio de renúncias em prol do convívio social, que são exigências potencialmente constituídas em normas não apenas jurídicas, mas também morais a partir das quais as exteriorizações comportamentais são contidas.

A possibilidade de contenção dos impulsos violadores é dada por fatores desde condições biológicas e sensoriais, até as socioculturais, como as concepções de família, comunidade e institucionais em geral, que promovem variações do ego. Portanto, o superego funciona como um expediente de reação contra escolhas possíveis. Envolve, ao final, a capacidade de sentir culpa, a partir da adesão às normas da comunidade segundo os critérios de socialização, que fazem das capacidades de convivência não apenas eventos intersubjetivos, mas também psíquicos do próprio ser.

Portanto, a sanção interna é atribuída pelo significado do convívio mediado por normas, em que o dispositivo mental do agente compreende os deveres e proibições. O destaque da vergonha moral é a sua manifestação diante de uma violação potencial, ocasião em que poderá experimentar o constrangimento interior, algo ainda mais salientado pela perspectiva de censura e indignação que seriam manifestadas por aqueles outros ao tomarem conhecimento da ocorrência efetiva de um ato violador.

Ademais, a capacidade interna envolve ainda a manifestação de querer compreender-se moralmente com reflexo nas sanções, pois a estrutura normativa exige comportamentos que não resultem em sua violação, sob pena da sanção externamente imposta por terceiros, como o Estado. Mas o destaque é que as sanções internas podem formar a carga antecedente para evitar a ocorrência do comportamento indevido, como a advertência que sustenta a finalidade daquela sanção externa, que não é um fim em si, mas um meio para evitar ocorrências indesejadas. Ao final, a aplicação da sanção seria a confirmação do fracasso da ameaça normativa prévia.

Com base nos elementos indicados, tanto pela matriz filosófica quanto a psicológica, surge um ponto fundamental: por sua natureza, a vergonha moral depende da capacidade humana para sua manifestação e a ela reagir.

Ressalte-se que o processo de internalização da sanção somente é possível àquelas pessoas que tenham desenvolvido capacidade sociopsicológica para sentir o efeito inibidor, assim como o sentimento de comunidade. O mesmo ocorre diante da confiança em não ser descoberto pelos demais por práticas ilícitas. São circunstâncias a indicar que a vergonha moral é um processo psicológico, algo interno, mas exercido constantemente na representação exterior que o agente faz, tanto por si, quanto por terceiros sobre sua reputação.

É certo que a manifestação externa dos interlocutores sociais – como a repulsa, indignação e censura, caracterizadores do polo externo da vergonha moral – pode ocorrer até mesmo sobre os atos atribuídos às pessoas jurídicas, pois são efeitos como qualquer juízo de valor sobre um objeto. No entanto, o polo interno típico da vergonha – simples ou moral – não é manifestada pelas pessoas jurídicas por uma razão intuitiva: a ausência de capacidade cerebral.

Quanto ao ponto, repare o fenômeno daqueles humanos que têm uma afetação na sua capacidade cerebral de desempenhar o sentimento de culpa e a consideração da sanção interna, como a situação exemplar da psicopatia, em que o indivíduo não tem o exercício pleno dos mecanismos referidos, a despeito de reconhecer a contrariedade que seus atos causam e a repercussão na comunidade.

As pessoas jurídicas, como projeções artificiais, não exercem apreços emocionais e não desempenham preceitos próprios de alteridade, que são elementos humanos. A situação corporativa tem características bem estabelecidas quanto ao ponto. Robert Hare, reconhecido psicólogo criador da "Escala Hare PCL-R", utilizada para a identificação da psicopatia (HARE, 2021), chegou a desenhar a transição entre a psicologia do humano e a psicologia da corporação, considerada como pessoa por um expediente legal, identificando uma série de desordens que são perfeitamente aplicáveis a ambos. As pessoas jurídicas empresariais não manifestam os elementos de contenção comportamental, sendo que a falta de empatia e as tendências associais suprimem os freios morais típicos e camuflam a idoneidade de sua atuação, manifestando um protótipo que se assemelha à psicopatia (BAKAN, 2012, p. 57), ressaltando novamente a questão sobre quem suporta a responsabilidade moral por seus atos.

O dado é que, ao não exercer o sentimento de culpa e o mecanismo de sanção interna, a pessoa jurídica, isoladamente, torna-se indiferente à vergonha moral.

São aspectos sobre os quais a neurociência – a terceira matriz – tem desempenhado pesquisas que podem trazer novas perspectivas sobre o ponto. Em especial, o afastamento da repercussão humana nos acordos de leniência pode minimizar os mecanismos de contenção preventiva dos ilícitos, não apenas pelo fato de as pessoas jurídicas não terem dispositivos cerebrais, mas fundamentalmente por assim ser criada uma nova camada de racionalização para o comportamento corrupto dos agentes naturais. Lembre-se, novamente, dos pontos cegos.

A racionalização é um mecanismo defensivo criado pelo violador, em que as suas falhas são objeto de desculpas, justificativas e perdão, dirigidas tanto ao próprio indivíduo quanto aos terceiros que se deparam com os fatos. O efeito fundamental é a preservação da autoestima, na medida em que o ego ajusta a realidade às próprias necessidades instintivas de integridade moral. O expediente busca expressar alguma lógica para explicar as emoções e resultados sobre os quais supostamente o agente não teve controle, mas que encontrariam coerência em ter ocorrido em seu caso, contendo os seus conflitos internos e perante a comunidade. O agente reconhece que o superego deveria direcionar o comportamento de forma diversa, mas termina por obscurecer a motivação quanto ao realizado, minimizando a sanção interna (FADIMAN; FRAGER, 2002, p. 20-21).

No caso da Lei Anticorrupção, as pessoas jurídicas tornam-se o foco dos atos corruptos e sobre elas a responsabilidade. Nos acordos de leniência, elas funcionam como um terceiro que recebe parte fundamental da repulsa pelo ato corrupto, em que o efeito pode ser neutralizar o sentimento de culpa e a vergonha moral dos agentes naturais que efetivamente cometem os crimes de corrupção, que podem então utilizar a estrutura jurídica para desafogar suas travas morais, ou seja, uma racionalização.

O ponto é ainda mais salientado pela compreensão de que a racionalização tem em foco uma tendência de sermos mais propensos a eximir a nós mesmos por nossas falhas morais do que aos outros por falhas semelhantes, pois, ao considerarmos nossas faltas, tocamos em especial no sentimento de culpa e vergonha, mas com um propósito específico, que criamos para o nosso próprio conforto.

A situação ocorre porque em humanos a estrutura cerebral aciona diferentes circuitos para apreciar nossas próprias falhas morais, com uma destacada ativação do córtex pré-frontal ventromedial, quando comparado às áreas da ínsula e do córtex pré-frontal dorsolateral (ZAHN, 2009, p. 276-283). Para indicar o significado do fenômeno, em um experimento em que os indivíduos estavam sob pressão comportamental, os participantes fizeram julgamentos mais racionalizantes, criando justificativas para o exercício do próprio egoísmo sobre dilemas morais de fundo emocional, minimizando assim a própria culpa e a vergonha. O detalhe é que isso ocorre apenas quando incide uma questão moral pessoal, ou seja, é reflexo cognitivo a partir de nossos julgamentos internos, ao tempo em que, para a mesma situação, quando cometida por outras pessoas, a tendência é considerar principalmente as ações exteriorizadas e os resultados, mas sem a mesma contenção interna de antes (PRONIN, 2008, p. 1177).

Nesse sentido, ao considerarem apenas as pessoas jurídicas, os acordos de leniência potencialmente criam uma nova camada de racionalização, na medida em que a prevenção pela sanção interna dos agentes naturais poderia ser minimizada quando o foco da responsabilização puder ser concentrado substancialmente nas pessoas jurídicas.

O indicado está inserido em uma das trilhas da neurociência da moralidade, que é a revisão de paradigmas de teorias morais a partir de outra apreciação neurocientífica, em que uma das suas principais manifestações aborda o chamado sistema dual de pensamento – *dual-process brain* –, que ganhou maior percepção com a obra de Kahneman e Tversky (2012), a partir de estudos em que o cérebro atua segundo duas manifestações bem caracterizadas.

O sistema 1 é rápido por trabalhar com heurísticas e vieses, baseado em pistas da realidade não necessariamente exatas. São atuações de respostas céleres do cérebro, sem o processamento racional típico. Pesquisas confirmaram as evidências da teoria, como nas ocasiões em que o sistema modular humano funciona de forma automática, mesmo quando há consciência de que um ato violento seria uma reação a um estímulo simulado, como o experimento de pessoas convidadas a esmagar bonecos com feições humanas, apontar armas falsas a outrem, ou atingir a perna falsa de alguém, em que os participantes resistiam ao cometimento dos atos ordenados (CUSHMAN *et al.*, 2012, p. 2-7). Os resultados indicam que o sistema 1 é acionado e pode causar resistência ao cometimento dos atos de agressão contra outros humanos, mesmo que a falsidade do sinal seja conhecida pelo agente, contendo assim os seus impulsos violentos (CUSHMAN *et al.*, 2012, p. 5).

Por sua vez, o curso evolucional do sistema 2 (aquele responsável por criar estratégias conscientes de sobrevivência) constitui a capacidade de premeditação do mal contra membros da própria espécie e sua coletividade (grupo, família ou tribo), algo que, sem o seu funcionamento, terminaria apenas como um impulso. Dentro de grupos, as reações a atos de violência podem ser punições com outros atos violentos, mesmo sob a feição de vingança, quando então surgiria o potencial de se colocar em risco a estabilidade do próprio grupo e enfraquecer até mesmo a sua capacidade de resistência contra outros grupos externos.

Um dos desenvolvimentos com as evidências referidas é a Teoria da Miopia Modular (GREENE, 2018, p. 294-296), que aborda a matriz biológica dos instintos e considera que o *dual-process system* existe por razões evolutivas. Os experimentos indicam a forma como a mente humana representa as reações dos demais seres, em que o sistema cognitivo monitora a base comportamental com uma carga emocional, que funcionaria como um sistema de alarme acionado quando há a possibilidade de um ato ferir fisicamente alguém.

O ponto suscita elementos próximos àqueles antes elaborados pela Teoria da Vergonha Moral, na medida em que é exercitado pelo próprio agente, por sua perspectiva moral interior, que evita uma violação por atos que podem atingir outrem e assim causar repulsa, mesmo que não existam normas para tanto.

No entanto, apesar de o sistema de alarme ser constituído para evitar a reação violenta sem freios contra outros humanos, ele não impede todos os atos de violência, mas somente aqueles com o potencial de prejudicar a cooperação. Isso ocorre como um diferencial evolutivo, assim como a sanção interna da vergonha moral. No caso, o mecanismo de alarme pelo sistema 1 é limitado, pois não identifica todos os efeitos nocivos quando precisa agir, mesmo que sejam visualizados pelo sistema

2, pois foca apenas naqueles meios para alcançar o objetivo final, como um alarme residencial que dispara não apenas diante de um invasor, mas mesmo com a passagem de um animal inofensivo, ou seja, a mera aparência de perigo (GREENE, 2018, p. 300). Ressalte-se ainda que a sua limitação não atinge o conhecimento dos efeitos colaterais, mas as emoções deles decorrentes, o que permitiria assim a atuação violenta para se defender ou atuar contra inimigos (GREENE, 2018, p. 300-318).

A questão que surge na atual etapa das relações em sociedade é que, ao contrário do ocorrido na evolução humana até então, baseada na perspectiva de que os perigos próximos e físicos foram os determinantes do sistema 1, os riscos da atualidade podem estar além dos limites físicos imediatos. O mecanismo que trava a violência próxima, com a indisposição do uso da força para colocar o ser humano como meio causal primário, significa que a capacidade cognitiva do sistema 1 seleciona formas mais básicas e perceptíveis de reação para um alerta. No entanto, o sistema pode falhar e esconder os males de atos que não têm ofensividade imediata, como aqueles cujas consequências são dispersadas de maneira difusa ou coletiva, como muitos dos casos que envolvem o meio ambiente, a corrupção etc.

Na situação em que o sistema 1 ainda não sente os efeitos das consequências imediatas dos atos, as travas internas da pessoa deixam de ser as mais funcionais. O cérebro pode não visualizar todas as consequências para terceiros, algo ainda mais acentuado quando são ilícitos de difícil detecção, diminuindo, assim, a potencialidade de contenção exercida pelos mecanismos da vergonha moral.

Ao considerar-se que a percepção dos ilícitos, nos acordos de leniência anticorrupção, somente ocorra pela perspectiva das pessoas jurídicas, em que elas são o foco de responsabilização por atos próprios e fazem o relato da sua ocorrência, o potencial novamente é subtrair mais uma caraterística humana própria para a prevenção dos atos corruptos, pois as pessoas jurídicas não têm mecanismos neurais por si.

É algo intimamente ligado aos processos de racionalização e constituição de pontos cegos pelos agentes naturais da corrupção, na medida em que a solução para os ilícitos nos acordos de leniência poderia não criar uma resposta neles focalizada e com o seu compromisso diante dos atos. Ou seja, o resultado poderá ser mais uma válvula de escape contra a vergonha moral, pois o constrangimento e a repulsa aos atos podem até ser deslocados contra a pessoa jurídica como o fator externo da vergonha. No entanto, como ela é incapaz de exercer por si os elementos internos essenciais – o potencial sentimento de culpa e da sanção interna –, os condutores da corrupção não são diretamente atingidos.

Portanto, ao afastar-se dos critérios imediatos de operação humana, partes fundamentais dos sistemas de resistência a atos violadores, em especial a perspectiva de cooperação, podem ser perdidos, na medida em que lesões indiretas não são compreendidas pelo sistema 1, fazendo com que aquelas típicas situações de corrupção não gerem o mesmo impacto interno e a repulsa que outros crimes de resultado tradicionais causam, como um homicídio imediato.[110] Ao final, o afastamento da feição humana dos acordos suprime ainda mais os mecanismos dos "sentimentos morais" inerentes aos humanos.

Como resultado, as pessoas naturais que praticam os ilícitos e movem as estruturas das pessoas jurídicas podem terminar com seus mecanismos morais indiferentes à repulsa moral externa, assim como a pessoa jurídica, porque as consequências dos ilícitos poderiam ser absorvidas integralmente pela organização sem expor seus agentes ao confronto moral, situação em que a monetização das sanções, com a sua absorção por mecanismos em lógica financeira, também funcionaria como um novo véu.

Ademais, uma das razões evolucionais para o avanço do sistema 1 é um preceito de realidade fundamental: eficiência, entendida como a atuação apta a conservar recursos que o humano tem disponíveis. O processamento racional tem um alto custo e por isso o sistema 1 pode consumir razões diminutas de energia para alcançar a mesma finalidade, o que permitiu à espécie humana não consumir fontes que não tinha.

Mas uma das consequências desse mecanismo evolutivo é que o cérebro acaba se adaptando àquilo necessário para o alcance dos objetivos, com a criação dos instrumentos para tanto, pois "in the logic of the brain, if you don't have the right tool for the job, create it" (EAGLEMAN, 2012, p. 73). Ou seja, potencialmente o agente pode não utilizar os mecanismos racionais do sistema 2, ou mesmo adaptar formações do sistema 1 para atender exatamente ao necessário para a sua realidade. No caso dos acordos de leniência, uma das situações potenciais seria que, a partir do conforto promovido exclusivamente pelo acordo de responsabilização das pessoas jurídicas, os seus agentes, pessoas naturais, não desempenhem mais as mesmas reações que ocorreriam quando os

---

[110] Sobre a percepção do fenômeno, ver: PAHARIA, 2009, p. 134-141.

critérios de responsabilização fossem a eles dirigidos diretamente. O acordo pela pessoa jurídica pode, assim, tornar-se um atalho de fácil operação, pois sem os gravames morais então a eles destinados.

Portanto, as soluções negociadas exclusivamente por meio das pessoas jurídicas não deveriam interromper o ciclo de responsabilização dos agentes que se utilizaram dela para a prática de ilícitos. Mas aqui uma ressalva é logo realizada: não que seja o caso de sua punição nos moldes persecutórios tradicionais, mas o ponto a ser destacado é a necessidade de eles participarem e constituírem os próprios compromissos no processo de admissão dos ilícitos.

Se a consideração não for realizada, com os ilícitos protegidos pelo escudo empresarial não haveria mais a plena necessidade de autocontenção, pois o intermediário – a pessoa jurídica – seria suficiente e assim o cérebro se adapta a outras necessidades, reforçando os processos de racionalização e fuga. Com o afastamento do foco humano, a vergonha moral pode deixar de exercer sua função primordial e o padrão não seria mais a experiência humana, mas sua abstração.

Ressalte-se o apurado no capítulo 1, sobre não haver recomendação para a responsabilização das pessoas jurídicas desconsiderar o foco nos agentes naturais. O ponto tem repercussão em diversos aspectos de operação do instituto refletidos nos conflitos multiagências. Serão apresentados a seguir tópicos destacados em que o afastamento da apreciação humana tem reflexos bem caracterizados.

4.1 A responsabilidade objetiva e o foco nos agentes da corrupção

A responsabilidade objetiva para os ilícitos da Lei Anticorrupção (art. 2º) é apontada por parte da doutrina como fundamentada no princípio da função social da empresa (TAMASAUSKAS; BOTTINI, 2014, p. 142-145). No entanto, a razão tem outros elementos que se aproximam de uma fundamentação pragmática, com o salientado na origem da LAC para atender aos reclamos internacionais. O problema é que a adaptação não considerou todas as nuanças para o critério de responsabilização escolhido.

Na teoria da responsabilidade é corrente a consideração da pessoa jurídica como um centro de imputação normativa, ou um feixe de relações jurídicas e contratos conectados (GULATI, 2000, p. 887-948). Como feixe de relações, a primeira consideração é que a sanção sobre a pessoa empresarial tem repercussões além dela, o que altera a percepção sobre riscos e prejuízos a *stakeholders*, como empregados, acionistas, consumidores e fornecedores. As teorias institucionalistas puras até poderiam desconsiderar a repercussão, mas ainda assim haveria potencial ineficiência social, impondo custos que seriam repassados de alguma forma àqueles que não praticaram os atos. Trata-se de algo potencialmente impulsionado pela responsabilização objetiva.

Para o esclarecimento do ponto, retoma-se em parte o antes ressaltado sobre a governança corporativa, que na compreensão da responsabilidade deve ser acrescido ao considerado pela doutrina em ao menos dois padrões.

Um deles considera a responsabilização da pessoa jurídica por ato próprio, que exige critérios de forma independente da avaliação dirigida aos seus agentes, com a constatação de uma ruptura organizacional interna e culpabilidade a partir da sua falha em prevenir e reparar os ilícitos (HEINE, 1997, p. 39-40).

Outro busca justificar a responsabilidade da pessoa jurídica com base nos atos de terceiros, agentes que a presentam ou representam (FRAZÃO, 2018, p. 37-39), sendo configurada pela "vicarious liability", com aspectos de responsabilidade por atos do preponente ou empregador, baseado no foco do "respondeat superior", que nos Estados Unidos permite a imputação de crime à corporação por atos dos seus agentes. O ponto principal do regime vicarial é que os atos estejam compreendidos em seu feixe de atribuições e almejem resultados em benefício da pessoa jurídica pela qual atuam.

No sistema anglo-saxão existem ainda variantes aproximadas, mas com contornos próprios, como a Teoria da Identificação (*Identification Theory*), em que a imputação da responsabilidade corporativa exige atos dos seus dirigentes superiores, que atuam como forma de "alter ego". A base é uma distinção entre o órgão intelectivo/decisório da pessoa jurídica e aqueles executores de comandos, que inspirou países com a mesma ótica. No entanto, a teoria precisou de adaptações para haver aplicabilidade a configurações empresariais diversas, especialmente aquelas com mecanismos decisórios descentralizados.[111]

---

[111] Como indicativo, ver o UK Bribery Act (2010), que evoluiu a teoria da identificação para uma variante objetiva de apuração das falhas corporativas em evitar os atos de corrupção em sua seara. Sobre o tema, ver: PIETH; LOW; BONUCCI, 2014, p. 220-221.

Seguindo o sintoma das novas configurações empresariais, a ascensão internacional das teorias objetivas, por ato próprio da empresa, recebeu o influxo do padrão das grandes corporações, que reconhecidamente contam com estruturas internas complexas para a tomada de decisões. Exemplos como a previsão australiana do *Criminal Code Act* de 1995 indicam que a responsabilidade das pessoas jurídicas é apurada em razão de práticas dos seus agentes. Mas os atos podem ser ainda atribuídos nas situações de chancela da estrutura empresarial, ou por sua atuação indiferente ao risco de seus agentes praticarem corrupção (PIETH; LOW; BONUCCI, 2014, p. 222).

Ressalte-se que são ainda constatados sistemas de perfil misto, em que programas de integridade surgem com o potencial de abrandar a responsabilidade corporativa, mas sem a sua supressão.

Em qualquer caso, quanto ao foco de imputação dos agentes, os diversos modelos teóricos são apresentados sob critérios distintos: o posto hierárquico do agente é abordado de acordo com o sistema de decisão da pessoa jurídica; ou centrado na pessoa com maior nível gerencial e indicativos de ter protagonizado os ilícitos; ou aquela que tenha autorizado outros agentes a cometê-los; ou ainda quando falhar na prevenção dos atos de agentes na organização (como a supervisão, sistemas de controle ou programas de integridade sem aplicação adequada). São situações no seio da organização que indicam dificuldades de apuração exata daqueles que moveram os atos de corrupção.

O dado é que as diferentes abordagens salientam a dificuldade de responsabilização das pessoas jurídicas no âmbito anticorrupção. Trata-se de algo salientado pelo *Foreign Corrupt Practices Act* (FCPA) e a OCDE produziu uma recomendação em 2009, que, em seu Anexo I – "Guia de Boas Práticas sobre a Implementação de Artigos Específicos da Convenção da OCDE" (OCDE, 2009, p. 10; 2016) –, trouxe indicativo aos países para que a responsabilidade da pessoa jurídica seja autônoma e não dependa daquela própria das pessoas naturais. Diante do indicado, como apresentado no capítulo 1, o Brasil seguiu a trilha.

Por princípio, o objetivo do recomendado pela OCDE é afastar a aplicação pura da responsabilização subjetiva e suas dificuldades de apuração para as pessoas jurídicas, como seria o caso da Teoria da Identificação. Mas o fundamental é perceber que não há recomendação alguma para não haver a persecução e responsabilização dos agentes naturais da corrupção, sendo sua repercussão um padrão com maior amplitude internacional e os dados dos sistemas de resolução trazem evidências. A situação influencia até mesmo as instituições aptas a promover as soluções negociadas, como os acordos de leniência.

Nesse sentido, quando se aprecia o funcionamento dos instrumentos de resolução dos membros da Convenção sobre o Combate à Corrupção de Funcionários Públicos Estrangeiros em Transações Comerciais Internacionais,[112] os órgãos de persecução criminal surgem com um papel destacado quando comparados a outras agências, com dados tanto para pessoas jurídicas quanto naturais (42 dos 49 sistemas apreciados), com um padrão mais significativo quando envolve as pessoas naturais. A OCDE pondera o dado como reflexo de a maioria das resoluções disponíveis serem procedimentos criminais, o que é algo característico para pessoas naturais e "even when the prosecution's role is not exclusive, for instance in administrative and civil proceedings, it remains prominent in a large majority of cases" (OCDE, 2019, p. 66-67).

Sobre as entidades que podem definir as sanções, apesar de os serviços de persecução serem destacados e por vezes atuarem com exclusividade, nota-se que outras agências têm participação quando não há exclusividade, como o Poder Judiciário, que funciona tanto para pessoas jurídicas quanto naturais na configuração sancionatória definitiva.

No caso das pessoas jurídicas, os órgãos de persecução atuam na fixação das sanções na maioria dos casos (71% das resoluções disponíveis), sendo que em 38% delas a função é exclusiva, enquanto o Poder Judiciário tem um papel não exclusivo na fixação em 50% das resoluções e exclusivo em 15%. As agências administrativas têm o papel de fixação de sanções em 19%, sendo o caso de exclusividade em apenas 6% deles (OCDE, 2019, p. 100).

Em especial, para as pessoas naturais, a função de persecução ocorre em 67% das resoluções disponíveis, sendo o caso de exclusividade em 35%. Para as agências administrativas, o papel é reduzido a 9% e em apenas um dos casos tem função exclusiva.[113]

As razões para tanto seguem uma lógica que salienta a falha da LAC em não conjugar todas as atuações institucionais necessárias ao foco anticorrupção, como a origem da lei logo indicava.

---

[112] Dados coletados disponíveis em: https://www.oecd.org/corruption/anti-bribery/Country-Data-Tables-from-Resolving-Foreign-Bribery-Cases.pdf. Acesso em: 17 maio 2021.

[113] É aquele caso da US Securities and Exchange Commission – SEC, que pode exercer procedimentos administrativos ou civis para aplicação do FCPA.

No Brasil, a LAC surgiu do impulso para dar uma resposta ao avaliado pela OCDE, sendo o modelo de imputação da responsabilidade objetiva das pessoas jurídicas fundamentado na "vicarious liability", na medida em que ocorre pelos atos das pessoas naturais em seu interesse. Não por acaso os arts. 2º e 3º[114] ressaltam que os atos praticados em seu interesse ou benefício não fazem da responsabilização corporativa uma excludente da responsabilidade das pessoas naturais (FRAZÃO, 2018, p. 41-47).

Para a pessoa jurídica, o art. 3º funciona para fomentar sistemas de controle sobre as condutas de seus agentes e inibir violações, na medida em que o critério de responsabilização, por ser objetivo, inviabilizaria alegações com feição de "culpa in vigilando" (MOREIRA NETO; FREITAS, 2013). Como o critério objetivo é baseado na lógica de responsabilização civil que independe do elemento subjetivo dos agentes naturais, o efeito principal é que não há a exigência da chamada "dupla imputação", mas a demonstração suficiente de que o ilícito tem origem em deliberações externadas em benefício da pessoa jurídica.

A inexigência de elemento subjetivo dos agentes é aplicável até mesmo para a responsabilidade penal das pessoas jurídicas quanto aos crimes ambientais, em que o elemento subjetivo das corporações não se confunde com o dos seus agentes, como salientado pelo STF. No entanto, segundo o paradigma do Tribunal, isso não torna irrelevante a identificação das pessoas que atuam para o cometimento dos injustos penais, mas sim que a responsabilidade imputável à pessoa jurídica não é a mesma dos seus agentes, que são concretamente individualizáveis.[115]

O paradigma adotado pelo STF não definiu exatamente o critério de fundamentação da culpabilidade empresarial (se vicarial, teoria da identificação, entre outros), mas compreendeu ser ela própria e não derivada daquela atribuída à pessoa natural que age em seu contexto, pois a função de imposição da pena aos entes coletivos não é baseada pelos critérios das pessoas naturais (DE CARLI, 2017, p. 82-85). Ademais, o STF reconheceu a dificuldade de persecução dos atos empresariais

---

[114] Art. 2º As pessoas jurídicas serão responsabilizadas objetivamente, nos âmbitos administrativo e civil, pelos atos lesivos previstos nesta Lei praticados em seu interesse ou benefício, exclusivo ou não. Art. 3º A responsabilização da pessoa jurídica não exclui a responsabilidade individual de seus dirigentes ou administradores ou de qualquer pessoa natural, autora, coautora ou partícipe do ato ilícito.

[115] Ver: STF. RE nº 548.181-PR. Rel. Min. Rosa Weber, 06 ago. 2013. Disponível em: http://www.stf.jus.br/portal/processo/verProcessoAndamento.asp?incidente=2518801. Acesso em: 29 abr. 2021.

que, "em não raras oportunidades, as responsabilidades internas pelo fato estarão diluídas ou parcializadas de tal modo que não permitirão a imputação de responsabilidade penal individual", que é a essência visada pelos acordos de leniência anticorrupção.

Registre-se que mesmo a CGU reconhece corretamente que a responsabilização da pessoa jurídica depende da atuação de um humano, funcionário ou representante da empresa, com alguma forma de ela ser potencial beneficiária dos atos dirigidos por eles, pois

> não se pode olvidar que, do ponto de vista prático, quem comete o ato ilícito no mundo real é sempre um ser humano. No caso em comento, pode ser funcionário ou representante da pessoa jurídica e atuar em seu nome. Ou seja, a conduta atribuída à pessoa jurídica – ente inanimado, construído e constituído por disposições legais – é exteriorizada por meio de um comportamento praticado por uma pessoa física. (2018, p. 43)

No entanto, sobre as dificuldades decorrentes da desconsideração das pessoas naturais pela LAC, Ribeiro salienta que a falta da extinção da punibilidade dos crimes a elas imputáveis

> descortina ambiente de insegurança e incerteza em relação à real extensão do acordo de leniência, fragilizando o juízo acerca de sua exata utilidade. Perceba que a possibilidade de extinção da punibilidade penal é uma das marcas mais características do modelo de acordo de leniência adotado na grande maioria dos países, inclusive nos EUA, reconhecido berço da dinâmica do *plea bargain*. (2017, p. 247-248)

Simão e Vianna compartilham percepção semelhante, tendo em vista que a pessoa jurídica propõe o acordo de leniência ao ter conhecimento de atos ilícitos praticados por pessoas naturais, mas, ao não as abranger,

> o acordo também não as conferirá benefícios. Logo, adianta-se, desde já, o dilema proposto pela Lei à pessoa jurídica candidata ao acordo de leniência. Trabalhando exclusivamente sob o manto da Lei º 12.846/2013, a opção pelo acordo de leniência implica necessariamente a exposição de uma pessoa natural ao devido processo de responsabilização competente. (2017, p. 87 e 107)

O grande destaque a partir do ressaltado é que a falta de abordagem das pessoas naturais contradiz uma das matrizes da Lei

Anticorrupção. No caso, o acordo de leniência da LAC é um produto do mecanismo de responsabilização objetiva das pessoas jurídicas, sendo ambos implantados simultaneamente pela mesma lei. Ao direcionar o critério objetivo, que é um facilitador para a responsabilização, busca assim incentivar o uso do acordo para evitar suas consequências. Em tese, o resultado permitiria a responsabilização dos operadores da corrupção em seguida, algo até então dificultado. Com o acordo, o processo de responsabilização objetiva se torna secundário para a colaboradora, que deixa de ter sobre si sua carga sancionatória amplificada.

Mas se o foco da LAC fosse apenas as pessoas jurídicas, para o Estado a responsabilização objetiva seria algo suficiente, pois permitiria essencialmente a obtenção plena dos efeitos civis e administrativos, sem a necessidade de maiores desgastes próprios da persecução das pessoas naturais, a qual exige a comprovação dos aspectos subjetivos plenos e conteúdo probatório qualificado. A mera consideração objetiva da pessoa jurídica nada precisaria trazer sobre a elucidação dos fatos, e o acordo de leniência deixaria de ser um diferencial, pois, como a responsabilização objetiva prescinde de apuração aguçada, o Estado alcançaria a plenitude dos seus efeitos sem precisar fazer qualquer concessão. Um acordo civil seria suficiente.

O diferencial útil dos acordos é exatamente ultrapassar a barreira que inviabiliza a atuação do Estado, dificultado pela estrutura empresarial, a partir da identificação dos operadores da corrupção. Por isso que, mesmo diante do critério objetivo, exige-se que o acordo traga "a identificação dos demais envolvidos na infração, quando couber; e a obtenção célere de informações e documentos que comprovem o ilícito sob apuração" (art. 16, incisos I e II da LAC).

Mas aqui é preciso esclarecer: acreditar que o exigido é apenas aquilo com feição civil ou administrativa de pessoas jurídicas é um sofisma, pois não se depara com aquilo que é objeto de prova e relatado no capítulo anterior: fatos, que existem por si como o mesmo trecho de realidade, tanto para pessoas jurídicas quanto naturais. Sua qualificação é algo externo a eles. É exatamente obter aquilo que faltou para a persecução de fatos que justifica a essência do acordo de leniência e faz sentido para o Estado. Portanto, como a perspectiva humana é ligada ao seu objeto, o exercício dos acordos com a atuação das instituições de persecução penal é destacado, mesmo na seara internacional.

Os acordos brasileiros trouxeram indicativos sobre o diferencial humano na sua operação. Tanto a CGU quanto o MPF promovem a alavancagem probatória com o potencial de responsabilização civil e para a pretensão por improbidade administrativa em 100% dos seus acordos. No entanto, a proteção contra a pretensão por improbidade para as pessoas naturais foi uma realidade em 75% dos acordos do MPF, enquanto em 33,3% dos acordos da CGU tiveram a previsão. A proteção é algo próprio para a atratividade das pessoas naturais que consubstanciam o entregue pelas pessoas jurídicas.

Mas como a essência da responsabilização humana é diversa e sobre ela o diferencial é realçado, o reflexo na preferência pelos acordos ministeriais é notável, pois terminam por representar o melhor conforto de pacificação com o Estado: para a alavancagem de responsabilização criminal, 100% dos acordos do MPF tinham sua destinação. Por derradeiro, não por acaso os 148 acordos de colaboração premiada foram identificados em decorrência dos acordos de leniência, minimizando as dificuldades das pessoas jurídicas em incentivar a exposição dos seus condutores e criando-se o vínculo de responsabilização humano ao contexto da corrupção. Ou seja, ao mesmo tempo que aguça a feição humana, torna-se capaz de melhor protegê-la.

O mesmo não existiu nos acordos da CGU. No entanto, isso não significa que a sua atuação seja inadequada ou não indicada no contexto multiagências. É algo que envolve a contextualização das suas capacidades para a melhor condução do modelo e será abordado adiante.

Portanto, para a responsabilidade objetiva, não é indicado desconsiderar o seu foco incentivador ao acordo de leniência e a recepção humana. O critério objetivo funciona como mais um vetor considerado pela pessoa jurídica ao decidir em seus meandros corporativos se promove o acordo. Mas como não depende de elementos subjetivos, pode se tornar mais um elemento da racionalização dos atos de corrupção, como descrito anteriormente. A LAC não prescinde da responsabilização dos agentes da corrupção, e a previsão legal (art. 3º) reforça a lógica principal do acordo de leniência para tanto, que deve considerar os humanos envolvidos.

4.2 O distanciamento do Poder Judiciário e a monetização das consequências da corrupção: a reação da comunidade humana

Outro reflexo das considerações é sobre aquilo que o acordo de leniência oferece como diferencial para a pessoa jurídica. O potencial está no art. 16, §2º,[116] que, além de evitar a publicação extraordinária da decisão condenatória, ainda evita a proibição de receber recursos com origem oficial, além de isentar ou atenuar a vedação de novas contratações com o Poder Público (algo essencial para aqueles que desempenham atividades com o setor), que é uma consequência "which impacts the finances of a company at a given time and can sometimes be handled strategically, debarment affects future business opportunities and revenues" (OCDE, 2019, p. 87). Entre todos os benefícios, o destaque é a redução da repercussão pecuniária imediata, como a multa.

Em qualquer caso, percebe-se que as principais consequências estão nas repercussões pecuniárias e materiais da empresa. Os montantes sancionatórios pecuniários, assim como os de reparação do dano, formam um dos principais focos do desacordo multiagências brasileiro e afetam os questionamentos sobre a credibilidade do instituto, como antes relatado.

No caso, "some perceive non-trial resolutions as creating an impression 'that companies can buy themselves out of the justice system'", ou seja, a consideração do acordo como um meio de fuga diante das consequências dos ilícitos, que deixariam de ter sua conclusão condenatória perante o Poder Judiciário. No entanto, de forma aparentemente contraditória, considera-se que, apesar de os programas de leniência reduzirem as consequências de uma condenação típica, "usually in exchange for cooperation and under a number of conditions, it is also the case that the highest criminal sanctions have been imposed through non-trial resolutions" (OCDE, 2019, p. 118), ou seja, foram os acordos com as pessoas jurídicas que permitiram a aplicação das sanções criminais com maior destaque.

Parte do que move as impressões é a consideração do pagamento como o distanciamento das repercussões quanto aos agentes naturais.

---

[116] §2º A celebração do acordo de leniência isentará a pessoa jurídica das sanções previstas no inciso II do art. 6º e no inciso IV do art. 19 e reduzirá em até 2/3 (dois terços) o valor da multa aplicável.

No entanto, para a compreensão do tema, outros pontos retomam o destacado sobre o que as alternativas sancionatórias representam para o funcionamento do sistema, em especial para os observadores humanos.

Nesse sentido, a partir da essência pecuniária na seara anticoncorrencial dos acordos e ainda considerando as pessoas naturais, Wils (2005, p. 6) traz uma reflexão pertinente sobre a necessidade de a União Europeia considerar a hipótese anticoncorrencial como crime. Entre as razões está a necessidade de afastar-se o caráter de mera precificação da sanção, como é a ocorrência natural aos ambientes empresariais, pois

> in criminal law there appears to be a less strict relationship, if any, between the size of the penalty and the size of the harm caused than in the setting of civil sanctions. This appears to reflect the idea that criminal law does not seek to *price* certain behaviour (by making the actor bear the external costs of his behaviour) but rather to *prohibit* it (unconditionally, i.e. irrespective of the actual size of the external costs).

O ponto é que no contexto pecuniário, pela perspectiva empresarial, as sanções passam a ser consideradas não em resposta ao ilícito cometido, mas como um custo a ser repassado, uma externalidade possível de ser absorvida pelo público externo que pagaria os valores do ressarcimento e das punições, que são digeridos nas operações de mercado da pessoa jurídica. Como Wils bem sintetiza, "[i]ndeed, if the firm competes in a product market characterized by imperfect competition (as will often be the case), the fine may be partly recovered from consumers in the form of higher prices" (2005, p. 30-31).[117]

Ademais, a funcionalidade sancionatória pecuniária, principalmente para agências sob uma perspectiva racional de atuação, somente seria efetiva com valores substanciais. A base de cálculo deveria considerar vários fatores, desde o valor proporcionado pelo ilícito, a duração do grupo e seus ganhos, preços obtidos, margens de lucro e a capacidade de detecção por autoridades, mas que são elementos difíceis para uma identificação exata.[118]

Por outro lado, mesmo multas dissuasórias ótimas podem ao final ter o efeito perverso de prejudicar a estrutura funcional da empresa no mercado e efeitos colaterais significativos, como custos sociais, principalmente em mercados concorrenciais imperfeitos e com implicações sobre

---

[117] Ver ainda: COFFEE, 1981.
[118] Sobre modelos de cálculo, ver: OCDE, 2002.

a rede de *stakeholders*, como minoritários, empregados, fornecedores, consumidores e mesmo o Estado fiscal. Aliás, trata-se de uma matriz da percepção prática sobre a "ability to pay" (KRAAKMAN, 1984).

Vale ainda refletir que os efeitos financeiros, mesmo na situação hipotética de lucros destinados apenas ao pagamento de multas elevadas, poderiam acarretar efeitos muito inferiores quando comparados ao caso de os lucros serem pagos em tributos, dividendos e salários. Mesmo a liquidação dos ativos da empresa poderia não gerar o montante para os efeitos de dissuasão, na medida em que o seu valor em atividade pode superar em muito o valor de cada ativo isoladamente, além de causar o encerramento das atividades e a repercussão social.[119]

Outro aspecto é que as penas pecuniárias podem ser pagas em parcelamentos com longos prazos, que se estendem por anos após os ilícitos, causando uma forma de desconto hiperbólico, diminuindo os efeitos sentidos em sua consequência.[120] Nos acordos da CGU e do MPF, existem casos com prazos de pagamento além de duas décadas.[121] A repercussão passa a ser diluída no tempo e o montante sancionatório funciona como financiamento da atividade empresarial, que acaba sendo absorvido pelo seu desempenho. Ademais, o fator tempo, quando projetado ao passado, pode ter efeitos destoantes significativos, como ocorre com multas baseadas no faturamento bruto do último exercício, na medida em que, quando os ilícitos remontam a longos períodos, ao final os valores calculados poderiam ter um efeito proporcionalmente diminuto ao obtido durante todo o lapso.

Diante dos diversos aspectos, a percepção é que as sanções pecuniárias dirigidas às pessoas jurídicas trazem o potencial da sua absorção financeira com a subtração dos demais objetivos anticorrupção, o que reforça a impressão do seu simbolismo sem efetividade.

Não por acaso a situação é um dos focos motivadores do artigo 3º da Convenção Anticorrupção, que requer sanções "efetivas, proporcionais e dissuasivas", ao mesmo tempo que a OCDE reconhece que as críticas quanto aos "non-trial resolutions" surgem principalmente

---

[119] Estudos com base em uma amostra de 386 grandes empresas americanas condenadas por fixação de preços, entre 1955 e 1993, estimaram que 58% delas não sobreviveriam à imposição de uma multa ótima sem entrar em falência. Com reflexões sobre os diferentes aspectos, ver: CRAYCRAFT; PLANTE; GALLO, 1997.

[120] Também compreendido como o *viés do presente*, manifesta-se na consideração de que os efeitos próximos ao presente são valorizados mais do que aqueles futuros, em que a passagem do tempo interfere na percepção humana quanto aos recursos (v. THALER, 2015, p. 91-98).

[121] V. Capítulo 1.2, nota de rodapé 40.

quando comparados ao padrão das condenações por julgamentos pelo Judiciário.

Entretanto, a repulsa à consideração pecuniária isolada envolve ainda o aspecto interno de operação da corrupção, em que a feição humana não poderia ser desconsiderada e remonta ao tema antes tratado sobre a capacidade de exercer os preceitos neurais contra a corrupção, algo que as pessoas jurídicas não desempenham.

Como frisado, geralmente o raciocínio sobre as pessoas naturais compreende que as sanções pecuniárias das pessoas jurídicas poderiam provocar um desalinhamento de incentivos, pois a célula humana, que efetivamente movimentou sua estrutura, não arcaria com os efeitos da sanção, que seriam absorvidos pelo patrimônio empresarial e repassados como preços ao mercado.[122] As pessoas jurídicas podem compensar seus agentes quando eles correrem o risco de sanções pecuniárias, ou mesmo compensá-los posteriormente caso arquem com elas. No caso, faltam as implicações que outras medidas de caráter personalíssimo proporcionam, como os compromissos criminais, pois as consequências financeiras podem ser efetivamente cumpridas não necessariamente por seus responsáveis, mas por aqueles que subsidiam o seu cumprimento. Uma das distinções criminais mais efetivas é justamente a implicação de medidas específicas, personalíssimas, que dificilmente seriam submetidas a um mecanismo compensatório prévio ou após a descoberta dos ilícitos.[123]

Ademais, as sanções pecuniárias das pessoas jurídicas nem sempre garantem os fatores para que os agentes naturais sejam motivados a adequar suas condutas, como decorrência do relatado sobre a vergonha moral e a racionalização. Pode ainda incidir o que se chama de *overconfidence bias*, ou seja, um viés em que as pessoas tendem a superestimar a probabilidade das coisas positivas que acontecem a elas, enquanto subestimam as situações ruins, principalmente quando os eventos são supostamente controláveis (WEINSTEIN, 1989; KOROBKIN; ULEN, 2000, p. 1091-1095). Quando o efeito pecuniário é o principal, as pessoas jurídicas e seus gestores podem tender a superestimar os ganhos ilícitos e a subestimar as probabilidades de sofrerem os efeitos da persecução,

---

[122] Como ilustração, sob a perspectiva das sanções administrativas repassadas aos consumidores, ver: CALVANI, 2009, p. 119-140.
[123] Em sentido semelhante, ver: STONE, 1980, p. 1-77.

algo potencializado pelos acordos de leniência com o foco concentrado nas pessoas jurídicas.

Mas quando ocorre a implicação humana, em que os agentes naturais precisam criar o compromisso de responsabilização e reconhecer sua atuação nos ilícitos, a pessoa jurídica deixa de ter controle sobre a externalidade, pois não é algo com tradução monetizável imediata e encontra dificuldade em repassá-la a terceiros, na medida em que envolve uma valoração sobre a qual não tem capacidade de somatizar. O fenômeno é ainda mais intenso quando se tem em consideração a existência até mesmo de regimes securitários para as previsões de multas em situações de ilícitos, o que salienta ainda mais o potencial de os sistemas anticorrupção terem suas premissas subtraídas.[124]

O ponto alcança a função preventiva dos acordos e o seu potencial para evitar novos ilícitos. Mesmo os programas de integridade podem não alcançar a efetividade esperada, na medida em que as pessoas jurídicas podem utilizar as válvulas pecuniárias para suprimir efeitos. Vale salientar a ressalva realizada por Rodrigues (2020, posição 3771. Kindle), sob a perspectiva portuguesa em relação ao "compliance officer" e sua obrigação de noticiar a lavagem de capitais (branqueamento), caso a pessoa jurídica não comunique espontaneamente as informações suspeitas. Pondera-se que a incidência de uma contraordenação à pessoa jurídica (como é a aplicação de sanções pecuniárias em geral) "pode conduzir a situações perversas, em que a pessoa coletiva, apesar de incorrer em responsabilidade contraordenacional, prefere arcar com a sanção daí decorrente do que suportar os custos – desde logo reputacionais – de uma denúncia de um crime de branqueamento".

O paralelo aqui realizado é justamente a potencial manipulação do instituto da leniência quando o vínculo de responsabilização daqueles que promoveram a corrupção não é abordado. O potencial é de assim acarretar a disfunção do instituto, que passa não mais a ser focado no efetivo combate à corrupção, mas a ser instrumento para artificialmente minimizar seu alcance em mais um processo de racionalização.

Trata-se de algo que a doutrina tradicional percebia com elementos intuitivos, próprios da lógica jurídica ou econômica, em que a forma como um sistema punitivo reage aos ilícitos pode ser inconsistente quando destoante da realidade que os cerca. No contexto da

---

[124] Nos EUA, um número crescente de seguradoras promove a cobertura por penas aplicadas com base no FCPA. Sobre a situação, ver: OEHNINGER; FEHLING, 2017.

corrupção, Becker (2008, p. 25) salientava, com referência aos estudos de Sutherland sobre os crimes de colarinho-branco, a existência de evidências a indicar como os delitos cometidos por pessoas jurídicas são amplamente considerados como causas de consequências civis, como a pecuniária, ao mesmo tempo que os fatos são materializados por condutas de pessoas naturais, que exigiriam uma resposta distinta.

No entanto, faltava à lógica racional dos ilícitos a compreensão de que a repercussão sobre as pessoas naturais se baseia na forma de operação humana, que antes era salientada com amparo na psicologia – como é o caso da Teoria da Vergonha Moral –, mas que ganhou novos informadores a partir da neurociência em evolução recente, com reflexos nas reações da sociedade sobre o potencial desvio dos acordos de leniência.

Pesquisas comportamentais sugerem que um senso intuitivo de justiça é profundo na linhagem dos primatas, em que a tendência a punições meramente retributivas pode ter desempenhado um papel destacado no desenvolvimento biológico e cultural da socialidade ao longo da evolução (BROSNAN; WAAL, 2003; FEHR; GÄCHTER, 2002; BOYD, 2003; BOWLES; GINTIS, 2004, p. 17-28). Desde então, surgiram evidências a sustentar que o impulso punitivo pode ser causado por mecanismos filogenéticos cerebrais. A ânsia punitiva, como a que causa a reação da comunidade contra os acordos de leniência com consequências apenas pecuniárias, parece ter um caráter humano a ser contextualizado (SANFEY, 2003, p. 1755-1758).

O detalhe é que os acordos de leniência podem ofuscar aquele caráter da punição que, em tese, poderia funcionar de forma retributiva e com o potencial uso excessivo do direito penal, desacreditando a sua função para a promoção dos objetivos cooperativos em sociedade. Conflitos podem surgir quando os humanos se deparam com situações em que existe a sua ânsia retributiva – "alguém precisa ser punido" –, mas que a limitação jurídica dos acordos não permite se concretizar, causando os sentimentos de repulsa ao próprio direito, em especial aos acordos de leniência.

No entanto, é a incidência limitada do direito penal que serve para frear os impulsos retributivos da punição, funcionando como um dos fatores socioculturais que se integram à condição humana além dos vetores biológicos e psicológicos punitivos.[125]

Por isso o indicativo para que os acordos tragam o vínculo compartilhado para os agentes responsáveis, de modo a assumirem os seus respectivos atos de colaboração com a assunção dos ilícitos por eles praticados e que permitam conciliar os institutos, não com efeitos meramente retributivos, mas com mecanismos próprios para a composição humana.

Como salientado, a consideração do aspecto pecuniário como foco principal dos acordos tem efeitos que não atingem apenas a percepção da comunidade sobre o instituto, ou a supressão do potencial preventivo do modelo neural humano. Ela salienta ainda implicações na reação das agências de Estado, em especial em modelos multiagências como o brasileiro, em que os conflitos passam a girar no entorno da perspectiva financeira e da ânsia retributiva, que é refletida nas desconfianças mútuas sobre a resposta sancionatória de cada instituição e criando pontos cegos institucionais como os antes abordados.

O fenômeno institucional público segue assim trilha semelhante àquela da pessoa jurídica colaboradora, que pode calcular e controlar os efeitos financeiros, algo mensurável, mas que não ocorre com todos os elementos da feição humana. Na seara de Estado, o domínio financeiro é uma heurística para justificar a sua atuação com algo controlável e imposição por critérios próprios, em manifestações típicas na seara civil e administrativa, mas que, ao serem tomadas simultaneamente por instituições diversas, ampliam os conflitos multiagências.

Veja-se que, na seara anticoncorrencial, as resistências às considerações quanto aos agentes naturais tinham razões constantes, que aos poucos foram evoluindo. Na situação inglesa, Wils considera que

> indeed, it is perfectly clear from the history of the Enterprise Act 2002 that the cartel offence was introduced in UK law because it was considered that the existing fines on companies were insufficient to deter hard-core cartels prohibited by Chapter I of the Competition Act 1998 and Article 81 EC, and that imprisonment was the most effective additional deterrent. (2005, p. 22)

---

[125] Sobre como a percepção humana da realidade depende da reação a estímulos compostos por fatores biológicos, psicológicos e socioculturais, ver: SELYE, 1978.

Por sua vez, Martinez (2013, p. 93-94) salientou outra percepção, com repercussão imediata no modelo multiagências brasileiro, considerando as posições opostas entre os Estados Unidos e a União Europeia, em que a atuação criminal do primeiro é destacada, enquanto a segunda dependeria de forte cooperação das instituições locais para manter o programa da Comissão Europeia atrativo. Nota-se uma impressão que vai ao encontro do salientado sobre o foco nas próprias visões, egocentrismos e demais aspectos cegos do polo institucional brasileiro. Como salienta a autora, o fenômeno internacional ocorre na medida em que

> o Comitê de Concorrência da OCDE é frequentado, em grande parte, por representantes de autoridades administrativas e civis, que se sentem ameaçados com a adoção de sistemas criminais e eventuais efeitos adversos que a introdução de tratamento penal aos arranjos colusivos poderia causar em seus atuais programas de leniência da esfera administrativa.

A situação retrata, em si, a configuração de pontos cegos refletida na típica situação do problema de ação coletiva em subgrupos.

Mas a percepção sobre a insuficiência da resposta dos modelos tem provocado alterações. Como relata Martinez (2013, p. 341-343), a partir de 2000, diversos membros da OCDE evoluíram e previram o tratamento penal dos cartéis, com repercussão na responsabilização de pessoas naturais e jurídicas (caso, p. ex., do Canadá, Coreia do Sul, Espanha, Estados Unidos, Irlanda, Japão e Noruega), ou apenas para pessoas naturais (caso, p. ex., da Alemanha, França, Grécia e Suíça).

Em especial, quando se trata de atos de corrupção e delitos em sua órbita, a regra é a consideração criminal para as pessoas naturais, com imputação às pessoas jurídicas excepcionalmente, mas com abordagem simultânea, na linha do salientado pelo artigo 3º da Convenção sobre o Combate da Corrupção de Funcionários Públicos Estrangeiros.

Portanto, a lógica da implicação criminal tem uma função de evitar que a previsão pecuniária não funcione como mecanismo de monetização do sistema sancionatório e subtraia seus efeitos preventivos, em especial quando a atuação é anticorrupção.

Entretanto, ressalte-se que o aspecto pecuniário tem fundamental importância na reparação dos danos, que deve ser alcançado a despeito de os efeitos sancionatórios pecuniários não terem toda a pertinência vislumbrada. Mas é a vinculação da repercussão humana – não necessariamente com a concretização sancionatória plena – que realiza um diálogo diferenciado quando comparada àquelas sanções pecuniárias dirigidas às pessoas jurídicas, criando preceitos preventivos com maior evidência na ponderação de cada ser, com elementos que faltam às pessoas jurídicas (KAHAN, 1997, p. 383-384).

Para tanto, a institucionalidade multiagências tem potenciais plenos. O ponto é que todos os elementos apurados não foram até então bem ajustados na prática brasileira e conduzem aos conflitos continuados, como expressões de pontos cegos. O próximo passo é analisar o que poderia ser feito. É quando surge o potencial do direito constitucional como um dos fatores socioculturais da operação humana e capaz de promover mecanismos para conjugar os diversos fatores apurados.

PARTE II

CAPÍTULO 5

A EXPRESSÃO DO CONSTITUCIONALISMO COOPERATIVO NAS CAPACIDADES INSTITUCIONAIS: MATRIZES PARA A SUPERAÇÃO DE PONTOS CEGOS

O mapeamento trouxe *evidências da realidade dos acordos anticorrupção*. Foram apontados aspectos para entender como o modelo multiagências depara-se com dificuldades da sua própria organização, assim como aquelas a partir da visão das colaboradoras. A vinculação humana ao instituto, quando desconsiderada, causa perturbações em sua funcionalidade.

A questão que persiste é sobre quais medidas poderiam ser adotadas para superar os conflitos dos acordos anticorrupção, seja com a perspectiva da LAC exercida pela CGU, ou ainda sob a matriz do MPF, de modo a conduzir a um modelo de operação que esclareça os pontos cegos e otimize o instituto. Para tanto, no contexto multiagências a abordagem logo chamada é sobre como promover a cooperação e a atuação coordenada entre as instituições.

No entanto, diante dos conflitos, sugestões de superação por meio de cooperação e diálogos interinstitucionais não esclarecem necessariamente como solucionariam os problemas. Indicar a cooperação interinstitucional sem apresentar soluções concretas para os diversos pontos pode terminar mantendo o drama no campo de abstração. O dado é que os conflitos persistem, e uma solução deveria ter margem para adequar as instituições, até mesmo quando não tenham atuação imediata, como a destacada situação do TCU.

Passa-se, então, a apreciar como ajustes ao modelo brasileiro percorrem *uma perspectiva institucionalista de integração*, baseada na organização das instituições a partir da experiência prática na resolução de conflitos. As instituições apresentam capacidade de agência e suas ações refletem como elas interpretam a realidade sobre a qual atuam, manifestando cargas cognitivas e sistemas normativos (BERGER; LUCKMANN, 2004; PHILLIPS; MALHOTRA, 2008, p. 702-720; GREENWOOD *et al.*, 2008, p. 1-46). É algo salientado na organização constitucional do Estado, ao considerar que a distribuição de funções toma a ideia de conformidade, em que o espaço de cada instituição tem uma finalidade em especial, mas sem desconsiderar a vocação das demais.

Para a atribuição das funções, o papel das regras funciona para manter a estabilidade das instituições e criar padrões de confiança em seus respectivos sistemas de atuação (SCHAUER, 2002). No entanto, regras podem não ser suficientes para contemplar todas as variáveis de atuação possíveis, havendo ocasiões em que as funções de Estado contam com uma multiplicidade de operadores capazes de adaptação ao demandado pela realidade.

Por isso a potencial coincidência para atuação das diversas instituições – base do modelo multiagências – não viola, por si, a lógica que define funções, atribuições e competências. O fato de as regras serem ferramentas para a alocação de poder não significa necessariamente uma distribuição exclusiva e definitiva capaz de evitar conflitos entre instituições, pois a realidade pode exigir atuações em que o exercício destacado de algumas delas seja imperioso para a finalidade comum, que não seria exatamente possível pelas demais e que assim podem deixar de exercer aquela função. Como explica Schauer (2002, p. 162), mesmo "an agent who says 'This is not my job' is not necessarily abdicating responsibility. One form of taking responsibility consists in taking the responsibility for leaving certain responsibilities to others".

Com essas considerações, a perspectiva institucionalista para resolver *os conflitos e indefinições sobre os acordos de leniência toma em conta uma inovação capaz de adaptar conformidades institucionais.*

Nesse sentido, salientam Tolbert e Zucker (1999, p. 206) que, em um contexto organizacional, o "processo de *habitualização* envolve a geração de novos arranjos estruturais em resposta a problemas organizacionais específicos, como também a formalização de tais arranjos em políticas e procedimentos de uma dada organização ou um conjunto de organizações com problemas semelhantes". É o caso multiagências em questão, considerando que a LAC não trouxe respostas para todo o contexto operacional do instituto, provocando manifestações institucionais diversas sobre problemas recorrentes.

Em seguida toma-se em conta "a *objetificação*, que acompanha a difusão da estrutura" (TOLBERT; ZUCKER, 1999, p. 207), o que compreende algum grau de consenso entre aqueles que definem a organização de operação e influxos pelas demais instituições, que consentem com os arranjos então definidos. No caso dos acordos, notou-se a criação dos respectivos padrões sinalizados às demais instituições, muitas vezes com isomorfismos e aproveitamento de atos anteriores, ou mesmo o reconhecimento judicial das estruturas, mas ainda sem consolidação comportamental capaz de solucionar os conflitos.

Uma ressalva é que, apesar do grau de aceitação das respectivas estruturações, as instituições "estarão conscientes de sua qualidade relativamente não testada e, conscientemente, monitoram a acumulação de evidências (de sua própria organização, bem como de outras) a respeito da eficácia das estruturas" (TOLBERT; ZUCKER, 1999, p. 209), ou seja, a operação contínua dos arranjos institucionais adapta-se às práticas das demais.

Um elemento destacado da objetificação é o surgimento das instituições que buscam a sua posição de "champion", baseadas no sucesso em identificar o problema organizacional e em adotar um padrão de liderança para solucioná-lo, mas que depende do reconhecimento público da sua consistência (TOLBERT; ZUCKER, 1999, p. 208). O problema é que lideranças campeãs isoladas podem provocar comportamentos em pontos cegos, em viés do egocentrismo, principalmente quando sua sustentação for baseada apenas em regras.

Por isso que a pesquisa buscou primeiro identificar as origens do problema para depois refletir sobre o tratamento da situação. Somente então a terceira etapa poderia avançar, com a *sedimentação* dos desempenhos institucionais que busquem estabilizar a operação, *o que envolve a abrangência por toda a organização (largura) e o alcance de todos os níveis de decisão (profundidade). Em especial, envolve a "baixa resistência de grupos de oposição; promoção e apoio cultural continuado por grupos de defensores; correlação positiva com resultados desejados" (TOLBERT; ZUCKER, 1999, p. 208). Portanto, com os referidos focos institucionalistas é que surge o norte* do abordado adiante.

No sentido do que foi ressaltado, problemas multiagências podem não ser exatamente em razão da existência, ou falta, de regras para a distribuição de funções, mas da ausência de instrumentos para conjugar os potenciais institucionais em situações específicas, *com* um detalhe em especial: sem que sejam abandonadas as previsões de exercício de cada uma delas.

O contexto multiagências conflituoso ganha força quando a referida ressalva é desconsiderada, em que o exercício de uma agência não ocorre de acordo com a sua própria expectativa de participação, ou quando é desprezada pelas demais, desperdiçando seu potencial e somatizando fenômenos de resistência como salientado nos capítulos anteriores.

Ressalte-se que os acordos tiveram atuações distintas das instituições em situações próximas, em que as opções legislativas não foram barreiras. Como destaque, a intenção de conjugar atuações é algo constante nos acordos analisados – com a previsão do compartilhamento dos acervos em 95,83% dos acordos do MPF e em 100% dos da CGU – indicando o molde de um desempenho tipicamente cooperativo, mesmo intuitivo, mas que ocorre após a realização dos acordos sem sanear conflitos e confirmando os pontos cegos.

Mas quando a perspectiva de cooperação entre agências é invocada e os conflitos persistem, a questão que logo surge é como promover aquela ressalva, em fazer com que não seja abandonado o exercício de cada uma delas, ainda na construção dos acordos.

No âmbito jurídico, para viabilizar o reconhecimento entre as instituições e a cooperação, logo invoca-se a via constitucional, por ser uma linguagem revestida de aberturas para a melhor adaptação comportamental das instituições. Com destaque, é onde a abordagem do constitucionalismo cooperativo será invocada em evolução, pois não se trata apenas de criar voluntariedade cooperativa, mas de fazer a atuação do Estado a partir dela.

O tema do constitucionalismo cooperativo não é novo.[126] Em uma de suas linhas principais, Häberle (2007), fundamentado no pluralismo, salientou a ideia de integração no plano internacional como partida para a realização do novo Estado Constitucional do século XXI, o Estado Constitucional Cooperativo, voltado à defesa da tolerância, da aceitação do outro e à proteção dos direitos fundamentais diante da complexa operação da realidade.

O Estado Constitucional Cooperativo é inserido em uma comunidade de Estados constitucionais, em que seus membros não existem mais como unidades isoladas, mas como referências para os demais.

---

[126] A ideia envolve concepções diversas, como o jus-universalismo, ou inter e transconstitucionalismo (v. MIRANDA, 2017), ou ainda o constitucionalismo participativo (MORAES, 2016). No entanto, a matriz adotada para reflexão é aquela apresentada por Peter Häberle, em razão da sua utilidade funcional de construção, como abordado adiante.

Ele tem ainda uma linha de projeção universal, mesmo considerando as diversidades entre os países, que se funda em valorações da pessoa humana e modifica as percepções de soberania além dos limites de um poder estatal isolado, que não consegue uma supremacia sobre as novas relações que se desenvolvem continuamente.

A ideia vem se desenvolvendo por contribuições de diversas naturezas, sem uma definição uniforme. Um destaque é que ela não funciona a partir de ordens jurídicas com prevalência nacional ou internacional. Antes das relações externas do Estado, afirma-se que a sua estruturação interna deveria ser regida pelo equilíbrio e harmonia entre os poderes constituídos, não a partir de uma concepção de soberania, mas de atuação coordenada para o bem-comum, considerando "o efeito recíproco entre as relações externas, ou Direito Internacional, e a ordem constitucional interna (nacional) de que partes do Direito Internacional e do direito constitucional interno crescem juntas num todo" (HÄBERLE, 2007, p. 12).

Promove-se, assim, uma manifestação de *reciprocidade* que, como ocorre entre ordens constitucionais que conjugam esforços e aprendizados sem a imposição de primazias, traz ainda os preceitos aprendidos para o funcionamento das suas respectivas instituições internas (BOBGDANDY, 2008, p. 397-413).

Ou seja, suas concepções são erguidas não apenas no plano internacional, mas ainda no interno e com manifestações dialógicas das agências, em que são destacados os potenciais cooperativos de troca, aprendizado e diálogos entre instituições e sociedade, com um destaque em especial: são relacionamentos que não dependem de normas para funcionar.

Em especial, entende-se que os aprendizados recíprocos surgem a partir da experiência compartilhada e lições, com reflexos em temas como a independência da jurisdição constitucional e a proteção dos direitos humanos, que funcionam como vértices contra as barreiras ao modelo de cooperação (HÄBERLE, 2003, p. 69-77). O desenvolvimento dos direitos funciona para o equilíbrio do comportamento estatal, de modo a evitar atuações interinstitucionais que possam desconsiderá-los, evitando comportamentos contraditórios que neguem efeitos cooperativos para a sustentação deles.

A consideração do acordo de leniência como um instrumento de defesa daqueles sujeitos à persecução, seja civil-administrativa ou criminal, conduz à exigibilidade de comportamentos para assegurar o seu exercício com efetividade. Para as pessoas jurídicas e a pluralidade de *stakeholders* atingida por seus efeitos, a razão seria suficiente. Mas salientou-se ainda que o instituto não pode se afastar da consideração humana, que encontra nas oportunidades de defesa a consagração de instrumentos, como a colaboração premiada, que devem ser conjugados aos acordos das pessoas jurídicas em alimentação recíproca.

Aos destinatários dos instrumentos defensivos abre-se a pretensão de exigir que os comportamentos de Estado não sejam aqueles de cada instituição ao seu próprio critério – o que é uma manifestação em potencial ponto cego –, caso eles provoquem a sua inefetividade. O comportamento exigível é de cooperação para efetivar direitos, em relações que não identificam um detentor da "última palavra", mas a associação de esforços plurais em *toda a largura organizacional e profundidade*, com influências horizontais recíprocas e não hierarquizadas na evolução dos direitos em sedimentação (KOMÁREK, 2005).[127]

Mas como ressaltado, para um modelo ser apto a promover direitos, ele não deve significar a desconsideração das identidades de cada instituição, pois de outro modo poderia ensejar comportamentos de resistência, praticados por aquelas não participantes, principalmente quando amparadas nos modelos normativos. Gize-se: normas até legitimam comportamentos, mas não fazem alguém cooperar, e pontos cegos são salientados.

Por outro lado, existem limites nos padrões de cada instituição para garantir responsividade aos direitos, sendo que a melhor promoção ocorre quando as resistências são vencidas por relações em sucessivas acomodações dinâmicas.

Ao final, o que o constitucionalismo cooperativo visa é instrumentalizar a veiculação de direitos, com o intercâmbio de ideias, práticas, modelos e objetivos, utilizando as potencialidades institucionais sem a perda das respectivas identidades. No entanto, por si, é incapaz de determinar práticas cooperativas na realidade, situação constante na perspectiva teórica constitucional, que busca identificar como tornar seus preceitos em realidade.

---

[127] Sobre a base da União Europeia, em que o pluralismo é um elemento para o ideal do constitucionalismo cooperativo em relações horizontais, ressaltou Walker: "Constitutional pluralism, by contrast, recognizes that the european order inaugurated by the Treaty of Rome has developed beyond the traditional confines of inter-national law and now makes its own independent constitutional claims, and that these claims exist alongside the continuing claims of states. The relationship between the orders, that is to say, is now horizontal rather than vertical – heterarchical rather than hierarchical" (2002).

O ponto é que o constitucionalismo não prescinde da compreensão daquilo que rege os comportamentos cooperativos. Distanciar-se da lógica própria do fenômeno comportamental poderia fazer do discurso constitucionalista algo falho em essência. O problema das operações isoladas das instituições por seus agentes, principalmente aqueles com autonomia, é que podem não compreender como as manifestações voluntárias ocorrem e para o impulso constitucional cooperativo há de se considerar outras ciências além do Direito.

Evidências ao longo de anos demonstram que a evolução humana permitiu funcionalidades para a espécie viver em grupos altamente coesos, como uma estratégia de sobrevivência, o que passa pela supressão do egoísmo e do autointeresse, que até poderiam ser bons para o indivíduo, mas ruins para o grupo. Entre os elementos para o seu pleno funcionamento, as sociedades e instituições bem-sucedidas dependeram de colaboração e confiança (HARARI, 2014; NOWAK; HIGHFIELD, 2011; WILSON, 2010).

A cooperação é um elemento essencial de existência social e não tem a sua caracterização restrita àquela situação da própria tribo, amigos ou família (GREENE, 2018, p. 30-34). O grande diferencial está quando os interesses em jogo podem até ser distintos ou divergentes, mas levam a situações em que as partes podem explorar o comportamento do outro em seu próprio benefício, conjugando esforços na busca de um fim comum.

Estudos nas últimas décadas demonstram que em situações reais a busca pela cooperação ocorre visando ao melhor resultado coletivo. É algo potencializado quando ocorre o contexto social adequado, que considera fatores desde as instruções claras das lideranças, passando pela reciprocidade do tratamento nas mesmas circunstâncias, alcançando finalmente a empatia, ou seja, a capacidade de compreender a realidade e as necessidades dos demais e desempenhar respostas entre eles (SILVEIRA, 2018, p. 79-107). O último fator é especialmente considerado quando se tem em conta a distribuição dos frutos da atividade comum, pois participar e não ser recompensado causa aversão ao comportamento de grupo.

Com o propósito de conciliar a racionalidade competitiva entre instituições e recompensas, a divisão dos benefícios deveria ocorrer de forma eficiente entre elas. Com essa perspectiva, Walton e McKersie (1965) desenvolveram um raciocínio multidisciplinar sobre o complexo processo de negociação entre competidores, em que o relacionamento entre eles permite não apenas a distribuição, mas também a *integração* de valores.

A ideia é que, quando atuam com uma racionalidade limitada, egoística e com pensamento dedicado ao interesse próprio (situações típicas dos pontos cegos), a distinção entre conflito e cooperação, entre reclamar e criar valores, ou entre diferentes posições de interesse, pode no seu extremo permitir que uma ótica de "ganha-ganha" transforme-se em um "perde-perde" e inviabilizar a cooperação entre as instituições. É o pensamento do conflito multiagências tradicional, que conduz a comportamentos que sabotam os efeitos mútuos e divergem a finalidade pública.

Mas a partir do trabalho cooperativo sob a perspectiva integrativa, as chances de encontrar a solução ótima para os casos aumentam, pois as partes podem atuar não para medir forças, mas para buscar soluções conjuntas para contemplar ao máximo os próprios interesses, pois receberão os benefícios distribuídos.

O primeiro passo é relacionado a uma forma de alcançar a cooperação entre competidores com uma finalidade comum, que se desenvolve na perspectiva de múltiplas interações sucessivas, com relacionamentos contínuos a cada novo caso, como ocorre com as instituições que operam os acordos de leniência do modelo brasileiro. Uma apuração do paradigma foi a realizada por Axelrod (2010), a partir de testes sucessivos, em que a colaboração entre os competidores ocorreria nas situações em que o "valor do amanhã", como novas rodadas de relacionamento, é alto para as partes.

A constatação inicialmente ocorreu com o uso de um conhecido programa de computação que simula o dilema dos prisioneiros em múltiplas e sucessivas rodadas, sem que os jogadores soubessem o número de rodadas previstas. Pessoas de todo o mundo participaram e cada uma era provocada a montar sua própria estratégia, que deveria ser a decisão de cooperar ou não a cada rodada, sempre diante da perspectiva estratégica dos demais jogadores, que se avaliavam mutuamente.

As repetições das rodadas permitem que cada participante perceba o comportamento do outro (se praticavam atos cooperativos ou não), compreendam o seu significado e avancem com respostas nas rodadas seguintes, até o momento em que passa a ser dominante a estratégia que surge como eficiente.

Após sucessivos testes, a estratégia vencedora foi a do competidor que adotou uma postura chamada *Tit for Tat* ("Olho por Olho"), que originariamente sempre cooperava, punia na rodada seguinte caso o adversário o traísse, mas retomava a postura cooperativa logo em seguida (AXELROD. 2010, p. 27-52). A conclusão foi que as estratégias cooperativas alcançavam melhores resultados desde que os detratores fossem punidos quando necessário, com um detalhe em especial: a estratégia "Olho por Olho" venceu não apenas por saber cooperar e punir quando necessário, mas por saber perdoar, pois voltava a cooperar quando o adversário então punido alterava sua postura.

Ao comparar o comportamento com outras alternativas potencialmente mais eficientes, observou-se ser

> erro comum dos participantes em esperar que os ganhos pudessem ser obtidos ao ser menos clemente que o Olho por Olho, quando, na verdade, obteriam ganhos maiores por ser ainda mais indulgente. A implicação dessa descoberta é relevante, pois sugere que mesmo os estrategistas mais exímios não deram valor suficiente à importância do perdão. (AXELROD. 2010, p. 38)

No caso, o perdão não é apenas um significante de clemência, mas um comportamento de construção e reconhecimento de *reputação*, que salienta o outro aspecto para as partes colaborarem de modo equilibrado, que é a dependência do valor que elas atribuem ao futuro, de modo que as possibilidades de ganho nas novas interações permaneçam altas o suficiente. Sem perspectivas futuras, pode não haver sequer razão para perdoar ou ser perdoado, pois torna-se indiferente e assim o não colaborar resta como a estratégia dominante para partes competitivas.

Ressalte-se ainda que, como visto no capítulo 2.4, pela teoria da perspectiva (BABCOCK, *et al.*, 1995, p. 289-303; KAHNEMAN; TVERSKY, 2012, p. 346-352; KOROBKIN; GUTHRIE, 1994, p. 107-192), considera-se que o futuro potencialmente vale menos do que o presente, por ser algo incerto, não havendo garantias de que o ponto cooperativo seria alcançado até mesmo em função de potenciais eventos estranhos (ex. mudança ou extinção de jogadores). Cada rodada futura levaria a uma potencial diminuição do seu valor e ao sobrevalor do presente, em que o comportamento competitivo seria constantemente incentivado a explorar aqueles que buscam cooperar.

Porém, mesmo os estrategistas de áreas diversas, como sociologia, economia, psicologia e matemática, incidiram em erros sistemáticos ao serem muito competitivos e visarem ao seu próprio bem com foco imediato, ao tempo em que eram pessimistas quanto à capacidade de resposta dos adversários. Como resultado, mesmo sob uma perspectiva ecológica, a lição reproduzida nos testes indica como a exploração centrada no presente pode ao final levar à extinção daquelas estratégias exploradoras:

> No início, programas bons e fracos são representados em igual proporção. Porém, conforme o tempo passa, os mais fracos começam a desaparecer e os bons a prosperar. O sucesso gera mais sucesso, desde que decorra de interações com estratégias de sucesso. Em contrapartida, se o sucesso de uma estratégia de decisão decorre de sua capacidade de explorar outras estratégias, então à medida que essas estratégias exploradas desaparecem, a base de apoio do explorador fica enfraquecida e ele também desaparece [...] A análise ecológica mostrou que jogar bem com estratégias que não obtêm boa pontuação acaba se tornando um processo autodestrutivo. No início, não ser gentil pode parecer promissor, mas em longo prazo pode destruir o próprio ambiente de que se necessita para o seu sucesso. (AXELROD. 2010, p. 49-50)

O ponto é que, quando o valor do futuro é baixo, os não cooperadores podem até aproveitar a situação pontual sem cooperar. Mas quando o valor do futuro for alto, o que na seara institucional tem destacado significado pelo relacionamento contínuo entre as agências, os não cooperadores sabem que serão também detratados em algum momento. Muitos conflitos interinstitucionais decorrem como reflexo da valorização excessiva do presente comparado ao futuro, quando as instituições podem buscar focos com recompensas imediatas, não necessariamente duradouras para o bem comum, que se esgotam em alguma ocasião.

A síntese do sucesso da estratégia "Olho por Olho" é a seguinte:

> O que explica o robusto sucesso da estratégia Olho por Olho é sua combinação de ser gentil, retaliadora, clemente e clara. Sua gentileza a previne de se colocar em problemas desnecessários, sua retaliação desencoraja o oponente a persistir na deserção, sua clemência ajuda a restaurar a cooperação mútua e sua clareza é compreensível ao oponente, suscitando, assim, a cooperação de longo prazo. (AXELROD, 2010, p. 52)

Portanto, um elemento a ser destacado no rumo à distribuição integrativa é a valorização do futuro face ao presente, mas com os comportamentos de reação para tanto.

Para reflexão no contexto multiagências dos acordos, ressalte-se que ao menos um movimento cooperativo amplo foi objeto de construção. Trata-se do "Acordo de Cooperação Técnica"[128] envolvendo AGU, CGU, Ministério da Justiça e Segurança Pública (MJSP), TCU e STF, estabelecido com o fim de "garantir a efetividade do instrumento de alavancagem investigatória e da recuperação de valores desviados da União", que buscou regular a tramitação de informações entre as instituições federais.

Entre as suas previsões, evolui nos mecanismos de compensação, em especial na sua "Sexta ação operacional", em que as instituições buscarão a compensação ou abatimento de multas pagas em situações de condutas tipificadas em mais de uma legislação, ou quanto aos valores de ressarcimento, quando destinados aos mesmos entes lesados e originários dos mesmos fatos, além de se evitar pagamentos ou cobranças em duplicidade.

Em outra medida, o Acordo de Cooperação Técnica previu, em sua segunda ação operacional, que a CGU, a AGU e o TCU buscarão uma parametrização metodológica específica para apuração de valores de dano.

No entanto, o acordo de cooperação parece não ter previsto mecanismos para evitar os constrangimentos do modelo multiagências. Aspectos como a reparação do dano e vetores sancionatórios imediatos ganham o destaque, com foco nas finalidades próprias que aquelas instituições dominam, formando um subgrupo de agências. Mas são medidas que desconsideram as demais finalidades e pontos sensíveis para a efetividade dos acordos que, quando exercidos por braços institucionais sem a plena capacidade para o seu desempenho, como os derivados da repercussão criminal, terminam por encontrar restrições significativas.

Não será o mero ajuste com sobreposições que solucionará dificuldades, tais como: a compreensão humana nos acordos, por exemplo, a repercussão penal; a recepção colaborativa de pessoas naturais; as limitações para a corroboração sem medidas processuais penais; a restrição no compartilhamento de informações sensíveis sobre agentes de Estado; a falta de independência entre as agências, entre outras indicadas ao longo do mapeamento. O pacto também não incentiva as

---

[128] Disponível em: https://portal.tcu.gov.br/data/files/11/16/BB/03/575C37109EB62737F18818A8/ACORDO%20DE%20COOPERACAO%20TECNICA%20_1_.pdf. Acesso em: 28 maio 2022.

alternativas que preencham os vácuos, como ocorre com os acordos do MPF, que continuariam a funcionar por força diversa, própria da operação humana no âmago das pessoas jurídicas, que não se confunde com o que a mera cooperação formal deseja.

Registre-se que o MPF não aderiu ao pactuado e elaborou a Nota Técnica nº 2/2020 da 5ª Câmara de Coordenação e Revisão, indicando falhas na operação da proposta.

A situação do acordo ilustra o domínio valorizado do presente, daquela matéria sob controle de cada instituição, afastando os potenciais sobre os quais não há o mesmo padrão e que são lançados ao futuro incerto por serem dependentes de outras instituições. Ocorre, assim, uma desvalorização do resultado futuro, em manifestações de pontos cegos, desde a maximização dos próprios interesses e o isomorfismo acordado, passando pelo risco de exclusão das outras finalidades em manifestações de egocentrismos. Ao final, a tradução é a formação de subgrupos que competem pelo instituto, como aquele na seara civil-administrativa e outro na criminal, configurando um problema de ação coletiva.

O evidenciado é algo contraintuitivo, em que, a despeito dos termos de cooperação, o que ocorre é uma subtração do comportamento cooperativo. A dinâmica de cooperação tem um fundamento comportamental que não depende de estruturações jurídicas e não é um termo formal que efetivaria a plenitude do comportamento interinstitucional visado.

Seguindo o fundamento, para a promoção do comportamento cooperativo surgem abordagens identificadas em pesquisas que retomam os elementos do "valor do amanhã" e da distribuição integrativa antes salientados. O foco será fundado em algumas delas (AXELROD, 2010, p. 126-130), em especial nas seguintes abordagens: a) instruir a *preocupação com as demais instituições*; b) ensinar a *reciprocidade*; c) considerar a *reputação*, que é um acréscimo para que o constitucionalismo cooperativo proteja a relação contra estratégias menos cooperativas; e d) assegurar-se o *compromisso* e não apenas um acordo entre as instituições, em que a ética e o ritual são os elementos destacados.

A primeira abordagem é ligada à ideia de *welfare*, em que o bem-estar do outro tem uma função de utilidade para o próprio indivíduo. O reconhecimento do que cada instituição tem como *expertise* e domínio pode ser incentivado, como um ativo a ser não apenas preservado, mas valorizado e – destaque-se – explorado. O efeito integrativo de valores considera que as instituições devem ser recompensadas pelo produto que sua cooperação promove, de modo a que suas atuações sejam antes reconhecidas e exploradas pelas demais como meio para a satisfação delas.

A segunda, pela *reciprocidade*, tem a ideia de que a cooperação unilateral, sem correspondência, leva à exploração que não se sustenta, pois aquele que não recebe a ajuda ou o reconhecimento tem ressentimentos em adotar uma contrapartida, seja no mesmo caso, ou em outros futuros. O fenômeno tem exemplos nos questionamentos que buscam a interferência posterior nos acordos, como nas impugnações pela CGU aos acordos ministeriais isolados, ou os questionamentos pelo TCU sobre os critérios adotados pela CGU e MPF. A situação é bem caracterizada quando as impugnações são baseadas apenas em premissas de legitimidade ou normas excludentes, que são invocadas como fins em si, sem questionar exatamente a utilidade da impugnação para o sucesso do instituto.

A reciprocidade é ainda essencial enquanto baseada no conhecimento sobre o comportamento da outra agência na rodada anterior, seja ele cooperativo ou não. É isso que faz a outra instituição ajustar o seu comportamento, para proporcionar a punição e o perdão, incentivando a cooperação para as rodadas futuras. Se as capacidades de reconhecimento e utilidade forem baixas, o sistema precisa criar mecanismos para aprimorá-las.

A razão para tanto é que as decisões que contam com uma participação institucional ativa podem minimizar resistências contra elas e incrementar a compreensão das realidades, pois envolvem, entre outros fatores, manifestações da "heurística da disponibilidade", em que os agentes tendem a avaliar mais claramente suas próprias contribuições para a construção de algo, valorizando-as mais do que os esforços dos outros.[129] Quando a agência é levada a participar da construção de forma efetiva, tende a não cometer um ato contraditório ao que ela mesmo produziu, o que reduz resistências ao seu cumprimento e pode promover até mesmo o esforço em demonstrar o seu acerto.

---

[129] Sobre um panorama, ver: KAHNEMAN; TVERSKY, 2012, p. 165-174.

É com a reciprocidade que ocorre a destacada função integrativa, em que cada um dos envolvidos exerce suas capacidades e participa da construção do todo ativamente, fazendo as partes tenderem a se relacionar para um consenso em que todos ganham.

Por sua vez, na medida em ocorra a distribuição dos benefícios operacionais – destaque-se: não necessariamente materiais –, a parte tende a não se colocar em conflito com a estratégia que visa a garantir que todos tenham o máximo proveito com o ato comum. O detalhe é que a recompensa na feição pública pode ter mais a ver com o reconhecimento de sua funcionalidade e importância como instituição, ou ainda com o reconhecimento dos seus agentes naturais, na medida em que a condução humana é inerente ao desempenho institucional.

A razão envolve a terceira abordagem, a considerar que, ao terem suas utilidades reconhecidas na construção do todo, as instituições recebem um benefício próprio do desenvolvimento humano: a *reputação*, que surge da crescente tendência de buscar-se uma boa imagem do ser, como uma das maiores descobertas da psicologia social do séc. XX (PINKER, 2012, p. 490).

A todo momento os humanos – e as instituições por eles operadas – atuam com o exercício de categorizações, próprias do processo de compreensão da realidade desde a primeira infância, em que tratamos os outros de acordo com a valoração realizada (HAMLIN *et al.*, 2007, p. 557).

As instituições podem assim lançar marcas de sua percepção sobre as demais, que imprimem etiquetamentos recíprocos. O conhecimento e as marcas da memória comportamental em episódios anteriores são essenciais para a resposta rumo ao futuro. Mas um dos complicadores das categorizações é o potencial de as agências deixarem de construir ideias ou diálogos, com a criação de rótulos institucionais, procedimentais e de poder, que alimentam o ciclo conflituoso, seja qual for o sentido. A situação focada em casos notáveis, como ocorreu com a conhecida "Operação Lava Jato" em sua origem, concentrou sobre si toda a percepção de funcionamento dos acordos por uma das agências – o MPF – sem que houvesse a preocupação dela com o reencontro com as instituições concorrentes, como a CGU e o TCU.

As categorizações funcionam até mesmo para a perspectiva das colaboradoras, na medida em que potencialmente continuariam a buscar a instituição ministerial como porta de acesso principal ao instituto, em razão dos diversos aspectos antes abordados, em especial o destacamento para o trato das pessoas naturais e a abordagem criminal. Destaque-se que 80% dos acordos da CGU analisados tinham apuração criminal preexistente, ou seja, passaram pela necessária atuação do Ministério Público, sendo os seus acordos posteriores também vinculados ou simultâneos àqueles do MPF. A memória comportamental é vívida.

No entanto, a atuação concentrada pelo MPF acabava por criar influxos de resistência nas demais instituições, que buscavam salvar o seu foco imediato naqueles objetivos mais vinculados às suas respectivas finalidades institucionais, projetando, assim, o seu exercício e criando conflitos. A atuação do MPF não promovia *reciprocidade*, mas apenas a expectativa de que as demais instituições não influenciariam o realizado anteriormente pela instituição ministerial. Porém, como salientado nos diversos conflitos, a reciprocidade é uma via de mão dupla, em que, ao não enxergar nos demais uma atuação útil, promove um ponto cego concentrado na própria visão de mundo. A reputação sozinha não constrói, mas isola.

Como a reputação e a cooperação estão interligadas no processamento cerebral humano, uma das suas implicações é que tendemos a cooperar com quem coopera (HAMLIN *et al.*, 2007), como reflexo reputacional, que ao falhar alimenta conflitos. A capacidade das pessoas – e instituições – cooperarem se traduz no potencial de trazer maiores benefícios à família, ao grupo e à tribo. O diferencial é que a reputação termina por conferir uma grande utilidade ao indivíduo que a titulariza (GREENE, 2014), que tem em sua manifestação o potencial de aguçar as reações dos demais, que desejam a sua amizade ou aproximação, enquanto temem a sua inimizade, na medida em que podem perder o reconhecimento e os benefícios dele derivados no meio social contínuo (WRIGHT, 2001). O isolamento institucional desnatura o critério reputacional como função.

Por isso que a reputação tem um significado especial para construir a cooperação que valorize o futuro e não permaneça presa ao presente. Quanto ao ponto, outras manifestações técnicas indicam a situação, como no cenário apurado pelo chamado "teorema do povo" (*folk theorem*), que também confirma o surgimento da cooperação em cenários jogados múltiplas vezes, que depende do valor atribuído ao futuro pelos participantes. Quanto maior o valor, maiores os *payoffs* para atos não cooperativos (FUDENBERG; MASKIN, 1986).

Os indicativos dos testes têm correspondência na realidade em diversos momentos. Os estudos recebem novas percepções constantes e uma abordagem há de ser destacada, como algo que torna a carga cognitiva vinculante para a reciprocidade futura. Trata-se de assegurar-se o *compromisso*, que não depende de termos jurídicos para existir e não se confunde com um mero acordo.

Uma situação ilustrativa do seu significado é aquele evento ocorrido na Primeira Guerra Mundial, com os expedientes do "live and let live" nas trincheiras dos exércitos britânico e alemão. Os exércitos inimigos em posições opostas eram lenientes na agressão mútua, com indicativos comportamentais que sustentavam a contínua situação estável de não agressividade a partir dos sinais de cooperação do adversário, evitando, assim, a sua própria destruição (AXELROD, 2010, p. 69-82).

Em especial, quanto ao ponto somam-se os componentes da *ética* e do *ritual*. A ética era o reconhecimento e desculpas que ocorriam quando algum componente do próprio exército errava e quebrava a cooperação com o adversário. Já o ritual ocorria com o uso negligente das armas, apenas para satisfazer a impressão aos militares superiores da existência de ataque, quando na verdade o uso era inofensivo, previsível e conhecido pela outra parte. A manutenção do relacionamento cooperativo com o foco no futuro sustentável, em fluxo contínuo, era assim acentuada. Ou seja, a cooperação pode surgir mesmo entre adversários e não exige qualquer amizade.

No caso, não havia sequer um acordo. O que ocorria era o compromisso de engajar-se na prática, em que a reciprocidade é a constante e nem mesmo a compreensão da situação cooperativa era necessária, pois a falha no comportamento constrange o próprio cooperador, que se beneficia da situação estável e dirigida ao futuro. Os compromissos surgem quando há algo a perder ao violar-se o estado cooperativo (SHELL, 2018, p. 154-155).

Uma das formas de se criar a vinculação do compromisso é conjugar a contribuição institucional à reputação então salientada. Como frisado, a recompensa do estado cooperativo não precisa ser algo material. A institucionalidade, uma vez reconhecida e com utilidade valorizada, torna-se um ativo. O seu potencial desabono provoca a aversão ao sentimento de perda, tanto dos agentes, quanto das suas instituições.

Para o compromisso sustentável com o valor futuro em bases reputacionais, as utilidades de cada instituição devem ser promovidas como peças essenciais ao alcance do bem-comum dos acordos. O engajamento cooperativo deve ser provocado de modo a trazer a contribuição das instituições, até então alheias às etapas de operação do instituto, para evitar, assim, suas reações que poderiam contradizer a regência dos acordos de leniência. A reputação delas precisa ser criada e reconhecida.

Nas situações multiagências, enquanto algumas instituições esforçam-se para negociar, gerenciar realidades, alocar instrumentos práticos, contornar adversidades, concretizar e garantir efetividade aos acordos; outras que deles não participam podem ensejar conflitos baseados na preservação dos seus próprios interesses funcionais, causando um "free-rider problem", em que poderia consumir os benefícios da atividade pública pelas demais instituições com reputação, mas sem contribuir com os esforços para tanto.

No contexto dos acordos, ilustre-se com o que ocorre na situação quando o TCU exige intervenções em aspectos negociais por meio das funções de fiscalização, mas com intromissão executiva para punir e questionar não apenas a colaboradora, mas também para conter a atuação das instituições que promovem os acordos. O seu comportamento aproxima-se do "free-rider" no jogo dos bens públicos (THALER, 2015, p. 144-146), pois a instituição falhou originariamente na sua função de detecção dos ilícitos, mas que, após o desempenho dos acordos pelas demais instituições (MPF e CGU), teria para si os efeitos do bem público alcançado.

Portanto, para evitar situações semelhantes, mais uma vez é salientado que um dos caminhos para a cooperação seria reforçar a posição da instituição na sua contribuição ao sistema de operação. Em especial, com o desempenho útil para funcionalidades que as demais instituições não guardam o mesmo potencial e desde que não seja para apenas rechaçar o proposto por elas, mas sim trazer indicativos para a sua melhoria. Engajamento cooperativo não pode significar reações apenas desconstrutivas.

A trilha a ser criada é aquela em que a conjugação das instituições possibilitaria o exercício das respectivas potencialidades de forma contínua, com utilidade reconhecida em que o relacionamento futuro seja estável e sem o sacrifício dos respectivos trechos de atuação. O ganho presente que provoca os desencontros pode não compensar diante do relacionamento futuro que preserva as mesmas atuações, que constantemente buscam enxergar em si a utilidade na construção do todo.

Para tanto, o caminho para valorizar o futuro no relacionamento interinstitucional passa pela identificação dos potenciais de cada instituição, que possam ser explorados pelas demais em proveito próprio na distribuição integrativa. Sem esclarecer o que elas efetivamente podem contribuir, os pontos cegos podem ser insistentes e o ideal de constitucionalismo cooperativo falhar.

Para que os comportamentos institucionais sejam bem identificados e alocados como ativos úteis da reputação, a perspectiva das *capacidades institucionais* possibilita um instrumental teórico pertinente.

A definição de uma instituição para tomar decisões e atuar não é um fim em si, pois um ordenamento seria contraditório ao atribuir funções a instituições sem o potencial para o seu desempenho na realidade. O destaque teórico das capacidades institucionais tem por referência a determinação de quais instituições apresentam melhores condições para decidir em situações específicas.

A indicação doutrinária essencial é a fornecida inicialmente em artigo (SUNSTEIN; VERMEULE, 2002), que trouxe preceitos teóricos para sua aplicação, aperfeiçoados posteriormente.

A partir de uma abordagem sobre os conflitos derivados do *judicial review*, a ideia das capacidades toma a função jurisdicional como padrão teórico, em que a apreciação visa a identificar as dificuldades para o trato sistêmico das suas decisões, considerando que a função é regularmente dirigida a solucionar casos concretos, ao mesmo tempo que o Judiciário é dotado de considerável grau de independência quando comparado a instituições sob o influxo político imediato, como as da função legislativa.

No entanto, a abordagem das capacidades institucionais não é uma deferência resumida ao desempenho da função jurisdicional e aos conflitos face ao Legislativo, como se fosse focada na produção normativa. A redução seria um equívoco, derivada da concepção estanque ainda presa a moldes operacionais de divisão de poderes.

Antes, trata-se de mecanismo de apuração da atuação institucional em sentido amplo, no desempenho de funções públicas nas mais diversas áreas e por distintas arquiteturas funcionais, cada uma com diferentes capacidades e recursos para decidir e atuar. A compreensão envolve pressupostos, condições, estruturas de funcionamento, garantias contra influências indevidas, instrumentos e métodos específicos de cada instituição para operação na realidade, sejam eles normativos ou não.

Vermeule aprofundou as ideias posteriormente em obra que tem sua gênese no artigo referido e que prontamente esclarece sua funcionalidade metodológica:

The methodological thesis is that institutional analysis is indispensable to any account of legal interpretation. The question in law is never "How should this text be interpreted?" The question is always "What decision-procedures should particular institutions, with their particular capacities, use to interpret this text?" Put negatively, legal theory cannot reach any operational conclusions about how judges, legislators, or administrative agencies should interpret texts, unless it takes account, empirically, of the capacities of interpreters and of the systemic effects of interpretive approaches. (2006, p. 1-2)

Ou seja, a base das capacidades institucionais não é destinada a responder como uma norma deve ser interpretada ao veicular um instituto, ou como uma instituição deve atuar. O que o marco questiona é a capacidade de cada instituição para aplicar uma mesma ordem normativa, não em razão de uma definição abstrata de funções, mas a partir do que tem como habilitação e *expertise* para o melhor alcance das finalidades, sem desconsiderar as repercussões de sua atuação.

Busca-se, assim, apurar a feição orgânico-funcional, para então conferir tarefas públicas àquelas que têm maior capacidade efetiva para o seu exercício. O potencial é permitir a construção, entre alternativas institucionais, de operações que potencializem virtudes e minimizem os aspectos negativos de cada instituição. Trata-se assim de uma base construtiva e não apenas descritiva daquilo posto.

A síntese do raciocínio, por Arguelhes e Leal, é a seguinte:

Assim, o raciocínio pressuposto pelo argumento de "capacidades institucionais" poderia ser sintetizado a partir das seguintes características: uma comparação empiricamente informada sobre os custos e benefícios de se alocar, no agregado, a prerrogativa de resolução de um determinado problema a uma determinada instituição dentre várias instituições possíveis. (2016, p. 198)

Ressalte-se que a abordagem não deixa de reconhecer aspectos como a falibilidade das instituições e mesmo as contingências das suas capacidades. Ela também não deixa de reconhecer que existe uma margem de incerteza nas escolhas, pois existem limitações e vieses cognitivos, principalmente derivados das conformações normativas e condições de exercício, que podem influenciar a sua perspectiva consequencialista na realidade, mesmo porque recebe percepções distintas a depender do interlocutor, além das dificuldades prognósticas (VERMEULE, 2006, p. 153-182).

O destaque é que sua análise consequencialista não é algo ilimitado ou tratado como um fim em si, pois, ao tempo em que considera as restrições jurídicas existentes, ajusta as funções dentro dos marcos institucionais, considerando que as normas não sejam uma barreira estática, como antes salientado sobre as regras de definição de funções.

Na linha sobre as vantagens dos modelos multiagências, a existência de algum grau de redundância na alocação de funções pode ter razões práticas para o melhor desempenho das finalidades comuns, além de reduzir as chances de erro pela instituição com a menor possibilidade de falhas em determinado caso. O problema está quando as atuações tendem a criar tensões interinstitucionais, em que a ausência de justificativas para redundâncias serve para alimentar conflitos pelo exercício de funções como se fossem fins em si.

A apreciação deve, então, tomar o potencial de soluções, considerando os efeitos que as atuações isoladas teriam sobre os objetivos compartilhados. Para tanto, três passos são indicados. O primeiro é identificar o quadro normativo que rege as instituições e como elas atuam. Ao longo do mapeamento sobre os acordos, surgiram diversas evidências de que as matrizes normativas das instituições permitiram o exercício delas, seja em atuações isoladas (com preponderância do MPF), ou mesmo em atuações conjuntas. A maleabilidade normativa foi então constatada e reconhecida (objetificação).

O segundo passo foca na hipótese sobre a qual as instituições atuam, para então realizar a apreciação consequencialista com destacado caráter empírico. Um problema por vezes obscurecido é que a avaliação comparativa restrita a padrões abstratos pode não corresponder exatamente à realidade de incidência. Argumentos fincados apenas em previsões normativas – "a lei diz que tenho a competência para decidir" – podem negar a lógica das capacidades, na medida em que "[a]s habilidades e limitações de uma instituição devem ser apreciadas relativamente aos méritos e deméritos das outras instituições também capazes de oferecer respostas para determinados problemas" (ARGUELHES; LEAL, 2016, p. 198-199), ou seja, algo dependente do confronto cognitivo concreto e não meramente abstrato.

Ao contrário de apreciações que podem ficar restritas ao âmbito teórico e abstrato, a abordagem empírica funciona de modo a indicar quais posturas institucionais são mais apropriadas para promover concretamente valores e objetivos relevantes, com a adoção de evidências para subsidiar sua lógica.[130]

No caso dos acordos, a comparação das instituições no mapeamento com os elementos empíricos de atuações, acordos analisados e as diversas situações conflituosas permite, assim, identificar a pertinência da técnica, algo que geralmente falta em argumentações fundamentadas nas capacidades institucionais.

São apuradas ainda, como um terceiro passo, as qualificações e limitações nas dinâmicas de exercício prático. As funções e capacidades de cada instituição são identificadas como aquelas que as demais não poderiam aplicar da mesma forma e com as mesmas garantias de efetividade, pois o êxito pressupõe que as agências tenham funcionalidades apropriadas e recursos para o seu desempenho (REZZOAGLI, 2015, p. 10).

Em seguida, são usadas as suas qualificações e limitações para fixar os limites epistêmicos e de legitimidade.

Como limite epistêmico, aborda-se o que interfere nas habilidades cognitivas dos atores institucionais, que são suas aptidões humanas para processar informações. Ao deparar-se com a realidade, os agentes devem ter preparo para compreender o fenômeno que se apresenta, promover avaliações e processar as alternativas de solução, avaliando a sua aptidão para controlar as chances de erro e os custos decisórios em ambientes de incerteza. São apreciados os recursos intelectivos dos agentes que, no esclarecimento de Arguelhes e Leal (2011, p. 40), são referentes "tanto às condições materiais reais como às habilidades e limites subjetivos e orgânicos existentes para que atores institucionais específicos possam obter, organizar, compreender dados e usá-los como fundamentos de ações, escolhas ou decisões". É a importância de os agentes naturais serem considerados.

Por sua vez, o limite da legitimidade aborda a arquitetura institucional vigente, de modo que as escolhas estejam sob a égide ampla da juridicidade e de outras sedes de conhecimento, como a economia, a sociologia, a política e, mais recentemente, a neurociência. São abordadas

---

[130] Na linha do que informam Arguelhes e Leal ao que chamam de "problemas de informação" a serem superados pela perspectiva empírica: "Um dos méritos anunciados das comparações institucionais para a definição das capacidades de certas instituições é o seu aspecto *empírico*. As capacidades de instituições específicas devem ser definidas concretamente, dentro de um arranjo institucional específico, *não abstratamente*. Isso exige que se produza informação – necessariamente contingente – sobre as capacidades concretas de todas as informações envolvidas" (2016, p. 210).

tanto as práticas internas por determinada instituição (comparações internas), quanto os resultados oferecidos pelas outras instituições (comparações externas). Trata-se de um elemento essencial quando se tem em conta institutos como os acordos de leniência, que passam por preceitos além dos jurídicos e dependentes do contato externo, como a constituição de confiança, respostas comportamentais, funcionalidades psicológicas dos agentes, marcos neurocientíficos, entre outros que envolvem o comportamento cooperativo. Nota-se, assim, a pertinência ao marco teórico de Law & Behaviour adotado.

Observação fundamental é que as práticas e os métodos internos podem encontrar reflexo externo em situações típicas do isomorfismo, como salientado no mapeamento (v. capítulo 2.1), em que padrões são copiados pelas instituições entre si, com processos e modelos operacionais semelhantes para obter, assim, maior aceitação. Não por acaso, a pesquisa demonstrou que padrões essenciais dos acordos são semelhantes, algo ainda mais salientado naqueles sucessivos com as mesmas pessoas colaboradoras, em que a variação entre os termos ocorre apenas nos pontos em que não há operabilidade por uma instituição em especial, como é o caso dos fatores da persecução penal, em que apenas uma delas pode atuar.

Por outro lado, as semelhanças e os isomorfismos indicam que potencialmente as tensões na operação do instituto podem ser solucionadas por meio de interações e coordenação sustentadas por um ideal de unidade em objetivos comuns, como salientado pelo constitucionalismo. A busca por similitudes não é por acaso.

Parte da situação ocorre porque as capacidades são ainda afetadas por fatores *subjetivos*, em que aspectos positivos e negativos da instituição levam em conta a sua imagem perante outros atores e a sociedade. Os potenciais cognitivos dos agentes são constantemente exercidos, mesmo sem consciência imediata, em relação àqueles fatores *objetivos* que visam demonstrar como as decisões merecem credibilidade porque a instituição foi desenhada com melhores condições em comparação a outras, envolvendo ainda as relações entre desenho institucional, confiança e métodos de interpretação (SHAPIRO, 2011, caps. 12 e 13). A percepção sobre as instituições funciona assim para modelos a serem copiados.

Para a percepção do fenômeno, exige-se ainda a apreciação dos *efeitos dinâmicos*. Eles não se ocupam com as decisões de casos específicos, mas sobre como as decisões impactam o equilíbrio institucional recíproco e afetam aqueles alcançados pela perspectiva empírica. Atenta-se não apenas aos critérios de capacidade funcional isoladamente, mas aos efeitos da sua atuação sobre as demais (SUNSTEIN; VERMEULE, 2002, p. 26).

Os efeitos dinâmicos consideram as implicações que as decisões de uma instituição podem produzir, com reflexos como o isomorfismo inefetivo, a competição com afastamento de alternativas, os egocentrismos que alimentam desconfianças, entre outros efeitos que caracterizam pontos cegos em racionalizações institucionais. A manutenção ou o recrudescimento dos conflitos podem ocorrer quando não são abordadas as impressões humanas no desempenho institucional.

O ponto é que, assim como nós humanos somos imperfeitos, suas criações, como normas e instituições, também o são. Por isso as capacidades institucionais ainda adotam uma estrutura "second best" de raciocínio, sobre decisões de segunda ordem necessárias para casos sem condições ideais para atuações institucionais isoladas. É uma faceta que pode não ser bem trabalhada pela dogmática constitucional, caso desconsidere que inexiste perfeição em estruturas humanas e nulifique tudo que contradiga uma específica visão de mundo ideal.

Mas, ao se afastar da exigência de uma solução ideal, a teoria das capacidades institucionais indica que deve ser avaliada a pertinência de diferentes alternativas, mesmo que venham a alcançar uma "segunda melhor" solução (*second-best reasoning*), que equilibre os potenciais da realidade, mesmo que não confirmem todos os ideais normativos ou doutrinários. Em especial avaliação dos diferentes critérios em sede administrativa para a construção de alternativas, destacam Sunstein e Vermeule que

> for the same reasons, we have indicated some enthusiasm for the emerging view that administrative agencies ought to be allowed a degree of flexibility in their own interpretations, flexibility that goes well beyond that of courts. Agencies are in a better position to know whether a particular result, apparently compelled by text, really is senseless. They are also in a better position to know whether a departure from text will unsettle the regulatory scheme in a damaging way. If agencies ought not to be given this interpretive flexibility, it is also for institutional reasons, as, for example, in the claim that agencies are subject to the influence of powerful private groups, or in the suggestion that Congress will provide sufficiently prompt corrections of regulatory decisions that,

while faithful to statutory text, produce significant harm. Of course there are many empirical issues here. (2002, p. 47)

Veja-se que a apuração das capacidades institucionais tem um vínculo imediato com a distribuição integrativa da relação cooperativa, na medida em que identifica trechos operacionais que não sejam redundantes, que possam ser explorados como contribuições especializadas para a utilidade comum, mas que sejam veiculados com a adaptação necessária para que as capacidades funcionem como diferenciais.

Nota-se, assim, que a construção de estruturas multiagências ganha com a flexibilidade proporcionada pelas capacidades institucionais, que a partir dos marcos vigentes pode adaptar a operação dos institutos sem prejudicar as finalidades normativas e institucionais envolvidas.

Portanto, diante das matrizes técnicas indicadas, retoma-se o modelo operacional para os acordos de leniência anticorrupção com os dados empíricos dos acordos que, em conjunto aos destaques ao longo do mapeamento, permitem a comparação das diversas capacidades.

Serão destacadas cinco espécies de capacidades pelas perspectivas do MPF e CGU, sem prejuízo da consideração incidental de outras, assim como daquelas que envolvam especificamente a atuação do TCU. A partir delas abre-se oportunidade para a demonstração de como são capazes de conduzir soluções ao modelo multiagências com a vertente aberta pelo constitucionalismo cooperativo:

a) Capacidade de otimização da alavancagem probatória e persecução de ilícitos.

Entre os objetivos dos acordos de leniência, a identificação de ilícitos com aptidão para a responsabilização é um destaque. No entanto, notou-se que existem implicações sensíveis que dependem das pessoas naturais, desde o carreamento probatório pelas suas manifestações até a função preventiva contra ilícitos, algo não desempenhado isoladamente pelas pessoas jurídicas.

A situação considera ainda as consequências que a exposição das pessoas jurídicas traz aos agentes naturais, com destaque para a repercussão criminal. Notou-se um potencial nos acordos promovidos pelo MPF, em que sua capacidade institucional é destacada para promover instrumentos investigativos e garantir a adequada recepção das pessoas naturais.

São elementos que fogem aos marcos normativos da CGU, que na seara cível precisa da participação de outra instituição (AGU), enquanto na criminal é ainda mais restrita, pois não titulariza o exercício da persecução penal.

Ademais, além dos instrumentos ordinários civis de responsabilização, a instituição ministerial dispõe de amplo acesso aos instrumentos de apuração máxima, típicos da esfera criminal de responsabilização, sendo uma característica na experiência internacional. É a instituição ministerial que ao final identifica os fatos que serão considerados para as pretensões penais a partir da colaboração e aqueles insuficientes que serão arquivados. Como o Estado não pode garantir benefícios sem elementos suficientes ao titular da persecução, um acordo sem a sua consideração poderia falhar na causa adequada para garantir a contraprestação das pessoas naturais. Por isso que o proceder de corroboração, capaz de apurar aquilo apresentado por colaboradores, é aspecto a ser salientado e a eles ser garantido que a apuração ocorra com os instrumentos de persecução apropriados, pois é a forma de garantir-se maior efetividade ao instituto de defesa deles.

Percebe-se, assim, o caráter funcional, com recursos que interferem positivamente nos limites epistêmicos, envolvendo o potencial cognitivo das informações em acordos. A capacidade de resposta efetiva na responsabilização é ainda destacada quando se toma em consideração os fatores objetivos das capacidades, na medida em que a instituição é desenhada para a melhor forma de desempenho da atividade persecutória.

Nota-se, assim, que a atuação do Ministério Público mantém um padrão lógico de operação do instituto, na medida em que, sobre os mesmos fatos, sua capacidade institucional é capaz de promover o objetivo com maior amplitude, alcançando os vetores humanos pertinentes. Portanto, a sua capacidade é destacada quanto ao ponto.

b) Capacidade de garantir maior amplitude de proteção aos agentes naturais colaboradores.

Seguindo a linha anterior, considerando que um objetivo destacado dos acordos é a persecução de ilícitos então desconhecidos ou com evidências restritas, a instituição que conseguir exercer sua *expertise* na apuração e manejar os instrumentos investigativos demonstra maior potencial.

No entanto, ela precisa ainda criar condições não apenas para alcançar a apuração, mas para proteger aqueles que dependem da sua efetividade. A pessoa jurídica colaboradora encontra dificuldades, mesmo em sede lógica, de conseguir a exposição espontânea dos seus gestores e demais agentes naturais, que são aqueles que trazem a substância dos ilícitos entregues e que poderiam, caso não houvesse sua proteção, até mesmo utilizar as vias de gestão corporativa para evitar os acordos das pessoas jurídicas.

A instituição ministerial ganha destaque quanto ao ponto, pois além de exercer atuação criminal imediata, com o melhor indicativo da colaboração premiada, mostra-se ainda capaz de promover institutos para efeitos nas demais esferas, como a civil e administrativa, a partir de instrumentos como o acordo de não persecução cível, reduzindo as incertezas em todas elas e aumentando a repercussão além das pessoas jurídicas, com um detalhe fundamental: simultaneamente, pois são os mesmos fatos.

Ressalte-se que é situação com reflexos na experiência internacional. Retoma-se os dados de operação dos sistemas de acordo, como apresentado no capítulo 4.1, em que mesmo quando a função de persecução não era exclusiva, em instâncias civis e administrativas a atuação das instituições de persecução penal permanecia proeminente na ampla maioria dos casos (OCDE, 2019, p. 66-67). Na situação das pessoas jurídicas, os órgãos de persecução atuam na fixação das sanções em 71% das resoluções disponíveis, enquanto as agências administrativas têm o papel de fixação de sanções em 19% (OCDE, 2019, p. 100). Para as pessoas naturais, a função de persecução ocorre em 67% das resoluções disponíveis. Para a atuação das agências administrativas, o papel é reduzido a 9% das resoluções.

De qualquer modo, ressalte-se, como salientado quando da abordagem sobre a essencialidade da feição humana, que a resposta penal não ocorre necessariamente com a aplicação punitiva ordinária, mas com o vínculo de resposta penal efetiva e os semblantes que ele promove, algo possível de ser alcançado com os acordos dirigidos aos agentes naturais, especialmente em sede criminal.

Portanto, o Ministério Público tem a capacidade institucional destacada quanto ao ponto.

c) Capacidade de estabelecer critérios e definir valores sancionatórios e de reparação.

Enquanto 16,6% dos acordos do MPF apreciados tinham valores de reparação baseados em critérios especificados, a CGU contemplava base atribuída em 100% dos seus acordos. A busca da CGU por critérios e delimitação alcança ainda a fixação das sanções da LAC, com indicativos em aprimoramento constante (v. Decreto nº 11.129/2022 e Instrução Normativa CGU/AGU nº 36).

A capacidade da CGU ganha destaque a partir da sua maior propensão ao necessário para melhor valorar e definir, com marcos mais previsíveis de admissão, os valores de reparação atribuídos às pessoas jurídicas vinculadas ao ente. Sua funcionalidade não é apenas circunstancial por definir os seus próprios critérios de operação, mas ainda por ter destacada capacidade de concentrar a análise simultânea dos diversos fatores que constituem o interesse patrimonial da União e de suas instituições, em que sua *expertise* pode ser exercida com o detalhamento de cálculos e o uso dos dados de toda a Administração Pública.

Vale salientar que nos moldes desde a Portaria Conjunta CGU/AGU nº 4, houve a coordenação para a criação da unidade do Grupo de Ajuizamento Decorrente de Acordos de Leniência (GRAAL), focado na busca e recuperação de ativos por instrumentos judiciais e exercício de ação civil por improbidade administrativa em face daqueles indicados nos ilícitos apurados. O dado salienta a aptidão para a busca dos valores de reparação decorrentes dos indicativos em acordos.

Ademais, considerando a competência da União para definir a destinação dos montantes de reparação (ver a apreciação do STF: ADPF nº 569 – Distrito Federal. Rel. Min. Alexandre de Moraes), a realização dos valores ganha potencial definidor pela Administração a quem a atuação da CGU é próxima.

Registre-se ainda que, tomando em consideração que os acordos do MPF ressalvam a reparação integral a depender das demais instituições aptas a definir seus montantes (art. 16, §3º), a atuação da CGU pode complementar ou revisar, quando insuficientes, aqueles montantes não liquidados em acordos promovidos pelo órgão ministerial.

Portanto, a CGU tem a capacidade institucional destacada.

d) Capacidade de desempenho com independência funcional.

Não é incomum a comparação entre as instituições ser traçada em razão da reputação social ou postura dos seus agentes, que, no caso da agência anticorrupção, geralmente tem a sua independência como destaque (POPE, 2000; POPE; VOGL, 2000, p. 6-9). Trata-se de manifestação categórica do fator subjetivo da capacidade, com efeitos na imagem e confiança para o desempenho da função. Como ressaltado ao longo do mapeamento, em diversas circunstâncias a independência institucional traz um fator decisivo para a adoção do instituto.

Na atuação anticorrupção, o perfil das agências tem exemplos internacionais por vezes constituídos a partir do histórico de corrupção sistêmica. Como exemplares, nota-se o surgimento de movimentos desde o final da Segunda Guerra, em um contexto contra práticas até então consolidadas, como os casos da Corrupt Pratices Investigation Bureau (CPIB) de Singapura (1952), a Anti-Corruption Agency (ACA) da Malásia (1967), e a Independent Comission Against Corruption (ICAC) de Hong Kong (1974), em que as agências de Singapura e Hong Kong ganharam destaque como modelos, além de outros posteriores.[131]

O dado fundamental é a existência de características capazes de otimizar sua atuação, em que, além da especialização investigativa, surge de forma destacada a independência perante interferências políticas (SCHWARTZ, 2003; DE SOUSA, 2010, p. 14).

No Brasil, como a independência tem matriz constitucional imediata, trata-se de elemento que a atuação anticorrupção não pode abrir mão quando disponível. Nos acordos, situações como o receio na entrega de fatos sobre autoridades com potencial de influência, ou a expectativa de preservação do conteúdo em todas as esferas, indicam que a independência é uma das capacidades atraentes para a preferência pelo MPF.

Ressalte-se que não há dados ou quaisquer indicativos que possam desabonar a atuação da CGU, mas a sua arquitetura funcional não permitiu o confronto empírico do exercício efetivo de acordos contra gestores ainda em exercício corrente, o que ilustra o aspecto subjetivo das capacidades pendente. O fato é que a instituição tem vinculação imediata ao Poder Executivo, que é alvo recorrente dos ilícitos objeto dos acordos.

Portanto, como se trata de aspecto na estrutura funcional imediata do Ministério Público (art. 127, §1º da Constituição da República), sua institucionalidade ganha destaque.

---

[131] Outras agências anticorrupção foram criadas, como a australiana Independent Commission Against Corruption (ICAC) em 1988; e a maltesa Permanent Comission Against Corruption (PCAC), em 1988. Com o fim da Guerra Fria e o processo de fortalecimento da União Europeia, ocorreu um processo de forte expansão desse formato de agência, sendo criadas: a Unit Combating Corruption and Financial Crime (UCCF) da República Checa, em 1991; o Service Central de Prévention de la Corruption (SPCP) de França, em 1993; o Special Investigation Service (SIS) da Lituânia, em 1997; o Office for the Prevention of Corruption and Organized Crime (OPCPC) da Croácia, 2001; e o National Anticorruption Directorate (DNA) da Romênia, em 2002. Na América Latina, merece destaque a experiência da Oficina Anticorrupción (AO) da Argentina, criada em 1999. Ver: DE SOUSA, 2010.

e) Capacidade de promover políticas de prevenção e acompanhar programas de integridade.

A persecução é uma atividade com foco *ex post*, dirigida ao passado, o que demanda abordagens, técnicas e percepções investigativas com instrumental pertinente, em que a capacidade de independência otimiza o seu alcance e reduz externalidades. Diverso é o foco preventivo, dirigido ao futuro, sob uma perspectiva *ex ante*. Em tese, o objetivo da pessoa jurídica ao escolher o acordo de leniência é ajustar-se e não necessitar novamente da mesma medida. Os acordos não alcançariam todo o potencial se não contribuíssem com a evolução das colaboradoras a partir das lições do passado faltoso.

Foi salientado que, entre os focos anticorrupção, a conjugação das pessoas naturais tem função primordial, algo potencializado pela capacidade do Ministério Público. Sem ela a lógica da resolução administrativa da LAC seria ineficiente, pois a pessoa jurídica sempre seria responsabilizada independente da correção do seu comportamento, na medida em que os atos dos agentes naturais poderiam ainda ocorrer, pois a eles não servem os acordos de leniência.

Mas na estrutura empresarial, sua consideração envolve ainda a mobilização dos elementos capazes de minimizar novos riscos, potencializar virtudes de operação e a detecção de eventuais falhas na mesma linha que permitiu os comportamentos faltosos anteriores. Para tanto, os programas de integridade ganham destaque.

Para a capacidade ao seu desempenho, existem algumas funções em que o melhor pode não ser a independência plena, como salientado por Rezzoagli:

> los órganos de *prevención* de la corrupción no deberían ser "totalmente independientes", ya que la implementación de *políticas preventivas* requiere de la decisión y el apoyo de la máxima autoridad del gobierno; así como de la cooperación y coordinación con otras dependencias gubernamentales, dado que aquéllas se caracterizan por poseer competencias transversales. (2015, p. 9)

Veja-se que a ressalva vai ao encontro do contexto de cooperação sobre as medidas de acompanhamento preventivo, não o persecutório. É o que ocorre com a CGU na apreciação de bases de dados públicas e elementos instrutivos, que dependem de alta articulação entre as diversas instâncias internas de controle, seja ainda no acompanhamento das medidas de integridade corporativa que se tornaram um modelo na sua operação.

Nos acordos de leniência apreciados, aqueles do *MPF tinham a previsão de criação dos programas pelas colaboradoras em 83,3% deles. No caso da CGU, a previsão é uma constante em 100% dos acordos*, com detalhamento sobre medidas e técnicas de acompanhamento atualmente amparadas no Decreto nº 11.129/2022 (arts. 56 e 57).

Para o seu desempenho, a CGU conta com uma área específica para fomento aos programas de integridade, com atuação no monitoramento após os acordos (Portaria nº 909/2015), o que salienta sua destacada capacidade institucional quanto ao ponto.

Portanto, diante das capacidades quanto aos acordos de leniência anticorrupção, nota-se que uma base empírica trouxe indicativos para a operação institucionalista.

Intuitivamente, o próximo passo poderia ser a escolha daquela instituição com a melhor capacidade de desempenho. No entanto, a seleção de uma instituição isolada pode não ser a melhor alternativa e envolve o principal sintoma dos embates. A consideração do Estado como uma organização excludente, que não sabe otimizar virtudes ou minimizar deficiências das suas instituições, pode alimentar os conflitos sem que os problemas sejam superados. Retome-se a ressalva fundamental no início do institucionalismo de cooperação: conflitos multiagências surgem quando a utilidade das capacidades de cada instituição é abandonada.

Com a escolha de uma instituição isolada perde-se o potencial da compensação e conjugação de virtudes para superar as deficiências. A seleção isolada concentra ainda mais a percepção egoística da causa pública e reforça pontos cegos, aguçando novas resistências pelas instituições excluídas da tomada de decisão, que passam a exercer externalidades contra o desempenho daquela selecionada para decidir.

O dinamismo das capacidades institucionais deve considerar os perfis agregadores e colaborativos entre as instituições, sem subtrair suas identidades e diferenças, mas fazendo delas vantagens e otimizando funções complementares. Na medida em que cada uma possa compartilhar suas virtudes, as deficiências respectivas deixam de ter o peso que teriam para o fim comum, pois passam a ser supridas por aquelas pontualmente com melhor potencial.

O acentuado pelo constitucionalismo cooperativo passa, assim, a influenciar nas trocas e nos ajustes necessários, que não sejam restritos aos focos excludentes de quem tem "a última palavra", ou quem deve deferência a outrem. Na situação multiagências, a redundância deve ser compreendida como uma utilidade para promover os aspectos positivos e não como uma negativa da cooperação institucional, superando os extremos de ser uma ou outra, para ser a opção de todas, em que a fundação é o propósito comum e não o desgaste em conflitos.

Nos conflitos interinstitucionais dos acordos, notou-se, por um lado, que há uma valorização excessiva do presente comparado ao futuro pelas instituições, sejam aquelas que buscam focos com recompensas financeiras imediatas como premissas principais (caso da CGU e do TCU), ou aquela com o principal foco na pronta persecução (como o MPF).

Por outro lado, especificamente sobre as capacidades, notou-se que a abrangência da persecução simultânea nas sedes cível e criminal pelo MPF é notável, enquanto aquelas de apuração de valores de reparação, de repercussão patrimonial e acompanhamento de programas de integridade pela CGU são um diferencial de ampla significância. São dois polos de atuação simultâneos: um dirigido ao passado (persecução); outro dirigido ao futuro (reparação e evolução positiva de comportamentos). São exemplos em que o reconhecimento das respectivas virtudes deveria ser incentivado no seio da lógica constitucional cooperativa.

No caso do TCU, um dos caminhos é reforçar a sua contribuição ao sistema de operação dos acordos, em especial com suas capacidades especializadas para funcionalidades que as instituições operadoras não tenham com o mesmo potencial.

O dado é que existem espaços dos conflitos entre as instituições que permitem diversas pontuações sobre as capacidades para soluções coordenadas, que adotem os fatores de aprendizado mútuo, com o intercâmbio de ideias, modelos, objetivos e práticas, mas sem a perda das respectivas identidades, como salientado pelo constitucionalismo cooperativo.

Ressaltou-se que a reciprocidade é uma constante em que nem mesmo a compreensão da situação cooperativa é necessária. O salientado é que o fluxo cooperativo permite a ética de respeitar a atuação de cada instituição, em que os instrumentos de contenção recíproca são inseridos no *ritual* não para destruir manifestações, mas para conduzi--las à utilidade.

Retome-se ainda o sentido de que, com a evolução, o cérebro humano alcançou um patamar de programação para cooperar quando a *reputação* estiver em jogo, em que o nível de cooperação varia de acordo com a distribuição de recursos relevantes, o que, na consideração multiagências, é reflexo da capacidade institucional útil para o todo. A "ameaça crível" de repulsa (FESSLER; HALEY, 2005), ou seja, o potencial de ser repreendido pelos seus pares ao não ter sua contribuição reconhecida reforça ainda mais o significado da reputação.

Diante das capacidades institucionais destacadas, a apreciação institucionalista permite abordar aspectos de operação do instituto de acordo com as perspectivas de cada instituição, com suas limitações e virtudes. Passa-se agora a apreciar como as capacidades em foco permitem a resolução concreta dos conflitos com um desenho institucional cooperativo.

O foco nas instituições do MPF e da CGU foi utilizado por serem aquelas constituintes dos acordos, mas a lógica das capacidades institucionais precisa considerar outras no decorrer da apreciação, em especial com aqueles elementos aptos a ajustar a atuação do TCU, com a consideração necessária, quando for o caso, das suas capacidades institucionais pertinentes.

Portanto, por serem tópicos com ampla sensibilidade nos conflitos multiagências, serão consideradas as capacidades para as alternativas de solução concreta dos seguintes pontos substanciais: (i) o compartilhamento de informações e fixação dos valores de reparação; (ii) as compensações e ajustes sancionatórios entre as diversas esferas de responsabilização; (iii) a proteção das pessoas naturais que corroboram os acordos de leniência; e (iv) a implementação dos programas de integridade.

5.1 A regulação do compartilhamento de informações e a fixação dos valores de reparação em etapas

A proposta de um acordo de leniência envolve uma assimetria de informações entre o polo privado, que conhece os ilícitos a serem apresentados em colaboração, e o polo público, que pouco ou nada sabe sobre aquilo apresentado. A assimetria ocorre quando as partes têm informações com amplitudes distintas. A discrepância no contato entre a colaboradora e o Estado produz um "signaling game" (DUTTA, 1999, p. 383), em que a forma como o Estado vai sinalizar e atrair informações pela colaboradora, e que sejam reconhecidas entre todas as suas agências, torna-se um problema no contexto multiagências.

Um risco entre os polos público e privado é o potencial uso estratégico pelo detentor do conhecimento. Por exemplo, se o Estado faz uma proposta muito positiva de benefícios, o ato pode sinalizar que o polo público nada tem sobre os fatos apresentados. O fenômeno tem contribuição de fatores como o otimismo exacerbado (*optimism bias*) e as barreiras da propensão à tomada de risco.

O dado é que as diferenças informativas podem acarretar refrações nas expectativas de cada parte e um dos principais fatores de insucesso dos acordos, que deveria basear-se na ampla confiança e lealdade mútuas. O conhecimento e domínio exclusivo pode ser considerado pela colaboradora como em moeda de troca que, em sistemas multiagências, pode até acarretar a competição entre as instituições. A pretensa colaboradora pode buscar aquelas que ofereçam melhores benefícios, que passam a atuar em competição entre si. É quando o "divide et impera" – até então a estratégia do Estado na lógica do dilema dos prisioneiros, mas que, como visto, não funciona com exatidão nas situações de corrupção – termina por voltar-se contra o próprio Estado, projetado em pontos cegos.

Outra situação da ausência de conjugação informativa entre as instituições é aquela em que uma delas realiza o acordo e faz a promessa de contraprestação por algo que o Estado, por uma de suas outras instituições, previamente tinha conhecimento por via diversa. Como aquilo que não inova não teria capacidade de ensejar acordos, a contraprestação estatal acabaria sendo oferecida sem que existisse sequer causa adequada.

Nota-se que as diversas questões remontam ao apreciado anteriormente sobre o sigilo e o compartilhamento de informações para preservar as finalidades dos acordos. São situações que podem ser solucionadas por ajustes no modelo multiagências, no sentido de aproveitar as capacidades institucionais para compartilhamentos e proteger o Estado contra as assimetrias, minimizando os efeitos negativos.

Um dos pontos essenciais para as soluções considera que o compartilhamento de informações deve ser revestido de cuidados, de modo a evitar vazamentos que possam subtrair o potencial de apuração e persecução dos ilícitos. Ademais, para a perspectiva da colaboradora, o uso do material deve ser restrito ao necessário, sem que ocorra a sua exposição, principalmente no contexto das relações empresariais (ver capítulo 3.3).

Ressalte-se novamente que um dos pontos destacados em todos os acordos confirma o quanto as instituições se preocupam com o que as demais terão acesso e buscam compartilhar as informações. Tanto nos acordos do MPF (95,83%) quanto nos da CGU (100%), há a previsão de compartilhamento com outras instituições. O que não existe é a clara definição sobre as ocasiões e seu alcance, pois dependem das circunstâncias de cada caso, o que contribui para os conflitos. Ou seja, indicam a voluntariedade em compartilhar, mas sem a correspondência daqueles que esperam receber as informações.

A então Medida Provisória nº 703/2015 visava a conciliar a atuação dos acordos da CGU com a participação do Ministério Público e da advocacia pública, visando a evitar o exercício de ações civis por improbidade administrativa e a reparação pelos mesmos fatos. Ela alterava o §1º do art. 15 da Lei nº 12.846/2013, determinando que a comissão designada para a apuração administrativa da responsabilidade da pessoa jurídica daria conhecimento ao Ministério Público do procedimento para a apuração dos eventuais delitos.

No entanto, em razão da perda de vigência, permaneceu o padrão original, que insiste em fraturar seu procedimento em contrariedade ao recomendado. O compartilhamento não é uma questão apenas procedimental, mas de garantir-se efetividade aos seus propósitos, o que envolve saber o que as demais instituições farão com o apresentado e em que medida precisariam daqueles elementos para exercer suas funções. Toma-se em conta as finalidades a serem alcançadas e a delimitação do conteúdo necessário ao seu desempenho.

Mas ao mesmo tempo que a restrição de acesso entre as instituições tem uma razão própria, ela termina por criar uma típica assimetria de informação no interior do próprio polo público, que aguça as desconfianças interinstitucionais, próprias da feição humana contra aquilo que foge do seu controle. Mecanismos de transparência até funcionam para minimizar desconfianças, mas que sem as precauções devidas podem contradizer os seus objetivos.

Basta pensar em hipóteses como as em que o apresentado pelo acordo envolva ilícitos de agentes de instituições intervenientes, como tribunais de contas,[132] que poderiam ter logo acesso às informações ainda em apuração; ou em que um órgão do Poder Executivo realizasse acordos que envolvessem fatos imputáveis a agentes do governo do momento, quando após a celebração identifica-se que o entregue era objeto de apuração prévia, por outras instituições e mesmo em seara diversa, como a criminal. São situações que provocam os questionamentos públicos sobre o instituto, em que a reputação da instituição acordante, estruturada no âmbito daquela Administração por ocasião da corrupção, causa estranheza por serem os acordos vistos como mecanismos de proteção dos agentes envolvidos (v. capítulo 4.2).

Ressalte-se ainda que um mero comunicado sobre as investigações criminais pendentes, dirigido às instituições que não têm capacidade institucional para interferir em seu desfecho, não resolve o problema, pois, além de não haver utilidade para o comunicado, pode ainda permitir vazamentos e a notícia aos potenciais agentes do ilícito, colocando em risco a efetividade do apurado.

Não por acaso é o número expressivo de acordos do MPF em sigilo/não divulgados (48,93%), quando comparado aos da CGU (11,76%), na medida em que a restrição ao compartilhamento pelo órgão ministerial tem o foco da persecução penal, além de os acordos da CGU serem, em regra, sucedidos após aqueles prévia ou concomitantes aos do MPF, que resguarda o potencial persecutório antes de permitir o compartilhamento. Trata-se de decorrência da destacada capacidade institucional para a promoção do referido efeito.

No entanto, a capacidade institucional em questão precisaria ser confrontada pelos efeitos dinâmicos perante as demais instituições. Como frisado, o objetivo é identificar os prejuízos ao desempenho do instituto que uma consideração isolada como a do MPF, de restrição ao compartilhamento, poderia ter sobre as demais instituições, sejam de exercício dos acordos (caso da CGU), ou intervenientes (caso do TCU). É quando se busca identificar como suas respectivas capacidades podem ser preservadas e potencializadas em equilíbrio.

---

[132] Como exemplo ilustrativo, ver a chamada operação "Quinto do Ouro" no RJ. Fruto de desdobramento da "Operação Lava Jato", identificou que conselheiros do Tribunal de Contas do Estado do Rio de Janeiro estavam, em tese, envolvidos em ilícitos (v. STJ, Apn nº 897/DF. Disponível em: https://www.stj.jus.br/sites/portalp/Paginas/Comunicacao/Noticias/Corte-Especial-recebe-denuncia-contra-cinco-conselheiros-do-Tribunal-de-Contas-do-Rio-de-Janeiro.aspx. Acesso em: 16 mar. 2022).

Para o compartilhamento conjugado por capacidades, trabalha-se inicialmente com uma lógica de razoabilidade, em que a identificação exata dos elementos exigidos para o desempenho de cada agência permitiria indicar quais informações precisariam ser compartilhadas, sem que o acesso a elementos diversos fosse realizado desnecessariamente.

Em tese, definir exatamente o necessário compartilhar pode fazer uma grande diferença na questão. Como pondera Mendonça, no contexto anticorrupção, o

> conocimiento es la capacidad de atribuir valor a una información con el propósito de fundamentar una acción adecuada a identificar el autor y los beneficiarios del acto corrupto, las actividades de ocultación y encubrimiento patrimonial del producto del ilícito y la efectiva recuperación de los activos correspondientes a ese ilícito. Por lo tanto, el conocimiento tiene una finalidad práctica intrínseca [...]. (2019, p. 10)

Tome-se a situação do necessário para apurar os valores de reparação, um dos focos principais dos conflitos interinstitucionais. Em uma realidade ideal, se fosse possível identificar o montante imediatamente e a pessoa jurídica pudesse logo realizar o seu pagamento, talvez o ponto não seria objeto de conflitos constantes. No entanto, muitos dos focos conflituosos surgem da indefinição sobre o quanto, o como, quais critérios de cálculo, ou mesmo a possibilidade de sua imputação às colaboradoras, algo que a experiência internacional e a doutrina têm salientado.[133]

Em parte, o problema parece ocorrer quando não se compreende que para as diversas finalidades dos acordos, desde a persecução civil e criminal até a reparação do dano, os elementos informativos podem não ser coincidentes. Para os cálculos, as informações podem não ser necessariamente a identificação de pessoas, ou dos atos de execução e suas circunstâncias, que por outro lado são exigidos para uma persecução. Para os montantes de prejuízo podem ser adotados elementos diversos, mesmo os objetivos, como termos contratuais, aditivos, prestações de contas, planilhas de cálculos, notas operacionais, entre

---

[133] A OCDE, em conjunto com a World Bank-UNODC Stolen Assets Recovery Initiative (StAR), chegou a produzir estudo que demonstra as dificuldades sobre a quantificação de valores na corrupção (OCDE/THE WORLD BANK, 2012; OCDE, 2014; ver ainda: WILLEBOIS, 2013).

outros, sem que ocorra a necessidade de ingresso nos subjetivismos dos casos em persecução.

A indefinição não permite sequer delimitar com exatidão aquilo que seria necessário compartilhar. Em situações duvidosas, todo o conteúdo torna-se o denominador comum, sujeitando os demais vetores e finalidades da colaboração ao risco.

Por outro lado, apesar de ainda não haver uma consolidação técnica sobre o ponto, a ausência de fixação imediata não foi um impeditivo aos acordos do MPF, que fixam ao menos os valores mínimos e não promovem a "quitação" da reparação. O mínimo é fixado porque cálculos podem demandar elementos ainda não conhecidos por ocasião da negociação, sendo que as informações e documentos iniciais nem sempre trarão tudo aquilo necessário para a integral apuração, demandando evidências em poder de terceiros e medidas apropriadas. Ademais, é recorrente a necessidade de prova pericial e estudos aprofundados, que dependem de análises até mesmo sobre a natureza dos valores, sem que exista uniformidade de critérios.

A ressalva vale até mesmo para a natureza atribuída aos pagamentos, como ilustram as considerações do MPF em acordos que contemplam o abatimento do montante, a depender do resultado prático do auxílio para a obtenção de valores em favor da União.[134] Ou ainda aquela situação acerca do perdimento do lucro, sobre o qual, embora o TCU tenha reconhecido a natureza de sanção, acolheu a possibilidade de sua consideração para compensar os valores de danos até então apurados, na medida da identidade dos fatos geradores e do erário credor.[135]

Portanto, apenas a sua liquidação total e definitiva é deixada para um momento futuro, pelas instituições no exercício de suas capacidades institucionais com *expertise*, que podem realizar as valorações

---

[134] Ver, como exemplo, o acordo Energex Group Representação e Consultoria Ltda.; PEM Engenharia Ltda.; Projetec Projetos e Tecnologia; Setec Tecnologia S.A.; SOG Óleo e Gás S/A; Tipuana Participações Ltda. ("Cláusula 7ª, §1º As COLABORADORAS abaterão, até o valor total de R$10.000.000,00 (dez milhões de reais), R$1.000.000,00 (um milhão de reais) do valor da multa compensatória prevista na alínea 'j' desta cláusula para cada R$10.000.000,00 (dez milhões de reais) apreendidos, sequestrados ou perdidos em favor da União Federal em decorrência exclusiva de seu auxílio previsto neste acordo").

[135] Ver o histórico com foco no Acórdão nº 892/2019-Plenário-TCU, que, em embargos de declaração quanto ao Acórdão nº 2.677/2018-Plenário, ainda considerou que valores diversos podem ensejar amortização daqueles elucidados em tomadas de contas contra os colaboradores.

e cobranças daquilo que se mostrou insuficiente.[136] O ponto é que a finalidade de persecução dos acordos não poderia aguardar procedimentos demorados e custosos, sob pena de prejudicar a sua efetividade com o passar do tempo.

No entanto, como salientado no histórico de intervenções conflituosas do TCU, o foco que acarreta conflitos leva em conta a sua discordância quanto aos montantes fixados, com a consideração de que a ausência de valores adequados poderia ser uma premiação ao corrupto. Em tese, seria possível sustentar uma suposição de que um valor mínimo, ou mesmo máximo de reparação, poderia incentivar a corrupção por contrariar as convenções de Mérida e de Palermo, além das lições de Gary Becker, em que a devolução ao menos do valor desviado é o que deveria ocorrer para o crime não compensar. No entanto, por si, a lógica seria falha no mesmo sentido indicado sobre a monetização dos efeitos (ver capítulo 4.2) e não seria correta até mesmo em razão da natureza dos acordos de leniência.

No caso, a fixação de valores mínimos não significa que a reparação e a obtenção de valores sancionatórios – elementos destacados na perspectiva da CGU e do TCU – sejam prejudicados. O que a dinâmica das capacidades demonstra é que a decisão ministerial com o foco em persecução não prejudica o exercício das demais instituições, que precisam definir os modelos e critérios para delimitar o objeto a ser compartilhado e criar previsibilidade para a negociação dos acordos. O que falta às instituições com a capacidade é o estabelecimento das bases para o exercício da sua própria função. A instituição ministerial o fez anteriormente sobre a sua capacidade persecutória e deixou o espaço respectivo das demais.

Nota-se o potencial negativo da indefinição de critérios com as impugnações sucessivas do TCU ao adotado pelas demais instituições, mesmo que o Tribunal não consiga elucidar exatamente as falhas e ao mesmo tempo sequer tangenciar como alcançar as demais finalidades do instituto. Como não existe um critério técnico coincidente para a avaliação dos valores, a indefinição não permite perceber quais os dados necessários ao compartilhamento, recrudescendo as resistências de acesso entre instituições.

---

[136] Ver a adoção da técnica como norte orientador do MPF na Nota Técnica nº 1/2017 – 5ª CCR, p. 24.

Um dos métodos de fixação é o baseado na Instrução Normativa – IN CGU-AGU nº 02/2018, que considera a possibilidade de valores com diversos componentes, tais como: a vantagem indevida, danos atribuíveis às empresas colaboradoras, somatório de vantagens ilícitas e o lucro ou enriquecimento possíveis se não houvesse a prática ilícita. A Instrução define como danos incontroversos aqueles com admissão de autoria e materialidade pela colaboradora, ou por decisão irrecorrível do TCU. Ela concretiza ainda a metodologia de cálculo da multa administrativa, com os limites da sanção com amparo no Decreto nº 8.420/2015 (atual Decreto nº 11.129/2022 e Portaria Conjunta nº 6, de 09 de setembro de 2022). Utiliza-se o faturamento como base de cálculo, além de outras formas de apuração (art. 20, *caput* e §1º do Decreto nº 11.129/2022).

No caso, parece haver ao menos uma delimitação de critérios pela CGU. No entanto, o principal problema na sobreposição continua a ser do TCU, que não encontra a convergência metodológica para a apuração dos montantes. É certo que o Tribunal tem composição técnica com alta *expertise* para análises na valoração do patrimônio público e montantes de reparação. É uma capacidade institucional aprimorada, decorrente da sua configuração constitucional e refletida na sua estruturação. No entanto, as dificuldades antes referidas sobre a valoração em sede internacional são refletidas no seu desempenho, com um efeito em especial.

A principal evidência é que, ao longo do tempo em que os conflitos foram constituídos, o TCU exercia fórmulas de cálculo distintas, com técnicas instrutivas diversas, como: a) auditorias de notas fiscais; b) apuração do produto interno mitigado; c) engenharias de custos tradicionais; d) índice de recuperação projetado; e) métodos econométricos.[137]

Em especial, a técnica dos modelos econométricos ganhou consideração destacada pelo TCU, que, diante da dificuldade das alternativas, indicou sua adoção em situações diversas, como nos casos de fraudes em licitações.[138] O modelo é baseado em análise de regressão com ferramentas de fontes matemáticas e métodos estatísticos ou

---

[137] Em sentido semelhante, ver: ATHAYDE, 2019, p. 57-60.

[138] Ver expressão da sua consideração no Acórdão nº 3.089/2015-Plenário (TC nº 005.081/2015-7), Relator Ministro Benjamin Zymler, em que o TCU apreciou estudo sobre a técnica e considerou que seus resultados serviriam como base a ser adotada para a avaliação de acordos de leniência anticorrupção, nos termos da então vigente IN nº 74/2015 (posteriormente sucedida pela IN nº 83/2018). Ver ainda: VILHENA, *et al.*, 2017, p. 18-29.

quantitativos, que envolvem equações com diversas variáveis e distribuições de probabilidade.

O dado é que existem variadas possibilidades para a construção de seus padrões de análise e quantificação, não sendo possível uma determinação exata, pois as variáveis são dependentes de interações complexas sem estimativas precisas, ou seja, o modelo funciona como uma estimativa aproximada.[139]

O problema é que a seleção do modelo pode variar de acordo com o critério daquele que o exerce, o que, em situações de indefinição, pode dar margem ao foco do egocentrismo em ponto cego, permitindo sustentar a discordância de qualquer outro critério se assim for o propósito. Em tese, quaisquer critérios adotados pela CGU ou pelo MPF poderiam ser inadequados, bastando alegar a preponderância econométrica selecionada pelo órgão externo, que poderia escolher aquelas variáveis que resultem em valores distintos dos então utilizados.

Ressalte-se que, quando destinado a um grupo de casos com a mesma matriz, a alteração do modelo econométrico poderia variar de acordo com o "alvo", ou com os dados disponíveis. Em consequência, como não são técnicas exatas, mas probabilísticas, ao final poderão não representar a reparação efetiva e integral ao erário. Ou seja, potencialmente alega-se inadmitir os cálculos da CGU ou do MPF por serem inadequados para a integralidade da reparação, mas adota-se em substituição uma técnica a pressupor que a reparação do dano também pode não ser integral, por ser um modelo baseado em presunção.

Ademais, se além de inexato o modelo variar de acordo com as provas e não de acordo com os fatos, a isonomia conceitual tem risco ainda mais acentuado de não se sustentar em confronto constitucional. É como se alterasse a natureza das coisas, que se confunde com a origem do problema multiagências: fatos semelhantes teriam consequências diversas não em razão de sua natureza (fato por si), mas pelos dados para apuração da sua realidade, variáveis em cada caso (elementos externos a eles), ao critério do avaliador.[140]

---

[139] Sobre o tema e as dificuldades de precisão econométrica, ver: COMISSÃO EUROPEIA, 2013, p. 12; e HILL; JUDGE; GRIFFITHS, 2000.

[140] Ciente de sua falibilidade e incerteza, ainda assim o TCU reconheceu que o método deve ser aplicado a casos semelhantes, independente dos dados: "9.1.1. O 'valor mais provável' do potencial prejuízo causado na Petrobras na redução dos descontos nas licitações, no período de 2002 a 2015, em razão da existência dos cartéis na Diretoria de Abastecimento, é de 17% em relação à estimativa das licitações tomando por base metodologia econométrica e dados de regressão consagrados internacionalmente e fartamente aceitos pelas cortes americanas

Ou seja, qualquer alteração em uma das variáveis econométricas pode desconsiderar margens de previsibilidade anteriores, criadas na estipulação negocial com as colaboradoras. A alegação de inadequação dos critérios em um acordo seria baseada na substituição por outro modelo, também incerto, mas agora selecionado pelo TCU.[141]

De modo a indicar como as considerações são por vezes contraditórias, veja o traço salientado no mapeamento (capítulo 1.1) sobre a questão abordada pelo TCU no Acórdão nº 483/2017, em que o valor a título de reparação encontrou a sua discordância, provocando um "recall" para que as acordantes obtivessem do MPF uma revisão dos valores segundo os critérios considerados pelo TCU, mesmo que não existisse certeza sobre eles. É situação capaz de surpreender não apenas quem realiza os acordos, em especial as pessoas jurídicas colaboradoras, mas ainda subsidiar a demanda pelo compartilhamento além do necessário para o resultado, pois quaisquer documentos podem ser exigidos para suprir o método econométrico escolhido.

Ressalte-se que não se está a dizer que o critério econométrico seja inadequado. Ele pode ser utilizado. O problema é deixar-se a definição ao apreço de um critério técnico sempre maleável, o que pode ensejar o mesmo efeito de abertura ao subjetivismo por um viés em ponto cego do operador, no caso, o TCU.

Como abordado no capítulo 2.4, isso ocorre porque os agentes estão regularmente sujeitos a uma moldura decisória por sua própria perspectiva e indicadores unidimensionais (BARSKY, 2008, p. 63-81), além da tendência a valorizar mais a incerteza do próprio critério, que passa a ser tratado como certeza, do que aqueles incertos dos outros. Tende-se a aceitar correr riscos com o próprio critério, que não seriam admitidos se fosse para auferir ganho semelhante caso ele estivesse fora da sua margem de controle.

(HARKRIDER; RUBINFELD, 2005; KORENBLIT, 2012) e brasileiras (Supremo Tribunal Federal (STF), RE nº 68.006-MG); [...] 9.1.3. O parâmetro supra relacionado, na ausência de dado mais robusto, em presunção *juris tantum*, servirá de base para a avaliação de legalidade e legitimidade dos eventuais acordos de leniência que venham a ser pactuados com base na Lei nº 12.846/2013 (Lei Anticorrupção), nos termos da IN-TCU nº 74/2015, especificamente no que se refere aos contratos executados na Diretoria de Abastecimento da Petrobras em que participaram as empresas investigadas na 'Operação Lava Jato'" (TCU. Acórdão nº 3.089/2015-Plenário. TC nº 005.081/2015-7, Relator Ministro Benjamin Zymler).

[141] Para análise detalhada da situação, ver MAZZONI, Marco. Acordos de Leniência Anticorrupção: subjetividades públicas na fiscalização pelo Tribunal de Contas da União. In: SADDY, André (Org.). *Discricionariedade na área fiscalizatória*. Rio de Janeiro: CEEJ, 2022, p. 351-390.

O efeito imediato é a potencial situação que não permite identificar as consequências sobre todos os objetivos dos acordos. Podem ocorrer comportamentos focados na obtenção imediata de certeza quanto aos valores por critérios próprios e seguros, mesmo sancionatórios, como parece ser a ótica do TCU (além de valores, ver as situações sobre a indisponibilidade de bens e inidoneidade das colaboradoras), mesmo que ao sacrifício de parcelas ainda dependentes de apuração ou de outras finalidades incertas do instituto sobre os quais não tem controle, como a alavancagem probatória para a persecução da corrupção.

Ao final, a indefinição dos métodos e critérios incentiva uma discricionariedade técnica que pode ser incapaz de delimitar o seu próprio exercício e que, além de subsidiar a demanda pelo compartilhamento mais que o necessário, pode desconsiderar os montantes acordados originariamente, funcionando como mecanismo que não contempla o foco de preservação empresarial, e assim propagar males aos *stakeholders*.

Ademais, deixar a definição do critério após os acordos pode não mais funcionar como reparação e fazer o ato ganhar contornos de sanção, em especial quando se tem em conta que as diferenças de valoração entre as instituições podem ser reflexos de pontos cegos, em que as discordâncias ocorrem por imposições egocêntricas sem que a troca entre elas se afaste da incerteza, como salientado sobre as práticas econométricas pelo TCU.

Como a reparação civil no sistema brasileiro não é amparada em lógica retributivista ou vingativa, ao contrário do que ocorre nos EUA, em que a Suprema Corte reconhece o direito à vingança do ofendido (*vendetta*) mesmo em seara civil, indica-se assim com maior pertinência a abordagem contra o *bis in idem* em reparações redundantes, pois ao Estado não é permitido agir por vingança em ponto cego contraditório.[142]

Portanto, o objetivo do esclarecimento prévio de métodos e critérios pelas capacidades institucionais é promover uma carga cognitiva previsível, que posteriormente não seja destoante das expectativas que levaram ao acordo e assim evitar as redundâncias institucionais sobre os mesmos fatos, que desconsideram o realizado nas etapas anteriores por cada uma das instituições, como se fossem atividades díspares do Estado (ver capítulo 3.5).

Porém, ressalte-se que, mesmo com métodos e critérios estabelecidos previamente, ainda assim a fixação em valores mínimos no

---

[142] Sobre o tema, ver: CALABRESI; SCHWARTZ, 2011, p. 179.

momento inicial não significa uma contradição e não nega aquela ideia de Becker sobre a necessidade de um valor que não compense o ilícito. A lógica é que os montantes visam àqueles infratores mantidos no ilícito, quando valores mínimos não fariam sentido. Mas a situação da colaboradora é fundamentalmente distinta, o que reflete na imputação dos valores a ela, que não deixarão de ser promovidos integralmente, mas que podem conter variações, como um diferencial da sua situação em não ficar pior que os não colaboradores.

Para tanto, note-se que os valores nos acordos de leniência do MPF a título de reparação podem ter o caráter de estabilidade provisória. Não apenas em razão de poderem depender de fatores inexistentes para a sua imediata definição,[143] mas tendo ainda em conta que, ao não promover a quitação, permite-se a atuação das demais instituições que, com *expertise* e funcionalidades próprias, preencheriam a lacuna de solução quanto ao ponto.

Diante dos diversos elementos referidos, passa-se a apreciar o relacionamento das capacidades institucionais, com suas potências a serem exploradas pelo conjunto de agências.

A missão precípua do órgão ministerial é a persecução, sobre a qual desempenha sua função em face de todos os agentes nas distintas esferas de responsabilização, mas sem prejudicar a reparação a ser exercida plenamente, que é um objetivo que pode ocorrer em etapas sucessivas com a atuação das demais agências. A atuação ministerial seria subsidiária quanto ao ponto, caso as demais não atuem. Ressalte-se que a atuação para suprir falhas de alguma instituição é uma das salvaguardas do modelo multiagências.

Por sua vez, a CGU, que detém a atuação precípua sobre a responsabilidade administrativa prevista na LAC (arts. 6º e 8º), pode exercer a valoração das sanções respectivas e os prejuízos causados, com abordagem técnica segundo os indicativos por ela esclarecidos previamente[144] e acordados pelo MPF na construção inicial dos acordos, enquanto o TCU, como entidade de controle externo, atua como

---

[143] *O Estudo Técnico nº 01/2017 da 5ª CCR-MPF, sobre a antecipação do valor incontroverso de reparação, expressa que: "segundo o texto da própria LAC, o dano deve ser apurado em procedimento administrativo específico. Não obstante, inclusive como demonstração de boa-fé das partes, o valor incontroverso inicial da lesão pode ser adiantado pela empresa colaboradora e outros agentes responsáveis, sem que isto implique quitação integral, eis que não se pode dispensar aquilo cujo alcance completo eventualmente ainda seja desconhecido, talvez até pelo próprio infrator"* (p. 102).

[144] CGU. *Manual prático de cálculo de sanções da Lei Anticorrupção*: cálculo e dosimetria, 2020. Disponível em: https://repositorio.cgu.gov.br/handle/1/46569. Acesso em: 03 jun. 2021.

filtro final dos valores identificados de forma dúplice: primeiro, na construção dos critérios prévios e técnicas de apuração junto ao órgão que opera a reparação primária (CGU); segundo, na resolução de pendências e dúvidas eventualmente suscitadas em casos concretos, mas que de antemão contaria com a matriz coordenada entre as instituições. O estabelecimento de marcos prévios tem como razão o fato de posteriormente não ser natural contradizê-los, garantindo, assim, previsibilidade para as colaboradoras. A cooperação interinstitucional pode então ser capaz de definir os padrões de cálculo comuns, em aprendizado mútuo comandado previamente pelas instituições com a sua capacidade destacada.

Mas, mesmo que a formulação dos valores estivesse com formatação consolidada, ainda restaria o aspecto conflituoso anterior, entre a perspectiva de garantir-se a reparação sem prejudicar a persecução da corrupção. No caso, para realização dos cálculos, as informações precisam ser compartilhadas, pois não é possível conferir o desconhecido. No entanto, com os critérios previamente estabelecidos, torna-se possível delimitar aqueles trechos do acervo narrativo e probatório que poderiam ser compartilhados prontamente, minimizando os efeitos negativos potenciais.

A preocupação do Ministério Público é pertinente, pois a divulgação de informações sobre os fatos entregues potencializa o risco de inefetividade da persecução, que conta com um amplo espectro de possibilidades probatórias e cautelares em sede processual penal, que servem ainda para concretizar o direito de defesa constituído pelos acordos de leniência e colaborações premiadas, que dependem da corroboração para ensejar os benefícios. Reitera-se a correlação entre a apuração criminal e os acordos de leniência, em que a ampla maioria dos acordos do MPF e CGU são precedidos por investigações criminais.

Concretamente, para potencializar o equilíbrio e os efeitos dinâmicos positivos entre as capacidades das instituições, surge o indicativo de que finalidades como a reparação podem ser adotadas no momento mais pertinente para a sua apuração, sem que se corra o risco do compartilhamento prematuro, de potencializar vazamentos e mesmo conflitos de agência, como ocorreria quando os alvos das apurações fossem agentes públicos das instituições atuantes ou próximas.

Em qualquer caso, considerando que a CGU e o TCU têm capacidades para definir os valores efetivos, a dinâmica das capacidades deve buscar aquele trecho procedimental em que o seu exercício possa ocorrer sem prejudicar as demais finalidades dos acordos, como as desempenhadas pelo MPF.

Uma das técnicas indicadas se aproxima do chamado "ciclo de polícia" (MOREIRA NETO, 2009, p. 444-447), que, a partir de um paralelo com o desempenho de funções em etapas, permite o acesso sucessivo das instituições para as respectivas capacidades especializadas, consoante a conclusão das etapas anteriores, que dependem do sigilo.

Uma das contestações contra a prática seria a alegação de que os valores de reparação que não sejam logo apurados poderiam ter a sua pretensão extinta. No entanto, a Constituição da República trouxe mecanismos capazes de conciliar os fatores em jogo. O vetor constitucional fixa que as pretensões para a reparação não são revestidas de prescrição (art. 37, §5º) quando se tem em consideração os fatos dolosos.[145] A matriz normativa visa a conciliar as operações, que não poderiam ser prejudicadas quando a realidade impedir a atuação proativa do Estado contra os ilícitos.

Quando os acordos são realizados segundo os critérios prévios, sem prejudicar a reparação integral (como a "não quitação" dos acordos do MPF), uma vez alcançada a finalidade persecutória, não haverá impedimento para a atuação da etapa subsequente, para ajustar os valores sancionatórios e de reparação, caso o até então acordado tenha incorreções. As finalidades com maior potencial em risco (persecução de ilícitos e efetividade do direito de defesa da colaboradora) seriam preservadas, sem que as finalidades com base lógica estável (cálculo e reparação) sejam prejudicadas.

Percebe-se ainda que a necessária caracterização da corrupção com dolo – não existe corrupção culposa –, além de garantir a máxima efetividade da proteção constitucional da reparação, salienta ainda que a atuação em acordos de leniência poderia acabar contentando-se apenas os critérios de responsabilidade objetiva da LAC – que prescinde do dolo – e assim não avaliar adequadamente os elementos subjetivos.[146]

---

[145] A imprescritibilidade da reparação (art. 37, §5º da CR), segundo o STF, tem um vínculo direto com o ato doloso. Ver RE nº 852.475, Rel. Min. Edson Fachin, 08 ago. 2018.

[146] Vale ainda salientar que, no Recurso Extraordinário nº 636.886/AL, o STF reconheceu que "é prescritível a pretensão de ressarcimento ao erário fundada em decisão de Tribunal de Contas", a salientar a funcionalidade especial da persecução com a regência de elementos subjetivos, para assim garantir os potenciais derivados dos acordos que buscam identificar o dolo.

Novamente é a consideração humana que dirige a operação do instituto, pois envolve a perspectiva criminal.

Portanto, a questão de como viabilizar o compartilhamento passa pela preservação das perspectivas de persecução (em face das capacidades do MPF) e definição de montantes das pretensões de proteção do patrimônio público (em face das capacidades da CGU, como principal operacional; e do TCU, sucessivamente, como certificador final), em etapas. Como indicado, para a persecução o sigilo pode permitir o compartilhamento em etapas sucessivas quando não houver mais o potencial prejuízo ao foco inicial.

Ademais, a fixação prévia dos critérios e técnicas de cálculo, somada ao exercício em etapas das capacidades institucionais, permite ainda outros ganhos sensíveis ao desempenho dos acordos de leniência. Além do montante apurado, a partir dele ainda existe a combinação sobre as condições para a sua cobrança, considerada a *ability to pay* e aquela premissa essencial de que valores imediatamente imputáveis às colaboradoras poderiam tornar sua situação pior que a das não colaboradoras, que não sofreram a carga da cobrança. Por isso a fixação dos valores mínimos na etapa inicial pode reforçar a atratividade dos acordos.

No caso, faz parte do ônus da colaboradora apresentar todos os elementos para elucidar os fatos por ela entregues, entre os quais os valores dos prejuízos causados. Os critérios previamente fixados por CGU/TCU informam a trilha. Se a colaboradora não apresentar todos os elementos para elucidar os valores, o efeito é permitir a contraprova pelo Estado, que usará seus instrumentos para tanto. A imputação comportamental visa a permitir que a colaboradora, que tem o interesse primário em evitar que excessos estatais recaiam sobre si, traga ao máximo os indicativos dos marcos de cálculo. No entanto, caso não consiga, a ausência de liquidação imediata não significa vício nos componentes do negócio jurídico.

Isso ocorre porque, mesmo com a fixação mínima inicial, a construção em etapas abre margem para alternativas de cobrança e redução da pressão imediata sobre as colaboradoras, ampliando o potencial sobre aquelas que não colaboraram. Veja que mesmo o TCU (Acórdão nº 483/2017-TCU-Plenário) chegou a expressar possibilidades a serem construídas para a cobrança diferenciada das colaboradoras, como:

> a) benefício de ordem na cobrança da dívida nas tomadas de contas especiais em que empresas colaboradoras respondam solidariamente

pelo débito junto a outras empresas; b) reconhecimento da boa-fé, com seus naturais efeitos de extinção dos juros de mora sobre o montante da dívida (Regimento Interno do TCU, art. 202); c) ressarcimento da dívida mediante parcelamento delineado de forma a respeitar a capacidade real de pagamento das empresas (*ability to pay*), a qual deverá ser atestada mediante procedimento analítico efetuado por agentes independentes de notório renome internacional; d) abatimento, em cada uma das primeiras parcelas da dívida, dos valores já antecipados no âmbito do acordo celebrado pelo Ministério Público Federal, os quais passam a funcionar como um fundo reparador, providências que acarretarão o diferimento do início do recolhimento do débito; e e) supressão da multa proporcional ao débito, a qual, de outra forma, poderia alcançar até 100% do valor atualizado do débito (Lei Orgânica do TCU, art. 57).

Por sua vez, o MPF produziu a Nota Técnica nº 1/2021-5ª CCR, que aborda alternativas semelhantes, com destaque para a suspensão do exercício da solidariedade passiva da colaboradora. Com base na faculdade de renunciar à solidariedade em relação aos devedores (art. 282 do Código Civil), mas considerando que ao acordo de leniência não é viável renunciar ao direito de reparação, abre-se a oportunidade de suspender o exercício imediato da solidariedade, transformando em subsidiária a cobrança sobre a colaboradora (lógica do enunciado de Súmula nº 652 do STJ), em especial se da colaboração surgir o potencial de reparação contra aquelas que não colaboraram.

Entre os efeitos da prática está o incentivo para que a colaboradora apresente evidências para a reparação em face dos demais infratores. O direito do Estado não é renunciado em face da colaboradora, que pode se beneficiar ao apresentar elementos capazes de fazer o Estado alcançar a reparação integral das não colaboradoras, além da plenitude sancionatória multiagências sobre elas.

Portanto, com os mecanismos citados, as capacidades institucionais trazem o potencial de garantir que a eventual discordância entre as instituições, em seus efeitos dinâmicos, não prejudique o desempenho institucional e possibilite otimizar ainda mais o propósito do instituto. A situação tem ainda outros contornos, como abordado a seguir.

5.2 A independência de esferas e o *ne bis in idem*: as capacidades institucionais no exercício sancionatório

Critérios instáveis para a imposição de sanções e valores pecuniários podem tornar a situação da colaboradora pior que a das demais violadoras, invertendo a essência do instituto.

Por sua vez, indicou-se que a equalização da assimetria de informações entre as instituições públicas é essencial, pois, com acessos em momentos diversos, elas poderiam atuar como se existissem razões para contestar as demais quanto aos mesmos fatos, alegando a sua autonomia como um fim em si, sob a premissa de que não há impedimento ao exercício das suas respectivas esferas de responsabilização.

Um dos problemas é que a razão de ser dos acordos considera que a via tradicional de detecção da corrupção pode ser inviável, além do alto custo de transação. Mas se a despeito disso o Estado ainda agravar a situação da colaboradora, a desproporção pode não apenas quebrar a atratividade (CARSON; PRADO, 2016, p. 56-65), mas até mesmo criar uma ilusória expectativa pelo próprio Estado, como um ato jurídico viciado dolosamente desproporcional. Seria como se uma parte que se mostrou incapaz de atuar sem o acordo visasse a ganhar investigações menos custosas, mas ao custo de uma contraprestação sem garantia de equivalência.

Trata-se de algo agravado no contexto multiagências, mesmo que a negociação tenha alcançado sucesso após todo o percurso em instâncias diversas, na medida em que podem faltar garantias de que o seu resultado seja mantido por todas, significando a inefetividade do adotado previamente.

A preocupação é confirmada pelo Estado. Ressalte-se novamente que em 95,83% dos acordos do MPF e em 100% daqueles da CGU havia previsão de compartilhamento do conteúdo com as demais instituições, mas busca-se evitar a reprodução sancionatória sucessiva, de modo que as instituições condicionaram o compartilhamento contra sanções redundantes sobre a colaboradora (95,83% do MPF; 80% da CGU).

No entanto, ainda assim os problemas práticos são recorrentes. Situações antes apresentadas, como o não reconhecimento dos acordos autônomos do MPF pela CGU, ou o exercício de ações por improbidade administrativa por instituições que não promoveram o acordo, ou ainda as restrições pelo TCU, indicam como o sistema de autonomia das esferas sancionatórias acaba tratando situações logicamente diversas

– colaboradoras e não colaboradoras – do mesmo modo, ao preço dos ideais do acordo de leniência e causando ainda uma consequência em especial: desnaturar a razão da autonomia das esferas punitivas.

Quando se toma em consideração que o instituto dos acordos seria assim ineficiente, o tópico do *bis in idem* ganha contorno realçado, pois é a sua consideração inadequada que salienta o potencial sancionatório em esferas distintas.

A matriz jurídica de independência das esferas civil, administrativa e criminal é bem delineada e difundida na prática brasileira. No entanto, o conflito surge com a manutenção da sua lógica quando a responsabilização não é mais direcionada ao violador típico, mas àquele que propõe reparar os efeitos dos ilícitos e busca um acordo. A resistência que motiva os conflitos entre as instituições, com sanções e valores distintos por cada uma delas, desconsidera que a independência das esferas tem uma razão funcional que visa a aprimorar finalidades de atuação e não as piorar.

No Brasil, os fatos que configuram a corrupção podem ensejar simultaneamente a incidência normativa de diversas espécies sancionatórias, como a criminal, a da improbidade administrativa, a da Lei Anticorrupção, a do regime contra infrações à ordem econômica, as de instâncias de controle externo (como os tribunais de contas), a administrativa, além do regime de responsabilização civil que não guarda natureza sancionatória.

Por sua vez, a estrutura do direito sancionador é baseada na independência com duas manifestações: (i) esferas distintas de responsabilização, como a administrativa, a cível e a criminal; e (ii) implicações sancionatórias com titularidades diversas na mesma esfera.

O efeito essencial da independência de esferas é que uma mesma conduta poderá ter consequências distintas sem que ocorra violação ao princípio do *ne bis in idem*. No caso, haveria uma relação de complementaridade e não de contradição, principalmente quando as sanções visarem a proteger bens jurídicos distintos afetados pela mesma hipótese fática.[147] Em regra, faz um programa sancionatório não ser influenciado

---

[147] Sobre a feição no ordenamento: "Não haveria qualquer *bis in idem* entre ações individuais, civis públicas, penais e processos administrativos, porquanto possuidores de escopos distintos e cumuláveis" (STJ, RE nº 1.181.643-RS, Relator Ministro Herman Benjamin, *DJ*, 1º mar. 2011). Sobre o tema, ver: COSTA, 2013.

por outro, o que possibilita os trâmites para as sanções respectivas sem a necessidade de aguardo dos demais.[148]

A Lei Anticorrupção (art. 30) prevê que as suas sanções não afetam as de outras previsões. Por sua vez, a Lei nº 8.429/92 prevê, em seu art. 12, que as sanções por improbidade independem daquelas penais, administrativas e das consequências civis. Ademais, com o objetivo de serem protegidos bens jurídicos diversos, não ocorrerá o *bis in idem* nas situações em que as sanções não tenham a mesma identidade de autor, fato e fundamento, ou seja, a tríplice identidade (SIMÃO; VIANNA, 2017, p. 52).

Porém, a abordagem sancionatória amparada apenas na perspectiva de sua incidência concomitante contra ilícitos termina por realizar um juízo de valor *post facto*, como consequência aplicável a ilícitos que o Estado detectou e em seguida reprimiu.

Pela perspectiva *ex post*, uma das razões da multiplicidade de origens sancionatórias não está exatamente na sua hipótese de incidência, mas nas titularidades com aptidão de detectar os ilícitos e incrementar os efeitos comunicativos das normas, que trabalham com a ideia de reforçar a confiança produzida pela pena. A previsão sancionatória não causaria a dissuasão apenas pela intimidação, mas a partir da confiança que os indivíduos têm no sistema, a relatar que os agentes não podem contrariar as normas e assim recebem o comunicado de que o seu descumprimento tem potenciais consequências ao quebrar expectativas (ROXIN, 1981, p. 147). Trata-se de uma base eminentemente jurídica, que deve ter em conta ainda a capacidade humana para o seu pleno funcionamento (ver o capítulo 4).

Não por acaso, a razão das previsões simultâneas, em especial no contexto anticorrupção, aproxima-se do aspecto positivo de um modelo multiagências em que se promove maior capilaridade para a detecção dos ilícitos, como um filtro ampliado em que o fato detectado recebe avaliação nas diversas instâncias e esferas, permitindo a incidência de suas respectivas previsões. O compartilhamento permite o exercício

---

[148] No Brasil, o padrão é pela não incidência do princípio *ne bis in idem* quando em questão a independência das esferas. Com destaque para os conflitos multiagências, a eficácia executiva de acórdão condenatório do Tribunal de Contas e a sentença condenatória em ação por improbidade administrativa destacam a lógica. Ver: STJ, REsp nº 1.454.036/MG, Rel. Min. Mauro Campbell Marques, Segunda Turma, julgado em: 09.10.2018, *DJe*, 24 out. 2018; STJ, REsp nº 1.633.901/PA, Rel. Min. Herman Benjamin, Segunda Turma, *DJe*, 20 jun. 2017; AgInt no REsp nº 1.381.907/AM, Rel. Min. Regina Helena Costa, Primeira Turma, *DJe*, 22 mar. 2017.

de todas as consequências previstas e um dado fundamental: bastará uma delas realizar a detecção. A hipótese sancionatória de cada uma delas funciona como um mecanismo de incentivo comportamental das instituições, em que não é a sanção que se torna o diferencial da atuação, mas sim o incremento do seu potencial de incidir, caso a previsão normativa não cumpra a finalidade para evitar o ilícito.

Isso ocorre porque punir não é, em um Estado de Direito, um fim em si. O objetivo da previsão de potenciais sancionatórios é otimizar a operação do ordenamento na proteção de bens jurídicos, na medida em que previsões punitivas abstratas, sem correspondência de funções para sua incidência, poderiam ser confundidas com uma perspectiva meramente retributiva, resumida na resposta a uma violação. Com escopo diverso, reivindica-se a vinculação da pena a objetivos que afastam a justificação dela apenas por remissão ao passado, como se fosse um fim suficiente. A retribuição pura, justamente por sua perspectiva presa ao passado, não garante uma função adequada para a vida de relação contínua em sociedade, que continuará a existir mesmo depois das violações antes consumadas. A falha da racionalização ocorre por faltar uma correspondência útil ao futuro, em que a pena não teria outra função senão a punição.

Por sua vez, quando se tem em conta que o poder punitivo é uno (FRAZÃO, 2017, p. 8; CARVALHO; FRAZÃO, 2018), com a consideração de que cada ramo, esfera e função são dirigidos a manter a expectativa de atos regulares ao ordenamento como um todo, a compreensão para não haver contradição entre suas manifestações punitivas é algo despertado pelos acordos de leniência, que operam sob ótica funcional diversa.

Ao contrário da perspectiva *ex post*, no caso dos acordos, a independência das sanções não tem em conta a justificativa para as múltiplas fontes sancionatórias, pois a detecção dos ilícitos não mais ocorre pela atuação do Estado, mas por elemento a ele estranho. Em tese, se a razão da quantidade punitiva fosse o principal preceito a ser observado em qualquer caso, bastaria aumentar o volume sancionatório em uma esfera, sem a necessidade de sua reprodução em outras.

No caso dos acordos, o que ocorre é a perspectiva *ex ante*. Como ressaltado por Spagnolo (2008, p. 262), "the feature that makes the leniency programs in antitrust somewhat special, apart from the new field of law enforcement they are directed to, is their being ex ante, general, and public", ou seja, os acordos de leniência são direcionados aos infratores ainda não identificados, que passam a ser conhecidos a partir de um ato sem o qual o Estado não conseguiria fazer as sanções incidirem.

Como efeito da apreciação *ex ante*, surge o raciocínio sobre o que ocorre quando a detecção pelo Estado não se fizer mais necessária, não por incidência de uma das esferas sancionatórias até então inefetivas, mas por entrega dos ilícitos pelo violador. O acordo de leniência permitiu a detecção do ilícito (finalidade de detecção cumprida) e aqui as previsões sancionatórias múltiplas não funcionaram como esperado, perdendo sua razão de ser.

Portanto, perde-se o nexo entre o potencial de detecção das diversas esferas e a incidência de sanções, pois a pena é devida àquele que resistiu ao seu alcance e ainda assim foi detectado, mas não ao que deixa de resistir e promove a detecção de ilícitos que antes contavam com as penas que nada evitaram.

Ao tratar com efeitos sancionatórios similares tanto aqueles que colaboram e aqueles que não prestam colaboração, são igualadas situações sem padrão de juridicidade proporcional, sabotando uma razão essencial para a busca da leniência, que é recompensar aquele que avalia reformar seu comportamento. Se permanecesse sobre ele toda a incidência punitiva das diferentes esferas, o potencial do acordo seria esvaziado.

Em síntese, a cooperação entre as instituições de um modelo multiagências, que deve ampliar a atuação de prevenção, detecção e persecução da corrupção, alcança aplicação mais adequada de sanções no estrito limite de sua necessidade (subprincípio da razoabilidade), de modo a evitar aplicações contraditórias que retirem a potencialidade dos acordos.

É quando a doutrina indica, para habilitar o potencial do Estado em diversas esferas, que ocorra o diálogo entre as instituições para o aprendizado recíproco, troca de informações e busca de soluções harmonizadas e coerentes (FRAZÃO, 2017, p. 8). É novamente a tônica do constitucionalismo cooperativo, a perquirir sobre a convergência de atuação do Estado de acordo com as respectivas capacidades.

O art. 12, §7º da LIA[149] determina que as sanções aplicadas a pessoas jurídicas com base nela e na LAC observarão o *non bis in idem*. Por sua vez, o que o art. 3º, *caput* e §1º da LAC visam é preservar as

---

[149] §7º As sanções aplicadas a pessoas jurídicas com base nesta Lei e na Lei nº 12.846, de 1º de agosto de 2013, deverão observar o princípio constitucional do *non bis in idem*.

apurações nas diversas áreas, em especial a criminal, pois a independência entre as instâncias de responsabilização não é absoluta e, mesmo após o acordo de leniência, a função dirigida aos agentes da corrupção (pessoas naturais) permanece, sendo que é a seara criminal que potencialmente pode provocar alterações nas esferas civil e administrativa, quando ocorrer a absolvição com fundamento na inexistência do fato ou na negativa de autoria (artigo 386, I e IV do CPP; art. 21, §4º da Lei nº 8.429/1992).

No caso, a consideração isolada dos acordos de leniência poderia eventualmente prejudicar a persecução penal, na medida em que um acordo sem apreciação adequada dos fatos criminosos criaria resistências na entrega dos elementos aos órgãos de persecução ou o desvirtuamento da coleta do necessário. A situação terminaria por prejudicar a própria colaboradora, pois, caso uma investigação em sede criminal resulte na inexistência dos fatos ou negativa de autoria, reconhecida pelo Ministério Público ou pelo Poder Judiciário, potencialmente não ensejaria sequer a responsabilização administrativa ou civil. Ressalta-se quanto ao ponto a lógica exposta quando da apreciação sobre o critério de responsabilização objetiva (seção 4.1). Mais uma vez, é o foco nas pessoas naturais que potencializa as diversas sistematizações de harmonização do instituto.

Ressalte-se ainda que o acordo de leniência não pode impedir que a apuração criminal ocorra, porque ela é dirigida às pessoas naturais. Limitar a atuação com base em marco formal dirigido às pessoas jurídicas seria um critério artificial, pois não aborda o objeto em si (os fatos trazidos), mas elemento externo a ele. Não é a existência de procedimento prévio que altera a existência de fatos criminosos. Veja ainda a hipótese de acordo de leniência baseado em fatos que, após investigação criminal, ensejassem sua inexistência ou configuração diversa, indicando que a colaboradora sonegou informações que foram descobertas apenas mediante a nova apuração. Ao final, a base que amparou o acordo pode se mostrar discrepante, inefetiva e mesmo inexistente, o que não sustentaria sequer a subsistência do acordado.

São circunstâncias a indicar como a condução administrativa isolada de acordos pode sabotar a sua funcionalidade. Por isso a percepção sancionatória exige a harmonização entre as instituições, que não podem sustentar suas capacidades somente na independência de esferas punitivas. A síntese da perspectiva sancionatória foi bem considerada por Machado (2019, p. 286), na medida em que "conceber a independência como indiferença funciona como um bloqueio à reflexão jurídica sobre como diferentes programas jurídicos sancionatórios devem interagir e se relacionar quando incidentes sobre um mesmo fato".

Portanto, os acordos não podem significar o risco e o trâmite desgastante entre instâncias diversas, que antes do acordo poderiam mover o sistema sancionatório múltiplo em razão de fatos não identificados. É a identificação pela colaboração que torna a feição punitiva contraditória e desnecessária em face da colaboradora.

A compreensão auxilia a elucidar parte da controvérsia sobre as intervenções do TCU. A consideração tradicional da tese da independência das esferas, com uma matriz no art. 37, §4º da Constituição, que ressalva a responsabilização penal em face dos atos de improbidade administrativa e ações civis decorrentes, considera que a tomada de contas pelo TCU e as sanções da Lei nº 8.443/1992 também não estariam limitadas pela celebração dos acordos.

Mas, no julgamento dos mandados de segurança referidos no mapeamento (MS nº 35.435, MS nº 36.173, MS nº 36.496 e MS nº 36.526), o voto condutor expressou que a possibilidade do TCU de impor sanção de inidoneidade pelos mesmos fatos dos acordos não seria compatível com os princípios da eficiência e da segurança jurídica. Salientou que os diversos regimes de leniência no microssistema anticorrupção devem zelar para a previsibilidade das colaboradoras quanto aos critérios sancionatórios e de benefícios, além do alinhamento de incentivos institucionais à colaboração. Como expressam Mendes e Fernandes:

> Se tal sobreposição fática não for considerada de forma harmônica, sobreleva-se o risco de determinada empresa ser apenada duas ou mais vezes pelo mesmo fato, a despeito de não ser evidente a pluralidade de bens jurídicos tutelados pelas distintas esferas de responsabilização. Embora a sanção de inidoneidade aplicada com base na Lei nº 8.443/1992 não esteja contemplada expressamente na Lei Anticorrupção (Lei nº 12.846/2013), a aplicação desta penalidade pela Corte de Contas resulta em ineficácia da cláusula que prevê a isenção ou a atenuação das sanções administrativas estabelecidas nos arts. 86 a 88 da Lei nº 8.666/1993, por consequência, esvaziando a força normativa do art. 17 da Lei nº 12.846/2013, pois os efeitos práticos das sanções mencionadas são semelhantes, senão coincidentes. (2021)

No entanto, apesar de a conclusão dos autores ser correta, o seu fundamento jurídico não permite compreender toda a lógica operacional, que é o diferencial da colaboração. Como indicado, o regime de múltiplas esferas tem propósitos específicos que deixam de funcionar quando se trata de colaboração. A pena não é um fim em si, mas um meio. Por isso o exercício em uma sede permite a sua consideração para evitar sua reprodução em outras.

Ressalte-se ainda que, no caso das sanções pecuniárias, que formam o principal foco dirigido às pessoas jurídicas também no Brasil, a experiência internacional sugere levar-se em conta o montante de acordos anteriores sobre os mesmos fatos. Jurisdições incluindo o Reino Unido, Estados Unidos e Alemanha têm comprovadamente compensado multas pagas em outros lugares (ODUOR, 2014, p. 52-53).

O ponto é que a adequação sancionatória ocorre pelo ajuste coordenado das instituições, que desenvolvem relacionamentos de aprendizado mútuo aptos a constituir os ganhos comuns. A OCDE expressa a síntese do que o aprendizado sobre as resoluções interinstitucionais, com repercussão sancionatória e de reparação, permitiu:

> Finality of a multi-jurisdictional resolution often helps: (1) create efficiency for multiple prosecuting authorities that can allocate resources to other matters, (2) provide greater certainty for defendants based on the agreements in which they enter, (3) ensure that all criminal conduct can be addressed even if it occurred in several jurisdictions beyond the reach of any one enforcement agency, and (4) fairly distribute any compensation, fines, disgorgement, or other penalties among the participating jurisdictions. (2019, p. 37)

Nota-se que cada um dos pontos citados tem uma configuração específica no contexto das capacidades institucionais sob o influxo cooperativo: (i) ao permitir que a persecução seja promovida pela instituição com melhores capacidades, evita redundâncias e permite que os recursos das demais sejam destinados a funções diversas; (ii) subtrai a surpresa por atos contraditórios de instituições sucessivas, garantindo previsibilidade para os acordos e proteção das colaboradoras; (iii) ao mesmo tempo que protege colaboradores, permite que o sistema sancionatório funcione plenamente nas diversas esferas, em especial a criminal, em face dos agentes que passaram a ser identificados; e (iv) as instituições criam critérios de consideração e distribuição dos recursos obtidos pelos acordos proporcionalmente, com a especial consideração de destinação às vítimas. Portanto, nota-se que, quando os efeitos são comuns, como ocorre com a repercussão sancionatória, a finalidade alcançada pela colaboração deixa de exigir redundâncias que contradigam a sua finalidade.

Para a coordenação entre as agências de combate à corrupção, um dos modelos é conhecido como o *no piling on policy*,[150] adotado pelo Department of Justice (2018) na forma de adendo ao "United States Attorneys Manual", que trata da coordenação de resoluções consensuais que envolvam mais de uma agência, de modo que a falta de coordenação causa penalidades redundantes. As medidas recomendam que os procuradores do DOJ coordenem a atuação entre eles para evitar penalidades desnecessárias contra a mesma pessoa jurídica. Portanto, indicam esforços que "consider the amount of fines, penalties and/ or forfeiture paid to federal, state, local or foreign law enforcement authorities that are seeking to resolve a case with a company for the same misconduct".[151]

Os ajustes do *no piling on policy* estão baseados nos seguintes pontos: a) a reafirmação de que a persecução não deve ter propósitos que não estejam relacionados às investigações, não sendo correto adotar o potencial sancionatório apenas para persuadir a pagar valores superiores em resoluções civis; b) a orientação para os membros coordenarem a resolução dos casos que envolvem a mesma conduta, de modo a alcançar um resultado equilibrado; c) a coordenação com outras autoridades federais, estaduais, locais e estrangeiras para casos envolvendo as mesmas condutas; e d) a identificação de fatores relevantes (como a conduta ilícita, normas a respeito das penalidades, o risco de atraso injustificado da resolução final, a adequação e oportunidade da cooperação), para os procuradores do DOJ considerarem ao avaliar se as penalidades atendem aos critérios de justiça.

Em 2018, o DOJ produziu a atualização das diretrizes e trouxe indicativos em que os procedimentos para coordenação entre as funções criminais, civis, regulatórias e administrativas devem ser estabelecidos em comunicações prévias e regulares, com a consideração de três momentos coordenativos: a) instauração, quando são consideradas todas as esferas sobre as soluções potenciais; b) investigação, em

---

[150] Ver: https://corpgov.law.harvard.edu/2018/05/24/the-dojs-new-piling-on-policy/. Acesso em: 11 jul. 2021.
[151] Ver o memorando de Rod Rosenstein, Deputy Attorney Gen. U.S. Department of Justice, para o Heads of Department Components U.S. Attorneys, Policy on Coordination of Corporate Resolution Penalties (2018). Disponível em: https://www.justice.gov/opa/speech/file/1061186/download. Acesso em: 11 jul. 2021.

que são aplicadas as estratégias de apuração com o compartilhamento de informações entre as esferas, mas na medida do necessário ao seu desempenho; e c) resolução, quando as instituições devem considerar os efeitos potenciais das decisões nas demais esferas, o que alcança a aplicação de penas.[152]

Ressalte-se que uma condução *no piling on*, ao menos parcialmente, envolve uma consideração em etapas que preserve as finalidades dos acordos sem prejudicar o instituto pelo exercício cumulativo.[153] O fundamental é o ajuste prévio entre as instituições, o que ressalta aquele elemento quando as decisões contam com uma participação ativa, em que a agência é levada a se envolver na construção de acordos de forma efetiva e assim tende a não cometer atos contraditórios. Trata-se ainda de algo a ser ajustado entre instituições em chamada prévia para acordos com alcance além da atribuição da instituição original.

De qualquer forma, o destaque é serem as capacidades destinadas à persecução o centro de operação coordenada, com as demais funções na sua órbita, algo que choca ao se perceber que o modelo brasileiro é afastado da premissa penal desde a sua origem. Ressalte-se que o problema da operação brasileira não é apenas a necessidade de articulação entre as agências (SIMÃO; VIANNA, 2017, p. 102), mas outra, vinculada às feições humanas que envolvem o instituto, como antes apurado em diversos aspectos do mapeamento (ver, em especial, os capítulos 3.2, 3.5 e 4). É o que conduz ao próximo aspecto para evolução.

5.3 A proteção das pessoas naturais que corroboram os acordos de leniência

Um elemento identificado nos acordos tem íntima ligação com a atuação anticorrupção efetiva: a investigação criminal preexistente. No caso do MPF é a situação de 91,6% dos acordos; enquanto 80% da CGU tinham situação semelhante, que contam com a necessária atuação ministerial. Ademais, o número de acordos de colaboração premiada no contexto dos acordos de leniência do MPF (148 acordos por atuação

---

[152] Partes: 1-12.000 e 1-12.100. https://www.justice.gov/jm/jm-1-12000-coordination-parallel-criminal-civil-regulatory-and-administrative-proceedings. Acesso em: 28 dez. 2021.

[153] Haveria até mesmo um condutor normativo no Brasil, como o art. 22, §3º, da Lei de Introdução às Normas do Direito Brasileiro – LINDB: "As sanções aplicadas ao agente serão levadas em conta na dosimetria das demais sanções de mesma natureza e relativas ao mesmo fato".

própria) indicam que a repercussão sobre as pessoas naturais tem um laço constante com a essência dos acordos.

O dado demonstra como a proximidade da persecução penal pode criar os mecanismos para uma colaboração efetiva. A base probatória dependente de relações humanas contextualizadas pode exigir incentivos para as pessoas naturais envolvidas, sendo um dos seus instrumentos fundamentais a colaboração premiada (art. 3º-A, Lei nº 12.850/2013). Seu objetivo primário não é a reparação antecipada do dano, mas descortinar os ilícitos relatados no acordo de leniência, finalidade que não pode deixar de ocorrer, pois se o objetivo fosse apenas a reparação, não seria necessário sequer um acordo de leniência e bastaria assim um acordo com natureza civil.

É exatamente o foco anticorrupção que justifica o instituto da leniência e fazê-lo sem manejar os instrumentos para a persecução plena dos ilícitos seria desnaturar sua finalidade.

A relação entre o acordo de leniência e a colaboração premiada é bem delineada a partir do paralelo entre a colaboração em sede processual penal e aquela no Direito Administrativo Sancionador. Em ambas, a finalidade é o incremento da eficiência das investigações complexas e com nível de organização diferenciado, que dificultam a atuação isolada do Estado. A colaboração das pessoas naturais que conseguem reproduzir a função cognitiva dos fatos é essencial para a elucidação efetiva.

Ao mesmo tempo, é a substância do entregue e seu potencial de elucidar o informado que constitui a colaboração da pessoa jurídica, que não prescinde de informações traduzidas em expedientes probatórios, que, nos ilícitos obscuros – como a corrupção –, podem demandar a exposição de pessoas naturais na sua estrutura, como gestores e dirigentes, que podem ocupar posições no mesmo contexto delatado e por isso conhecerem os fatos.[154]

Como o acordo de leniência da pessoa jurídica não traria benefícios aos agentes naturais, ele poderia não ser atrativo para empregados, dirigentes e controladores, que para evitar sua própria incriminação inviabilizariam informações para substanciar o acordo. Faltaria, assim, incentivo ao criar-se a situação em que a pessoa jurídica receberia benefícios, mas as pessoas naturais envolvidas não. A inexistência da conjugação cria um descompasso na estrutura de reação do sistema colaborativo.

---

[154] No mesmo sentido, ver: SOUZA, 2019, p. 135.

Ressalte-se que a implicação criminal das apurações oriundas dos acordos de leniência termina por reforçar as garantias daqueles que recebem a persecução, pois as medidas de apuração criminal são revestidas de mecanismos com marcos restritos. Uma decorrência é a abertura a instrumentos de persecução não aplicáveis às esferas de responsabilização civil ou administrativa. É algo sentido em outros países, quando o sucesso no combate ao ilícito tem vinculação reconhecida com os instrumentos de persecução penal, que são manejados em sistemas de leniência que atuam em paralelo, tanto para as pessoas jurídicas, quanto para as naturais em caráter criminal (WILS, 2005, p. 40-41).

No entanto, é preciso considerar que a persecução e os acordos penais devem ser promovidos sem que as medidas dirigidas às pessoas jurídicas deixem de ser adotadas, pois, se assim não ocorrer, haverá conflitos na lógica de incentivos. Os efeitos da persecução penal das pessoas naturais conjugada aos do acordo de leniência foram sentidos onde houve a sua consideração. Desde a década de 1960, o DOJ tem observado comparativos, em que, a partir dos anos 2000, houve o incremento das penas e a evolução da detecção, com variações que resultaram no progresso do combate aos ilícitos.[155]

Sobre o ponto, o DOJ utiliza a prática "carve in" e "carve out", que permite a inclusão (*carve in*) daqueles funcionários que cooperam com as investigações nos acordos de leniência das pessoas jurídicas, ou a exclusão (*carve out*) daqueles que se recusam a cooperar ou em face dos quais não há evidências, caso em que podem celebrar seus acordos em separado. Muitas empresas buscam minimizar o número de *carve outs*.[156]

Quanto ao Brasil, a OCDE percebeu o diferencial no programa do Cade, em que "in a few short years Brazil has developed a programme for criminally prosecuting cartels that places it as one of the most active of all countries in this area" (2010a, p. 20), a partir da cooperação da Secretaria de Direito Econômico com as instituições ministeriais, como parceiras que compartilham a investigação e o resultado dos

---

[155] Ver as informações de Brent Snyder, do DOJ, no Remarks at the Yale Global Antitrust Enforcement Conference, em 19 de fevereiro de 2016. Disponível em: https://www.justice.gov/opa/speech/deputy-assistant-attorney-general-brent-snyder-delivers-remarks-yaleglobal-antitrust. Acesso em: 30 jun. 2021.

[156] Sobre o expediente, ver: HAMMOND, 2006, p. 7-8.

instrumentos de persecução penal.[157] Os efeitos penais imediatos como resultado de acordos de leniência não são o ideal (v. capítulo 4), mas a conjugação institucional de apuração indica um potencial de avanço.

Ademais, no Brasil há posições doutrinárias que argumentam haver ainda uma busca pela "possibilidade de estender os efeitos do acordo de leniência às pessoas naturais", como nos padrões indicados pela Nota Técnica da 5ª CCR-MPF, na qual,

> nas hipóteses em que essas pessoas são integradas ao negócio jurídico, o *Parquet* compromete-se, além dos benefícios da LAC, a não apresentar denúncia contra as pessoas físicas relacionadas à pessoa jurídica signatária. Ou seja, no meio do caminho entre o acordo de leniência de natureza cível e administrativa (idealmente ancorado na LAC e na lei de improbidade) e o acordo de colaboração premiada da esfera criminal (previsto na Lei nº 12.850/2013), a prática institucional do MP foi delineando uma forma de contemplar, nos acordos de leniência, as repercussões penais dos ilícitos administrativos e cíveis. (MENDES; FERNANDES, 2021)

O fundamental é compreender no que consiste a alegada extensão. Não se trata de uma inovação normativa, mas o exercício harmônico de institutos em lógica funcional, pois não há vedação ao seu manejo. A Nota Técnica nº 1/2020 da 5ª CCR/MPF ressalta que:

> o MPF tem adotado a técnica de celebração de Acordos de Leniência, com pessoas jurídicas colaboradoras e pessoas físicas a elas relacionadas, atribuindo repercussões sancionatórias cíveis e criminais. Esta prática, sob o ponto de vista criminal, é um enorme desafio institucional. O novo regramento das colaborações premiadas encontra-se assim estabelecido na Lei nº 12.850/2013 (com as alterações da Lei nº 13.964/2019), em seus artigos 3º-A ao artigo 7º. Este regramento de Direito Penal e Direito Processual Penal deverá ser observado, relativamente às adesões de pessoas físicas, quando celebradas no contexto de Acordos de Leniência, caso sejam negociadas com efeitos jurídicos criminais, e, por conseguinte, extravasando os efeitos do domínio da improbidade administrativa. (p. 41-42)

---

[157] "More recently, however, prosecutors have begun to uncover their own leads and initiated cartel investigations themselves. Due to the existing relationships, the prosecutors have sought the competition agencies' assistance in such investigations. Additionally, SDE's interaction and cooperation with public prosecutors gives SDE the ability to tap into the different investigation tools (such as wiretaps) and resources available through the police and prosecutors" (MARTINEZ, 2011, p. 3-4).

Para conciliar a harmonização dos institutos negociais, a técnica foi a fórmula dos "termos de adesão das pessoas físicas", que, a partir do acordo para as pessoas jurídicas, permite a adesão das pessoas naturais por instrumentos próprios para a sua colaboração, como o acordo de colaboração premiada e o ANPC com efeitos sobre a improbidade. Trata-se de conciliação da realidade prática, que poderia ser contraditória caso a conjugação fosse vedada.

Para efeitos multiagências, o destaque é a capacidade institucional do Ministério Público, que pode conjugar todos os instrumentos para a recepção humana simultaneamente, minimizando conflitos e potencializando o comportamento de "carve in", não apenas pelo polo público de operação, mas destacadamente aquele privado das colaboradoras, que precisam impulsionar seus agentes naturais com maiores garantias. Ao viabilizar o instrumental em ocasião única, com a consolidação de efeitos, a pertinência da articulação dos acordos de leniência em etapas, desde a inicial, com a percepção para a persecução, até a reflexão dos demais efeitos nas etapas sucessivas, é acentuada.

5.4 A prevenção ativa: implementação dos programas de integridade

O acordo de leniência não esgota a atuação de Estado com o propósito dirigido ao passado, como é próprio da persecução. Modelos sancionatórios também são voltados a prevenir violações e o instituto não se afasta do propósito, sendo o foco futuro destacado com os programas de integridade.[158]

A implementação e o acompanhamento de programas de integridade são assim outros objetivos dos acordos anticorrupção. Os programas (Decreto nº 11.129/2022, art. 56) são:

> no âmbito de uma pessoa jurídica, no conjunto de mecanismos e procedimentos internos de integridade, auditoria e incentivo à denúncia de irregularidades e na aplicação efetiva de códigos de ética e de conduta, políticas e diretrizes, com objetivo de: I - prevenir, detectar e sanar desvios, fraudes, irregularidades e atos ilícitos praticados contra a Administração Pública, nacional ou estrangeira; e II - fomentar e manter uma cultura de integridade no ambiente organizacional.

---

[158] A base teórica do trato da corrupção sob o conceito de integridade é a denominada "republicana", que tem seu foco destacado na prevenção. Ver: PETTIT, 1997; PUTNAM, 1993.

No entanto, o indicado salienta que os programas de integridade a partir dos acordos não prescindem da repercussão sobre as pessoas naturais, na medida em que a leniência sem elas pode impactar a efetividade do programa. O foco é o futuro das estruturas em que elas operam, e o acordo não deveria funcionar como escudo para proteger condutas inadequadas.

Como apreciado sobre as capacidades institucionais, a CGU tem uma capacidade destacada quanto ao desempenho dos programas, amparada na previsão do Decreto nº 11.129/2022 (arts. 56 e 57). Saliente-se que a instituição conta com um setor destacado para acompanhamento, com critérios para o seu monitoramento (Portaria nº 909/2015) e repercussão na dosimetria da multa (Portaria Conjunta nº 6, de 09 de setembro de 2022). A operação do acompanhamento dos programas de integridade tem uma matriz próxima àquela do *Independent Compliance Monitoring* norte-americano.[159]

Como os acordos compreendem uma divisão dos custos contra a corrupção entre Estado e iniciativa privada, os programas têm a capacidade de operar como técnica de detecção e coleta de provas dos ilícitos praticados após o acordo, salientando que o seu objeto não se resume à perspectiva isolada da pessoa jurídica em determinado momento, mas alcança ainda os comportamentos posteriores. Trata-se de destacado foco dirigido ao futuro, com a adoção de medidas capazes de induzir condutas preventivas, em especial nas relações com o Estado. É o potencial contínuo que ganha a feição destacada do Poder Executivo, que pode provocar a estrutura em diversos momentos para o seu aprimoramento.

Ademais, na medida em que se busca identificar a falha organizacional da pessoa jurídica em não impedir ilícitos de agentes a ela conectados, até mesmo a capacidade de arrependimento, que é um dos critérios de imputação para a responsabilização das pessoas jurídicas, mostra-se presente na situação dos programas de integridade, na medida em que se objetiva evitar a prática de novos delitos, sendo uma política pública executiva quando se tem em conta as medidas materiais e o planejamento necessários ao acompanhamento.

Por sua vez, outro papel dos programas parte da consideração de que as previsões de reparação vão além do aspecto financeiro e integram um anseio de preservação da empresa, o que pode exigir

---

[159] Sobre o modelo, ver o "Memorando Morford" (ESTADOS UNIDOS. DOJ, 2008).

medidas como o afastamento de administradores, ou inovações como a transferência compulsória do controle societário. No caso de empresas familiares, a obrigação de um conselho de administração, além do afastamento, visa ainda a profissionalizar a gestão. Portanto, os programas trazem o potencial de medidas que não se confundem com a persecução, em que o afastamento daqueles que falharam na operação empresarial seja recomendado para preservar *stakeholders* e o ambiente de desempenho econômico.

Nota-se, assim, que os programas de integridade podem ser um fator importante para a harmonização multiagências, na medida em que, ao se afastarem dos mecanismos de persecução, permitem o destacamento de atos futuros para potenciais de prevenção.

Ademais, a CGU disciplina a gestão do Cadastro Nacional de Empresas Inidôneas e Suspensas (CEIS) e do Cadastro Nacional de Empresas Punidas (CNEP) – arts. 58 a 63 do Decreto nº 11.129/2022 –, com registros sobre as sanções impostas a pessoas físicas ou jurídicas e promovendo um controle sobre suas consequências, o que exige potencial de reação e interlocução entre as esferas. O descumprimento dos acordos, sendo as violações aos programas de integridade uma das causas, é contemplado (art. 53, parágrafo único).

A destacada capacidade institucional tem um potencial fundamental. A partir do desempenho focado ao passado no primeiro momento dos acordos, o compromisso leva à plenitude de novas medidas pela CGU em etapa seguinte, sem que seja restrita pelo semblante persecutório e de modo a não prejudicar o desempenho daquelas funções iniciais.

Portanto, considerando que as medidas enumeradas ao longo dos tópicos abordaram pontos sensíveis para otimizar as capacidades, o próximo passo é sobre os arranjos formais práticos, que minimizem os efeitos negativos e potencializem a operação multiagências.

CAPÍTULO 6

MODELOS OPERACIONAIS DE COOPERAÇÃO MULTIAGÊNCIAS: OBJETIVOS, TÉCNICAS E SENHA COMO INSTRUMENTO

Uma vez apurado como surgem os conflitos multiagências e indicativos que potencializam as capacidades institucionais para a resolução, chega-se ao momento de abordar como configurar a prática cooperativa na realidade das instituições.

Existem alternativas operacionais diversas. Uma recorrente seria aquela a depender de uma lei que venha a reger as atuações negociais, concentrando a função em uma das instituições ou determinando outra configuração com a atuação delas. Um problema logo salientado é que a solução legal pode criar barreiras que desconsideram a natureza das operações institucionais e permitir conflitos como os indicados. Basta salientar que a configuração da LAC tem provocado reações como aquelas da CGU, que buscou na matriz legal uma âncora de exclusividade para afastar o MPF.

Ademais, na medida em que instituições vocacionadas ao microssistema anticorrupção sejam excluídas, surge a tendência de reação, além de não contemplar a atratividade e a preservação dos direitos das colaboradoras, que continuariam a ser surpreendidas pelas vicissitudes comportamentais de cada instituição. Como apontado ao longo da exposição, o problema interinstitucional não é exatamente o legal.

Outra alternativa seria a veiculação de instrumentos formais de cooperação, como memorandos de entendimentos ou os protocolos de cooperação técnica. Veja o Acordo de Cooperação Técnica envolvendo AGU, CGU, Ministério da Justiça e Segurança Pública (MJSP),

TCU e STF; ou os Memorandos nº 1/2016 e nº 29/2019, entre o MPF e o Cade, que permitem o compartilhamento de informações, de modo a evitar que os respectivos acordos sejam desconsiderados por uma das instituições; ou ainda os "protocolos de cooperação técnica" entre o MPF e a CGU, que garantem o conhecimento mútuo de investigações previamente existentes, o cruzamento de dados e o compartilhamento de informações.

São previsões que podem até sanar algumas falhas das operações multiagências. No entanto, terminam por manter vários dos problemas apurados, como portas de entrada diversas, redundâncias, riscos de compartilhamento precipitado, procedimentos diferentes, além de um em especial: não otimizar o potencial das capacidades institucionais.

A razão é que de nada adiantaria a identificação das capacidades institucionais caso mantidas as reações de cada uma das instituições sem coordenação em múltiplos acessos. Como salientado, os sistemas com redundâncias produzem a reiteração de situações de "primeira vez" sempre que um pedido de leniência seja apresentado, algo agravado quando não houver ao menos um padrão mínimo sobre as informações exigidas para negociação em cada uma das instituições, ou indicativos sobre a definição das contraprestações, que variam por critérios de cada agência.

Os múltiplos acessos, sob a ótica da colaboradora, criam diversos efeitos cognitivos, aumentando os custos de oportunidade e transação de maneira significativa, pois iniciativas em uma agência podem significar sua exposição em outra, sem garantia de um acordo em seguida e podendo, assim, retirar os efeitos dos incentivos planejados, mesmo ótimos, em todas elas.

Para a OCDE (2014b), a tensão entre potenciais colaboradores perante múltiplas jurisdições pode ainda ter consequências diversas como: (i) atingir a qualidade das propostas recebidas, pois a necessidade de ser o primeiro em todas as jurisdições pode afetar o valor e a extensão das informações em cada caso; (ii) a relevância de alguns pedidos em sua substância; e (iii) a potencial diminuição de acordos propostos.

Diante dos diversos problemas, o seu Comitê Consultivo sugeriu que a OCDE considerasse o procedimento de senhas em "balcão único", preservando assim o lugar dos candidatos entre as diferentes jurisdições e encorajando o uso de programas de leniência, o que poderia reduzir os aspectos negativos evidenciados.

Quando a doutrina menciona o tema do "balcão único", ou "guichê único", a ideia imediata é sobre a existência de uma instância perante a qual o pretendente ao acordo precisa manifestar sua pretensão, que então produziria efeitos sobre todas as instituições.[160] Em alguns aspectos, a ideia de concentração de vias pode não ser algo apenas recomendável, mas uma necessidade quando se tem em conta que o poder estatal disperso pode contradizer expectativas para o exercício de direitos e institutos como o caso dos acordos.[161]

No entanto, apesar de a imagem do "balcão único" não ser incorreta, talvez não contemple todas as circunstâncias que envolvem a ideia. Em tese, o direcionamento unitário para o colaborador não exigiria, necessariamente, uma porta ou resolução uniforme. Seria o caso de uma instituição em especial ter preferência para receber as solicitações de acordo, sem exclusividade, com compartilhamento posterior perante as demais; ou pode ser o caso de haver múltiplas portas de entrada no sistema de colaboração, mas com o compartilhamento dos efeitos de apenas uma negociação por todas as instituições; um "balcão" poderia ainda ser apenas o instrumento de acesso unitário, mas produzir efeitos distintos para cada uma delas.

É por isso que uma nomenclatura mais adequada para o instituto seria a "via única", como um gênero de técnica, que contempla variadas espécies de acesso, mas com o objetivo de uniformizar pelo menos um de seus efeitos entre as diversas agências.

É o sentido em que surge o debate sobre o potencial das alternativas em um contexto evolutivo de soluções, a partir da experiência internacional de múltiplas jurisdições em que cada caso poderia não resguardar todos os fatores para acordos, como a atratividade.

Para a apreciação do potencial de via única, considere-se que sua operação busca minimizar os aspectos negativos do modelo multiagências e seus efeitos. Os requerentes teriam, assim, um mecanismo concentrado para noticiar os ilícitos, com repercussão em todas as

---

[160] Sobre as perspectivas da ideia, ver: OLIVEIRA; MENDES; HERRERA, 2018, p. 41-55; CORDEIRO MACEDO; SANT'ANA, 2019; e MONTEIRO, 2021.

[161] "Os adversários incondicionais do poder estatal não podem defender com coerência os direitos individuais, pois os direitos constituem uma uniformidade cogente imposta pelo Estado e custeada pelo público. A igualdade de tratamento perante a lei não pode ser assegurada num vasto território sem órgãos burocráticos centralizados relativamente eficazes e honestos, capazes de criar e fazer valer direitos" (HOLMES; SUNSTEIN, 2019, p. 54).

agências e minimizando a necessidade de requerimentos distintos em cada uma delas.

Ademais, a via concentrada deve ser capaz de limitar a quantidade de informações exigidas para a obtenção de efeitos, os elementos investigatórios compartilhados, assim como pessoas expostas antes das investigações conclusas. A apresentação de ilícitos, mesmo com repercussões em áreas diversas (como agências com atribuições funcionais e territoriais diferentes), permite o destacamento a cada instituição somente da parcela que lhe cabe, com o material estritamente necessário para sua atuação (como o formato dos "anexos"). É algo que pode ocorrer com o compartilhamento para apuração dos valores de reparação em etapas, que não guarda relação exata quanto aos fatores típicos de persecução (ver capítulo 5.1).

Outra vantagem é que facilitaria a coordenação pelas próprias agências, que podem promover apurações sincronizadas desde o estágio inicial, sem reduzir a independência para processar um fato descoberto de outra maneira. No caso, os procedimentos de coordenação viabilizam que as informações de um requerente sejam confrontadas e impeçam a leniência quando houver elementos previamente conhecidos ou impeditivos conhecidos. A unidade do poder punitivo de Estado e a cognição por uma de suas manifestações não impedem a consideração pelas demais, aumentando a sua proteção contra acordos inefetivos, impertinentes ou que ele seja enganado por assimetrias. Porém, o compartilhamento sobre a existência de apurações prévias não é algo apenas de um padrão de via única, pois bases informativas podem existir para consulta, mesmo sem a via.

Ademais, a coordenação em via única auxiliaria até aquelas instituições que ainda não tenham alto desempenho na detecção de ilícitos, proporcionando um efeito de evolução institucional, pois tomariam conhecimento de violações ainda em um estágio inicial, em que a cooperação aguça a coordenação investigativa entre as agências.

Ressalte-se que parcela substancial de modelos em via única foi pensada ainda sob a égide dos ilícitos anticoncorrenciais, seguindo um padrão de resolução consensual que posteriormente alcançou a área anticorrupção. Como expoente, a General Assembly Business Roundtable – BIAC (OCDE, 2014) sugeriu que a colaboração poderia ser facilitada mediante a adoção de um sistema de senhas (*markers*) em guichê único – "one-stop shop" –, que garante uma colocação em fila daqueles que se dirigem ao órgão habilitado para receber colaboradoras. Um dos padrões é o fundamentado pela International Competition Network – ICN e OCDE (2014b), com base em estudos capitaneados por Taladay (2012) e sustentado pela International Chamber of Commerce – ICC (2016).

A questão é saber qual seria o seu formato adequado. As diferentes modalidades por vezes são abordadas apenas em alguns dos seus elementos, que não se confundem exatamente com um modelo de via única.

O sistema de senhas (*markers*) é um exemplo. Como instrumento, sua funcionalidade é assegurar o lugar na "corrida pela colaboração", causando efeitos entre as agências, e assim reforçar o efeito *first serve, first come*, aguçando a competição entre potenciais colaboradoras. A senha habilita um lugar na fila mesmo que não existam logo todos os elementos necessários, quando então haverá um período para viabilizar a proposta, ou seja, sua natureza é provisória. Funciona como garantia de que a autoridade responsável reconhecerá a pretendente como a vencedora da corrida.

Como antes frisado, com base na teoria da perspectiva, o sentimento de perda ganha preponderância em situações decisórias. O instrumento de senhas adiciona um fator de instabilidade ao esquema ilícito, que pode estimular uma disputa entre seus membros para ser o primeiro e obter o benefício máximo antes que outros competidores assim o façam. Com a repercussão imediata sobre todas as agências, a senha pode fechar rapidamente a oportunidade para outros envolvidos, criando um novo fator a ser ponderado por eles.

Para a efetividade do sistema de senhas, é recomendável um processo de admissão e coordenação de acesso. Nos Estados Unidos, por exemplo, o Subprocurador-Geral da Divisão Antitruste, com atribuição penal, analisa todos os pedidos de leniência, mas os candidatos podem entrar em contato com quaisquer dos escritórios de campo, permitindo que as solicitações de senha sejam catalogadas em procedimentos próprios.

A ideia de coordenação envolve ainda um ideal de funcionamento como uma "câmara de compensação", em que os sistemas de via única seriam adaptáveis para permitir que uma ou mais entidades, como o DOJ, tornassem-se a agência de compensação para as senhas com a temática pertinente. O requerente entra em contato com a agência centralizadora, que recebe as informações mínimas e então alerta todas as demais agências, com certificação da data e horário do pedido. As agências comunicadas que participam do sistema integrado, caso tenham recebido um pedido prévio quanto ao mesmo fato, podem rejeitar o novo requerimento para efeitos da sua própria atuação, mas não se houvesse a integração com o ideal de via única, pois senhas de fontes além daquela centralizada não teriam eficácia.

Portanto, se da concessão da senha o efeito previsto fosse apenas o formal, a situação até funcionaria como um "balcão único", mas não como expressão da via única para os efeitos plenos da leniência, pois, mesmo com a senha obtida, o requerente ainda poderia alcançar efeitos em cada agência individualmente, desde que reunidas as condições estabelecidas por cada uma delas, ainda com os riscos multiagências inerentes.

Na operação brasileira, seria como manter a necessidade de acordos com cada instituição. É como a situação em que a colaboradora busca o MPF, mas tem em seguida que buscar a CGU, ou vice-versa, além das demais instituições pertinentes. A senha seria como um expediente de primazia da colocação na corrida. Registre-se que, nos acordos analisados, em especial os do MPF que antecedem aos demais, identificou-se previsão para que outras instituições considerassem os acordos ministeriais como *markers* e que seriam envidados esforços para o seu reconhecimento, mas sem garantias da sua consideração ou extensão.[162]

Para a recepção da colaboradora, as agências participantes podem acordar sobre as informações mínimas a serem apresentadas. Em sede internacional, há variações significativas entre as jurisdições, mas isso não significa que a via única deva exigir uma carga mínima com base naquela previsão mais onerosa entre as agências participantes. Basta um padrão que satisfaça a maioria dos requisitos comuns a todas elas.

O sistema de senhas permitiria, em tese, variados resultados como: (i) confirmar que o requerente é o primeiro na fila; (ii) fornecer informações suficientes para identificar o objeto e o alcance, de modo a garantir que os efeitos fiquem restritos ao informado e evitar inibições de novos

---

[162] Redação de cláusula padronizada: "levar este Acordo de Leniência ao conhecimento de outros órgãos públicos também competentes para apurar os fatos reportados, a pedido das COLABORADORAS, e realizar gestões para a celebração de acordos semelhantes com esses órgãos, inclusive com a consideração da data em que as COLABORADORAS passaram a cooperar com o Ministério Público Federal para efeitos de termo de "marker" perante aqueles órgãos, inclusive com o objetivo de evitar o ressarcimento em duplicidade no tocante ao valor pago por meio deste Acordo". Como exemplos, ver os acordos dos autos 1.26.000.004465/2018-13, 1.25.000.001452/2018-11, 1.25.000.005107/2018-57, 1.25.000.003049/2019-16, 1.25.000.004816/2018-15, 1.30.001.003458/2020-78, 1.25.000.003933/2019-42.

pretendentes; (iii) possibilitar os procedimentos de corroboração com marcos previamente exigidos entre as agências; e (iv) definir o período de tempo para o colaborador apresentar os elementos de corroboração.

Os sistemas podem ainda ser de modalidades incondicionais (como nos EUA), na medida em que os requerentes que satisfaçam as condições previamente estabelecidas recebem a senha ao postulá-la, ou discricionárias, como na Comissão Europeia, que requer informações detalhadas para garantir um *marker*, sem a definição exata de todos os elementos.

Outro ponto de reflexão é sobre os prazos para a corroboração. Na experiência dos Estados Unidos, a partir da senha é possível a concessão de períodos mais extensos para complementar o requerimento, e o DOJ considera que o incentivo possibilita um progresso significativo na investigação.

Como exemplo, o período inicial típico para corroboração era de três meses, com prorrogações como regra. No entanto, como forma de equilibrar os fatores, o DOJ limitou as prorrogações a um período inicial de três meses como padrão, sendo que o prazo influencia até mesmo o risco de vazamentos:

> Jurisdictions differ significantly when it comes to the time granted to a successful marker applicant to complete its leniency application. Some jurisdictions set a firm and a rather short period and do not allow for extensions. These jurisdictions are mostly concerned that extended time--frames could increase the risk that information leaks could jeopardise the agency investigation. Other jurisdictions decide on a case-by-case basis while giving a general guidance on what a 'normal', 'minimal' or 'usual' time-frame would be. Others allow for rather long periods and grant extensions to ensure that the internal investigation yields the best and most complete possible set of evidence. (OCDE, 2014b, p. 4)

Os prazos têm reflexos práticos, pois relacionados com as apurações efetivas contra a corrupção, que dependem de medidas predominantemente criminais. Um modelo com senhas em via única, conjugado ao compartilhamento em etapas, poderia possibilitar o foco de apuração criminal, evitando divulgações prematuras e potencializando o instrumento de defesa dos acordos, ao contrário do que ocorre com acordos sucessivos.

Como comparativo sobre a adoção do sistema de senhas, quando os EUA adotaram um programa de leniência em 1993, apenas o Canadá tinha o exercício de um sistema. Mas depois de 20 anos, dezenas de jurisdições criaram programas com um "marker system" que inclui a autoridade de persecução penal para a sua apreciação.[163] A maioria é baseada no sistema dos EUA, mas cada um com suas particularidades na implantação das senhas e qualificação da leniência, com o destaque da preservação da investigação criminal. Quanto ao ponto, uma das ressalvas fundamentais do grupo de trabalho da OCDE tem a seguinte conotação:

> One complication, for example, is that company employees in jurisdictions with criminal sanctions for individuals are often reluctant to be forthcoming in initial interviews. This is true even when the employees are informed that the company is in the position to receive leniency that would eliminate the potential for individual criminal sanctions. Company employees are often not trusting of this information (perhaps having seen one too many police drama where confession leads to prosecution) and, in any event, are often highly concerned about consequences for their employment and future financial security. (2014b, p. 4)

Como salientado no capítulo 4, uma das razões para a conjugação dos programas de leniência com a persecução penal é o potencial de sua funcionalidade ser prejudicada quando os humanos que operam a realidade são desconsiderados. Por isso as instituições habilitadas à persecução penal podem ser o diferencial para aguçar as contribuições dos agentes naturais.

Como reiterado, as evidências sobre a ampla parcela dos acordos ter origem em investigações criminais prévias, assim como a coincidente opção de exercício de adesão aos acordos por pessoas naturais, tanto em seara cível (proteção contra sanções por improbidade administrativa em 75% dos acordos do MPF; 33,3% do acordos da CGU), assim como na criminal (148 acordos de colaboração premiada do MPF), indicam como a inteligência operacional dos programas é envolvida por institutos negociais destinados às pessoas naturais.

Sobre o ponto, mostra-se pertinente considerar que a senha pode ser concedida mesmo que não existam elementos suficientes para

---

[163] Como a Irlanda, em que a "Competition Authority" apura as violações alegadas e o "Director of Public Prosecutions" garante a imunidade. Nos EUA, o DOJ preenche as duas funções simultaneamente. Ver: THE COMPETITION AUTHORITY OF IRELAND, Cartel Immunity Programme. 2001. Disponível em: https://www.ccpc.ie/business/contact/cartel-immunity-programme/. Acesso em: 19 nov. 2020.

formalizar a proposta, que pode depender do apresentado pelas pessoas naturais. Lacerda faz uma observação pertinente sobre o diferencial do sistema de *marker* quanto aos elementos iniciais: "The requirements for issuing marker are much less rigid than the ones for the leniency agreement. That is why this system is useful. It gives the possibility of a company willing to self report to do that even without all the documentation that a formal leniency application requires" (2014, p. 68).

As senhas, assim, adquirem funcionalidades para um equilíbrio entre os requisitos exigidos, de modo que sejam altos o suficiente para filtrar os candidatos com pouca informação relevante, enquanto baixos para que um potencial pedido não seja desencorajado, algo que pode não ocorrer quando o sistema multiagências opera sem coordenação.

É justamente a possibilidade de facilmente se obter a garantia para a pessoa jurídica e, assim, abrir caminho para agentes humanos trazerem sua substância que os sistemas que conciliam a responsabilização criminal das pessoas naturais com os acordos de leniência facilitam a concessão de senha, mesmo sem demonstrativos rígidos iniciais, mas que terminam por incentivar a melhor investigação dos fatos em seguida, pois:

> the general enforcement framework also plays a role in the amount of information that a jurisdiction requires from marker applications. Criminal enforcement jurisdictions tend to favour lower informational requirements to minimize the need for applicants to conduct an internal investigation prior to making a marker application. The presence of a criminal cartel regime makes it particularly important for internal investigations to be conducted with great care so as not to taint evidence, which could later be used in criminal proceedings. (OCDE, 2014, p. 4)

Portanto, um ideal provocado pelas senhas é o feixe de confiança dirigido aos agentes humanos, de modo a serem engajados a participar dos instrumentos colaborativos a partir da pessoa jurídica e a corroborar a realidade narrada. O mecanismo possibilita até mesmo o aprimoramento da qualidade das evidências, pois, para garantir a colocação na corrida, cria uma crise de confiança entre competidores.

Enfim, um mecanismo de via única, conjugado ao sistema de senhas, pode melhorar a qualidade das informações fornecidas pelos requerentes e, uma vez que um pedido de senha seja bem-sucedido, todas as agências participantes seriam alertadas sobre a existência dos ilícitos, além de proporcionar um melhor alinhamento do tempo das investigações com a coordenação entre elas, gerando um incremento de aprendizagem.

No entanto, o sistema de senhas não é imune a complicadores. Pontos significativos precisam ser aprimorados para evitar algumas externalidades negativas.

É o caso de o sistema comprometer os incentivos dos programas individuais de cada agência quando não houver uniformidade. Podem ocorrer situações em que um requerimento de senha acabe expondo os agentes das instituições públicas a situações como recursos insuficientes para atuação ou baixos níveis de independência contra influências políticas.

Outra situação é a de sistemas em que, uma vez obtida a senha, as das demais pretendentes sucessivas são negadas. O problema é que o expediente poderia ser utilizado por agentes da organização ilícita para testar a existência de apurações sobre o seu caso e que, após identificar sua posição na fila e constatar não haver apuração, logo desista do certame. No entanto, trata-se de potencial negativo que pode ser evitado. O sistema para a obtenção de senha precisa ser revestido por sigilo para preservar as apurações de corroboração. Ao não permitir que as partes delatadas tenham ciência da situação, reforça-se o receio de que eventual cúmplice tenha adotado o mesmo caminho para o benefício máximo. É o mecanismo competitivo que faz a via única evitar a exploração do sistema com provocações em instâncias diversas. Portanto, é recomendável que ocorra o fornecimento da senha com a ressalva de não haver a identificação da sua posição na fila.

No sistema do Cade (2016, p. 27-28), que é um exemplo do funcionamento de senhas no Brasil, certifica-se que o colaborador ocupa um lugar na fila, mas sem identificar qual. Caso uma proposta não se concretize, o próximo postulante poderá receber os benefícios antes reservados ao antecessor, alterando as perspectivas dos demais concorrentes na corrida, mas que podem ainda usar alternativas, como o Termo de Compromisso de Cessação (TCC), disponível para aqueles não qualificados ao acordo de leniência. Salientam-se, assim, os efeitos de uma corrida subsequente para benefícios sucessivos, mesmo que sejam inferiores ao inicial (RUFINO; MENDES, 2015, p. 427). Ao não conhecerem seu lugar na fila, os pretendentes com o caráter especulativo não teriam a plena efetividade do uso desviado da senha.

Ademais, ao restringir-se a identificação da posição na fila, potencializa-se o máximo empenho da colaboradora, que buscará o melhor benefício possível. Aquela vantagem da primeira colaboradora pode até ser certa, mas a sua perda pode ocorrer caso o apresentado seja insuficiente ou não corroborado. Ela sabe que precisa se empenhar para o máximo, sob pena de algum corredor em seguida se sobrepor, pois pode ter benefícios em quantificações variáveis e até mesmo possibilitar o acordo criminal dos seus agentes. Ou seja, sem saber se ocupa a primeira posição ou não, surge a tendência de obter-se o máximo desempenho em qualquer circunstância.

Em qualquer caso, novas colaborações pelos demais participantes ampliam o conjunto de provas e aumentam os custos do silêncio. O efeito é segregar os espaços estratégicos entre infratores, que podem variar entre aquele a saber que o Estado nada conhece sobre os fatos e aquele outro que sabe haver algum conhecimento prévio. O agente se vê premido a não ter benefícios suficientes caso aquilo por ele apresentado não supere o dos demais.

Outro ponto pertinente é sobre como os sistemas de senha e arquiteturas como as de via única poderiam ser veiculados no Brasil. Como antes salientado, a lógica não depende necessariamente de lei, que não é um fim em si, mas meio de expressão normativa para acomodar realidades. No Brasil, como exemplo, o sistema de senhas do Cade não tem previsão legal, o que não impediu a sua implantação.[164] Via única e senha não suprimem ou acrescentam atribuições entre as instituições, mas ajustam o seu exercício, como em "protocolos institucionais de natureza administrativa", que são acordos plurilaterais por um grupamento organicamente considerado, como convenções que promovem os melhores efeitos entre as partes (CABRAL, 2015, p. 74-76). Diferem dos acordos individuais, que vinculam apenas os celebrantes, criando, assim, deliberações normativas que poderão estender-se a todos sob a situação regulada, como as colaboradoras.

Por não dependerem de lei e não alterarem a substância dos vetores jurídicos envolvidos, os expedientes procedimentais apenas regulam a sua operacionalidade. No exemplo dos EUA, percebe-se que o DOJ anuncia as mudanças em seus padrões de operação por meio de discursos e publicações, pelo *Deputy Assistant Attorney General for Criminal Enforcement* (ver, p. ex., SPRATLING, 1998; 1999).

Ao final, a questão sobre como formatar uma alternativa permanece e as injunções negativas do sistema multiagências não são apenas

---

[164] CADE. Resolução nº 1/2012, Resolução nº 5/2013 e Resolução nº 7/2014.

aquelas sobre previsibilidade e segurança. Para a cooperação interinstitucional, o foco não deve ser apenas um acordo, mas o compromisso contínuo (capítulo 5). Diversos modelos na experiência internacional trazem alternativas, cuja base fundamental é o reconhecimento, pelas diversas agências, dos efeitos da sua própria atuação, mas sem exigir que a colaboradora percorra vias sobrepostas de cada instituição. São diversas as formatações com a lógica da via única, que variam conforme o órgão concentrador. Existem ainda modelos não concentrados, mas que produzem efeitos sobre as demais agências quando uma delas for procurada, além do efeito de senhas com a extensão dos critérios mínimos por todas elas.

Serão apresentados a seguir diversos modelos operacionais e indicativos de como seriam adaptáveis ao escopo anticorrupção, mesmo sem implicações na formatação de via única. Suas variações abordam lógicas essenciais, princípios e formas de instrumentalização para concretizar os mecanismos na prática. O fundamental é perceber como podem existir elementos que agregam possibilidades de operação, permitindo em seguida uma sugestão de implantação conciliatória que aproveite alguns dos potenciais identificados:

a) O modelo da cooperação horizontal.

Com atuação prática em áreas como a persecução penal internacional, a cooperação horizontal é uma solução que não depende de nuanças de acordos, dos critérios de atratividade ou conciliação entre agentes, mas de atuação pragmática para resolver casos específicos, a depender da necessidade em cada situação. A unidade não seria necessariamente no acesso, mas no trâmite entre as agências após a provocação inicial, por aquela que buscaria as demais para a apreciação da situação concreta.

O aspecto positivo é a adaptação dos expedientes de acordo com as necessidades de cada caso, com articulações concentradas naqueles que efetivamente contribuem. Seria um ideal com análises simétricas entre as agências, com o compartilhamento de informações e procedimentos de investigação para cada caso individualmente considerado. Nota-se a perspectiva do constitucionalismo cooperativo pela plasticidade proporcionada aos ajustes.

No entanto, se o ganho de adaptação é destacado, a previsibilidade e os atrativos para os acordos de leniência não teriam estabilidade e garantias exigidas, pois continuariam a depender dos padrões de cada agência individualmente considerados, que podem não cumprir efetivamente o esperado em todas as situações.

b) O modelo da jurisdição líder.

Trata-se de um modelo amparado na agência mais adequada para determinada atuação. Um dos seus problemas é a identificação do necessário para uma agência ser a principal e quem teria atribuição para a escolha. O modelo visa a racionalizar as políticas de leniência, com redução dos custos de transação e eliminação da burocracia excessiva, sendo que a agência líder investiga e conduz o caso específico com o apoio das demais, que, apesar de terem suas atribuições afetadas, possuem seus interesses refletidos na atuação da liderança, que conta com predomínio decisório a partir da delegação que recebeu (BUDZINSKI, 2014).

No entanto, o modelo apresenta problemas além do critério de seleção da liderança. Como observado, em pontos cegos dos modelos multiagências, a ideia de liderança tem dificuldades de reconhecimento, que podem recrudescer comportamentos de resistência, principalmente quando envolver instituições com autonomia, que prezam por suas capacidades características e não admitem a delegação ao líder.

Diante das capacidades institucionais na configuração brasileira, nota-se que o MPF exerce com maior amplitude as funções necessárias ao desempenho dos acordos de leniência, com algumas essenciais que não podem ser delegadas, como a titularidade da persecução penal definitiva e independência. Por sua vez, as capacidades da CGU e do TCU encontram obstáculos para a delegação, não apenas pela *expertise* ou foco em controle externo indelegável, mas porque ensejariam uma concentração que viola aspectos positivos do modelo multiagências.

c) O modelo de jurisdição una.

Um modelo baseado na universalização de critérios é aquele de jurisdição una, com normas específicas aplicáveis a todas as agências. O seu foco é a eficiência, a redução de custos e minimização dos riscos de decisões contraditórias, com um centro de decisão vertical estável em que as agências abrem mão de parte de sua autonomia em favor de uma entidade neutra, com atribuição para solucionar o caso posto, amparada em características de neutralidade e habilitação para aplicar suas decisões sobre todas as outras agências afetadas.

Assim como no modelo da jurisdição líder, que se baseia na definição de uma liderança com competências abrangentes e efeitos comuns, a jurisdição una se pauta por normas vinculantes a todas elas. A distinção é o fato de a decisão não ser feita por uma agência participante escolhida – a liderança –, mas por uma instância estável constituída especificamente para a missão, mesmo sem capacidades ótimas para liderar, que, a partir de uma estrutura verticalizada, profere decisões *top-down* cogentes para todas as demais.

Na seara internacional, o modelo tem aplicação no julgamento de atos de concentração empresarial com efeitos transnacionais. No entanto, fatores típicos da internacionalidade, como as soberanias, podem inviabilizar sua implementação.

Na reflexão brasileira, dependeria da inovação no ordenamento para a criação de um novo organismo de Estado. No entanto, além de a situação depender da externalidade legislativa, pode não solucionar as matrizes de operação do instituto, pois não aborda os pontos cegos das demais instituições, que continuariam a existir e a afetar os acordos.

d) O modelo de rede de agências.

Trata-se de um compartilhamento de experiências e atos cooperativos sem que ocorra necessariamente a uniformização dos programas de leniência, o que compreende medidas como: (i) compartilhamento de práticas das normas comuns, com técnicas e instruções em informativos constantes; (ii) inexistência de via uniforme de operação em todos os casos, que, a partir de situações específicas, pode indicar uma agência que ganha autonomia, ou a divisão de apurações entre as agências; (iii) informação entre as agências sobre os casos novos e decisões; (iv) coordenação e auxílio mútuo em investigações, com alocação de recursos em cada caso para o desempenho da autoridade selecionada; e (v) compartilhamento probatório para a promoção das respectivas atribuições.

O foco de unitariedade está na definição daquela instituição que exercerá a função em cada caso, de acordo com a sua capacidade para a situação, que pode variar de acordo com as etapas e circunstâncias em que outras tenham melhor potencial.

Na área anticoncorrencial, um exemplo é o desenvolvido na União Europeia, em que ocorre a cooperação entre a sua Comissão e as autoridades concorrenciais dos Estados-Membros, com a Rede Europeia de Concorrência (*European Competition Network* – ECN), cujos membros podem alocar recursos e designar a autoridade para uma investigação, mas realocar o caso para outra em local ou condições mais propícias ao seu desempenho, ou seja, a atuação unitária pode não ser estável, mas delegada de acordo com a situação.

Ademais, a atuação pode não ser destinada a um membro, mas concentrada pela Comissão segundo critérios objetivos, como a situação em que um cartel produz efeitos em ao menos três Estados-Membros, caso em que a Comissão pode ser considerada a mais adequada para a coordenação de esforços. Quando a Comissão promove um procedimento, as demais autoridades nacionais deixam de exercer atribuições sobre a mesma conduta.

No entanto, é possível uma atuação paralela entre a Comissão e a autoridade nacional quando as condutas não afetarem o mesmo objeto, como mercados relevantes distintos, localizações ou produtos diversos. Ademais, as variações podem ocorrer em razão de definições subjetivas, como o conceito de uma mesma conduta em investigação simultânea por uma autoridade nacional e a comunitária (LAURINEN, 2011).

Quando a investigação partir de um acordo de leniência com algum membro, a Comissão deve ser informada e ocorrer o compartilhamento das informações aos demais posteriormente, sendo que aquelas sigilosas dependem da renúncia de confidencialidade pela colaboradora. Ademais, os membros não podem usar as informações para novas apurações sobre o mesmo fato, salvo aquelas oriundas de fontes autônomas.

Para a situação brasileira, a rede de agências ainda ensejaria, sem resolução, diversas variáveis dos problemas multiagências, como a abertura de vias de acesso não concentradas, a escolha da agência sem a melhor capacidade institucional, a indefinição de critérios, a ausência de recepção conjugada de pessoas jurídicas e naturais, a não uniformização dos programas a exigir critérios diversos para a colaboradora, entre outras falhas.[165]

e) O modelo de senhas com pluralidade de receptores.

Destacou-se que o instrumento de senhas seria adaptável a diversos formatos, que utilizariam seus efeitos ao fator da corrida. No entanto, o destaque inicial, até mesmo para afastar a nomenclatura de "balcão único", foi que sua ideia não se confunde necessariamente com a unitariedade de portas de acesso. No caso, o modelo com a pluralidade de receptores é situação cujo efeito unitário das senhas é outro.

---

[165] Sobre uma apreciação com variações fundamentais, mas que trabalha com a teoria das redes, compreendendo o conjunto de agências "como uma entidade maior, diversa dos seus constituintes, com características e funcionalidades próprias", em que a rede é usada para diferenciação entre sistema e ambiente, em vez da demarcação hierárquica, ver: TAMASAUSKAS, 2021, p. 125-126.

Para a configuração da fila, não há necessidade de a instância ser única para receber a colaboradora. Qualquer agência, ao receber o requerimento, notificaria as demais sobre o marcador concedido, para assim guardarem os efeitos da primeira colaboração nas respectivas áreas, ou seja, trata-se de modelo com portas múltiplas.

Com a provocação, emite-se a senha ao candidato, que recebe a marcação do seu lugar e efeitos em todas as jurisdições/agências de que participa. A senha permite a análise preferencial daquele que se apresenta antes dos demais, sendo verificado se ele apresenta um pedido segundo os requisitos mínimos do padrão estabelecido pelas instituições.

A partir do pedido inicial, o potencial colaborador estaria sujeito a prazos para adequar sua solicitação com os elementos exigidos por cada agência comunicada. Cada instituição permanece com o exercício pleno para aferir a admissibilidade da proposta, de acordo com seus respectivos programas de leniência.

Um padrão poderia considerar que o montante e a qualidade das informações exigidas sigam um mínimo uniforme, em que aquelas agências com menores exigências funcionariam como um denominador entre as instituições no sistema. No entanto, a variação de padrões nas diversas agências pode manter a dificuldade para a admissão do acordo (como as diferenças sobre a necessidade de admissão de culpa, a colaboração em investigações futuras, alavancagem probatória cível e criminal etc.). Ou seja, a definição de critérios uniformes mínimos poderia minimizar parte dos problemas, mas as incertezas das negociações permaneceriam. A situação ocorre porque as redundâncias de atuação quanto ao mesmo objeto continuam, como atuações sancionatórias, de ressarcimento etc.

Na Europa, o fato de algumas jurisdições serem discricionárias quanto à concessão de *markers* por critérios próprios salienta ainda outros aspectos negativos do modelo. Haveria a necessidade de sua institucionalização voluntária não apenas entre as instâncias, mas também pelos colaboradores, que podem insistir no modelo múltiplo tradicional e buscar cada agência individualmente.

De qualquer forma, o modelo é baseado em aspectos de cooperação entre as agências, que não exige o sacrifício das individualidades institucionais, pois continuam com a independência na decisão de admitir ou não a leniência. Funciona apenas como procedimento de consolidação das informações e de modo a garantir o lugar na fila, a partir do *marker* por qualquer delas. Portanto, os aspectos negativos persistem.

f) O modelo de senhas com receptora concentrada sem a corrida e a autonomia dos participantes.

O perfil da instância receptora concentrada considera que as instituições participantes utilizam aquela única para a finalidade precípua da senha, mas mantendo a autonomia de cada, ainda na lógica de organização múltipla. O formato é utilizado até mesmo em estruturas que não operam acordos de leniência.

Um exemplo é o modelo da comunidade regulatória internacional de patentes, estabelecida pela Convenção de Paris (*Paris Convention Treaty* – PCT), que alcança mais de 140 países e administrada pela *World Intellectual Property Organization* (WIPO). Inclui uma aplicação do padrão "first to file", obtida na instituição concentrada (WIPO), que garante proteção ao primeiro depositante perante todos os participantes do modelo, que não cedem poderes à WIPO e prosseguem com a autonomia na etapa nacional de apreciação dos casos.

De modo a garantir proteção ao primeiro depositante, as agências participantes concordam em adotar o seu marco comum em sede internacional. Mas o modelo difere do anterior por não requerer mecanismos de incentivos para provocar a corrida pela delação, na medida em que permanece a necessidade de múltiplos acordos sucessivos entre as instituições, o que é um problema sensível na concepção multiagências anticorrupção.

g) O modelo de senhas com instância receptora concentrada (*one-stop shop*) e efeitos uniformes específicos.

Uma variante do padrão de senhas apresenta um processo coordenado em que uma instância concentra a recepção dos requerimentos de colaboração, o fornecimento das senhas, o controle da fila e a apreciação dos requisitos previamente estabelecidos para a sua admissão.

No caso, o candidato busca a "agência de compensação" (*clearinghouse agency*), uma unidade concentrada que coleta todas as demais informações necessárias e promove um "alerta" para as agências participantes, com certificação da data oficial e momento da aplicação *one-stop shop* (TALADAY, 2012, p. 47). Um dos seus diferenciais é a possibilidade de haver, além do arranjo do sistema de senhas, a previsão de admissibilidade dos critérios (mínimos ou não) comuns, o que possibilita ainda mais a previsibilidade e a redução nos custos de transação. No entanto, diante da diversidade dos programas de cada agência, como ocorre na seara internacional, os critérios uniformes podem encontrar resistências.

O padrão *one-stop shop*, além do mecanismo de senhas e estruturação única com ao menos algum dos seus efeitos, não implica, necessariamente, a modificação dos programas de leniência respectivos. Como bem sintetizado por Lacerda: "No substantive competition law would be modified. This would represent a convergence of process, not of substantive legal provisions about cartels" (2014, p. 74). Saliente-se que é por se tratar de uma convergência de procedimentos que a formatação pode ocorrer por instrumentos que não sejam necessariamente os legais.

Para a sua operação, em tese, qualquer agência que tenha recebido um requerimento de senha anterior poderia rejeitar aquele posterior formulado na via única, com a razão de ser inoportuno ou por não ser o primeiro candidato. No entanto, a negativa pontual não subtrai os efeitos de marcador de via única para qualquer outra agência, salvo se houvesse acordo quanto ao ponto.

A regulamentação prévia pode estabelecer, para evitar situações de surpresa em instâncias isoladas, que os seus membros alimentem o sistema concentrado com a informação sobre qualquer requerimento que não tenha utilizado a via única, de modo a ser logo considerado, caso ocorra um requerimento posterior.

Outro diferencial é que ao candidato pode não ser necessário solicitar uma senha que produza efeitos em todas as agências participantes da via única, como o caso, por exemplo, de o colaborador candidato solicitar que o seu marcador tenha efeitos apenas em parte delas, por não ter operação em localidades ou setores específicos, ou não ter cometido ofensas que afetem algumas. Faz parte do seu ônus apresentar os ilícitos com efeitos potenciais em cada agência e que, se não tiver aptidão para efeitos em algumas, deixa de retirar o lugar na fila de um novo colaborador, reforçando a expectativa de transparência.

Portanto, com o recebimento da senha da instância concentrada, o candidato teria a reserva por um período determinado, em que o requerimento precisa ser aperfeiçoado de acordo com as normas de cada instituição, caso não acolham critérios comuns. Funciona, então, como o modelo anterior, em que a concessão do marcador seria reservada com a solicitação, mas sem a sua admissão plena perante os programas de cada agência.

Ressalte-se que, mesmo sendo um modelo de via única, o seu acesso não se confunde com os meios para tanto, que podem ter capilaridade instrumental para facilitar o seu alcance, como no exemplo do caso americano anticoncorrencial, em que o procurador-geral, com atribuição criminal, aprecia todos os pedidos de leniência, mas os candidatos podem entrar em contato com quaisquer das suas unidades. Na União Europeia, os postulantes buscam a Comissão pelos meios disponibilizados no *website* respectivo[166] e no Brasil não é incomum que o contato inicial seja realizado por manifestação oral ou telefônica, o que exige a adaptação do meio de registro.

No entanto, apesar de evoluir em muitos aspectos, o modelo ainda não solucionaria diversos pontos, como seus reduzidos efeitos uniformes, permitindo a margem de imprevisibilidade para as colaboradoras, além de depender de formulação por cada agência para evitar a utilização de vias isoladas.

Ademais, a alimentação de um sistema sobre solicitações de acordo, que sinalize de forma imediata todas as agências, pode provocar um dos riscos das notícias antes das etapas de corroboração e persecução: como os acordos são anticorrupção, eventualmente agentes na estrutura de Estado poderão estar envolvidos e o simples alerta dispersa o potencial persecutório.

Dessa forma, diante das variantes apresentadas, a seguir segue uma etapa construtiva, com a sugestão operacional do instituto, contemplando formatação que aborde os diversos pontos conflituosos do padrão multiagências brasileiro e tomando em consideração os elementos de operação apresentados.

---

[166] Ver: http://ec.europa.eu/competition/cartels/leniency/leniency.html.

CAPÍTULO 7

A ALTERNATIVA BRASILEIRA: UMA SUGESTÃO

O mapeamento identificou, entre os capítulos 1 a 4, problemas de operação do instituto perante a dinâmica multiagências. Por sua vez, os capítulos 5 e 6 apresentaram abordagens substanciais dos conflitos e formas para promover o instituto com a redução dos seus pontos negativos.

Buscou-se identificar as capacidades institucionais consoante a lógica cooperativa sob influxo constitucional, que pela perspectiva institucionalista permite novos arranjos em resposta a problemas organizacionais de *habitualização*. A solução envolve ainda a difusão de estruturas de solução com a *objetificação* e a *sedimentação* de medidas, que estabilizam a operação *por toda a organização, alcançando os níveis de decisão dos acordos de leniência, preservando as instituições participantes*.

A arquitetura institucional a seguir sugerida tem feição operacional concentrada, em que os instrumentos viabilizam soluções como as do capítulo 5, sem o compromisso fixado em modelos isolados, mas com características próprias do constitucionalismo cooperativo em considerar o aprendizado constante entre as instituições, que usam elementos de cada modelo para produzir alternativas.

O sugerido não significa supressão ou acréscimo de atribuições institucionais, mas procedimentos para o ajuste da operação quanto ao momento (exercício em etapas), passando pela recepção e apreciação do entregue em colaboração (compartilhamento), pelo exercício sancionatório distinto (*ne bis in idem*) e estruturação para acordos com a máxima efetividade (instrumentos de defesa). Portanto, pode ser viabilizado por protocolos institucionais com aptidão de estender efeitos a todos sob a situação jurídica regulada, sejam outras instituições ou as candidatas aos acordos de leniência. A operação não implica, necessariamente, a modificação dos programas de leniência, mas uma convergência de processos.

Ressalte-se que as virtudes do modelo multiagências anticorrupção, como a capilaridade em rede e o potencial de detecção das esferas de responsabilização, não são afetadas e continuam a desempenhar o potencial sancionatório, como abordado no capítulo 5.2. A concentração da via funciona apenas para a operação dos acordos de leniência, quando a multiplicidade sancionatória perde sua função e a dispersão de acesso provoca os problemas apurados, como as redundâncias e os riscos de compartilhamentos precipitados, além de não otimizar as virtudes das capacidades institucionais.

O primeiro ponto busca otimizar a capacidade institucional de persecução, inicialmente criando previsibilidade para as colaboradoras quanto aos critérios dos benefícios e seus montantes. A abordagem deve ainda garantir a porta de entrada para as pessoas naturais, que consubstanciam o apresentado pelas pessoas jurídicas e ressalta a perspectiva humana da operação.

Por sua vez, o compartilhamento do apresentado deve ser revestido de medidas para não prejudicar o potencial de apuração. Um comunicado sobre as investigações pendentes, dirigido às instituições que não têm capacidade institucional para interferir em seu desfecho, não faria qualquer diferença, a não ser como manifestação do potencial egocêntrico, que poderia permitir vazamentos e a notícia aos agentes dos ilícitos investigados.

Portanto, o compartilhamento deve seguir procedimentos que preservem a finalidade de persecução (capacidade do MPF), sem prejuízo da definição de montantes das pretensões de proteção do patrimônio público (capacidades da CGU, como principal operacional, e do TCU, sucessivamente, como certificador final).

A forma de conciliar os pontos referidos é a promoção do procedimento em etapas, o que significa o destacamento da instituição com a melhor capacidade para cada finalidade (líder da etapa) em momentos de comando sucessivos, quando então desempenham com primazia o seu respectivo mister, ressaltando as abordagens de "preocupação com as demais instituições" e de "reciprocidade" para a promoção da cooperação.

Ao permitir-se que os acordos utilizem as capacidades otimizadas de cada instituição, que são correspondidas mutuamente para a produção do resultado, as lideranças em cada etapa destacam a sua própria utilidade e exploram as de todas as demais participantes. As etapas se comunicam continuamente e o auxílio mútuo é uma constante, alimentando o fluxo com o foco futuro, de modo que o resultado passa a ser distribuído de forma integrativa.

Concretamente, são três as etapas principais da arquitetura de cooperação institucional, com a concentração da porta de entrada, sendo destacados os desempenhos sucessivos de cada instituição: 1ª etapa (matriz persecutória e estabelecimento de termos – foco: MPF), 2ª etapa (matriz confirmatória dos valores apurados, consequências administrativas, reparação civil e pretensão em face de não colaboradores – foco: CGU) e 3ª etapa (revisional, controle, destinação de recursos e acompanhamento dos programas de integridade – foco: TCU e CGU). No entanto, como descrito a seguir, a todo momento é possível que as capacidades das demais instituições auxiliem as lideranças em cada etapa, como o exemplo do TCU, que instrui matrizes valorativas que são utilizadas nas etapas anteriores.

As medidas práticas são divididas em dois contornos principais de base: estruturação prévia (transparência) e procedimental (operação em etapas):

1. Estruturação prévia com modelos operacionais divulgados (transparência):
    a) Fixação dos modelos e critérios para definição dos benefícios, o que abrange os moldes da CGU quanto à responsabilidade decorrente da LAC, assim como para os acordos de não persecução cível, ambos a serem considerados pelo MPF na tratativa original;
    b) Fixação dos modelos e critérios para definição dos montantes de reparação integral, estabelecidos pela CGU e TCU, a serem considerados pelo MPF na tratativa original. Outros indicativos para situações que envolvam vítimas diversas podem ser constituídos;
    c) Consolidação de base de dados, com o lançamento das apurações existentes nas diversas esferas institucionais, de modo a constatar impedimentos ou limitações aos acordos na etapa inicial. O registro na base de dados permite a identificação sem a necessidade de comunicar

às instituições sobre o requerimento de acordo, evitando potenciais vazamentos e prejuízos à persecução;

d) Sistema de senhas: assegura o lugar na fila da "corrida pela colaboração" no contato inicial concentrado no MPF, que certifica a data e o horário do requerimento. O instrumento de senhas aguça a competição entre os potenciais colaboradores, pessoas jurídicas ou naturais, com efeitos perante todas as agências. Adiciona um fator de instabilidade entre os praticantes dos ilícitos, com o benefício máximo apenas ao primeiro. Os casos de colaboração premiada, destinados às pessoas naturais, podem ser capazes de apresentar fatos que passam a vedar posterior manifestação das pessoas jurídicas, por potencialmente faltar novidade ao narrado. Efeitos:

d.1) A obtenção de senha é incondicionada e habilita a requerente a ocupar provisoriamente um lugar na fila, mesmo que não tenha imediatamente todos os elementos necessários ao acordo. O sistema mantém o registro do posicionamento pelo período mínimo de eficácia, mas a posição não é informada, de modo a incentivar o empenho da colaboradora e evitar a busca dissimulada de senhas;

d.2) Incentiva a apresentação circunstanciada de informações para identificar o seu objeto e o alcance, de modo a que os efeitos da senha fiquem restritos ao informado e não iniba novos pretendentes;

d.3) A apresentação circunstanciada das narrativas permite que as informações sejam posteriormente compartilhadas, de forma condicionada, a eventuais agências que não estejam ainda integradas ao modelo concentrado em etapas;

d.4) Abertura do prazo regular – até 90 dias – para a corroboração das narrativas apresentadas, prorrogável de forma motivada, incentivando o aperfeiçoamento que possibilite um progresso na qualidade das evidências e a efetivação da proposta;

e) Mecanismo para comunicados de instituições que recebam solicitações fora da via concentrada, de modo a haver o direcionamento da potencial colaboradora ao

acesso adequado e sua consideração para os efeitos de senha;
f) Divulgação da porta de entrada para as pessoas naturais, salientando-se o potencial competitivo dos acordos de leniência com os agentes naturais da corrupção (v. capítulo 3.2). Publicidade dos institutos simultaneamente disponíveis a elas (colaboração premiada; acordo de não persecução cível; e outros pertinentes), com a utilização de "termos de adesão das pessoas naturais" (*carve in*), mobilizando as pessoas jurídicas a incentivarem seus agentes a colaborar com maiores garantias; além de indicativos de exclusão (*carve out*), com demonstração de perda para aqueles que se recusam a colaborar;
2. Procedimental (operação em etapas):

O modelo em etapas permite a otimização e o aproveitamento das capacidades institucionais destacadas em cada instituição, com traços do modelo de jurisdição líder, mas sem a concentração de toda a operação em apenas uma delas, que passam a ter posturas de lideranças operacionais a cada etapa, destacando as respectivas capacidades. As lideranças de cada momento continuam a ter o potencial de receber o auxílio das demais de acordo com o que demandar.

Como ocorre com o modelo de rede de agências, a operação constante é o compartilhamento de experiências e cooperação, com a informação sobre os casos e decisões, coordenação e auxílio mútuo em investigações, destacadamente em face dos não colaboradores. O ponto a ser destacado é a rede estruturada pelo vértice da via concentrada, que passa a distribuir o exercício das instituições de acordo com a sua capacidade para o melhor desempenho do todo.

1ª Etapa – Porta de acesso e impulso da persecução:
a) Entrada (pessoas jurídicas e naturais) dirigida ao MPF, que pode manejar os institutos asseguradores simultâneos, com destaque para os acordos de leniência, acordo de não persecução cível, acordo de não persecução penal e colaboração premiada, com a salvaguarda de expectativas e consolidação de efeitos sobre as demais sedes sancionatórias (consideração do *ne bis in idem* e lógica diferenciada para colaboradoras). O apresentado

como contraprestação pelo órgão ministerial toma em consideração os modelos e critérios operacionais previamente estabelecidos pela CGU e TCU nas respectivas searas, divulgados previamente na estruturação.

Como o MPF exerce com exclusividade a pretensão penal, indicará com maior qualificação os elementos persecutórios exigidos, utilizáveis em todas as esferas de responsabilização;

b) Abertura do período de corroboração. O exigido para o requerimento de acordo e obtenção de senha pode ser um padrão mínimo, que precisa ser otimizado com o procedimento de corroboração. Sem corroboração, a contraprest6ação pelo acordo perde sua lógica substancial, pois a entrega de algo que não seja útil à identificação e confirmação dos ilícitos deixa de ser sua causa (art. 16 da LAC).

A capacidade institucional do MPF é destacada em promover com maior amplitude as alternativas de corroboração, típicas da persecução adotada em sequência, que pode envolver medidas cautelares em sede processual penal. Otimiza-se a efetividade do acordo como instrumento de defesa da colaboradora.

Como os elementos probatórios da persecução penal são capazes de produzir efeitos nas diversas esferas de responsabilização, a instituição pode avaliar a estratégia de solicitar auxílio investigativo das demais, com o compartilhamento de informações na medida do necessário ao seu desempenho, com base na relação dinâmica cooperativa;

c) Estabelecimento dos valores imediatos de reparação. Abre-se oportunidade para indicação, pela colaboradora, de valores de reparação espontâneos consoante os critérios previamente fixados por CGU/TCU. Incentiva-se que se produzam evidências para a cobrança em face dos demais infratores, ao tempo que são criadas em seu favor alternativas para o recolhimento dos valores, com o dispêndio inicial reduzido:[167]

c.1) a suspensão do exercício do direito de exigir-se a solidariedade da colaboradora, transformando em subsidiária a sua cobrança além do montante inicial, caso sejam apresentados indicativos aptos ao seu exercício em face das não colaboradoras, que passam a receber a carga ampla da cobrança;

c.2) benefício de ordem, em que mesmo a cobrança do valor integral é suspensa e passa a ser direcionada inicialmente às não colaboradoras, com efetividade potencializada de acordo com os indicativos da colaboradora sobre elas;

c.3) reconhecimento da boa-fé da colaboradora, com potencial redução ou extinção dos juros de mora e multas nas distintas esferas de responsabilização (como exemplo, ver: Lei Orgânica do TCU, art. 57);

c.4) condições de pagamento e parcelamento diferenciados, de acordo com a capacidade real de pagamento (*ability to pay*), mediante demonstrativo analítico e foco na preservação operacional da empresa, reduzindo a pressão imediata sobre as colaboradoras;

c.5) os valores pagos são vinculados a um fundo/conta de reparação, que atribui à posterior apreciação da CGU e do TCU (Etapa 3) a destinação dos recursos depositados (vítimas, institucionais ou não; destinações diretas ou alternativas, segundo o critério da União);

d) Apreciação da necessidade de manutenção do sigilo a ser considerada pela perspectiva persecutória. Definida a necessidade, o comunicado às demais instituições é postergado até o momento de elucidação;

e) Definição dos elementos compartilhados nas etapas seguintes. Leva-se em conta a finalidade com cada elemento de informação, em harmonia aos critérios prévios divulgados. O compartilhamento pode ser pleno, caso

---

[167] Sobre indicativos de alternativas semelhantes, ver: Acórdão nº 483/2017-TCU-Plenário; e a Nota Técnica nº 1/2021-5ª CCR-MPF.

não ocorra prejuízo à persecução ou operação empresarial (como segredos industriais, técnicas, logística e estrutura competitiva), que são situações motivadoras da restrição aos elementos sem a exposição além do necessário;

2ª Etapa – Confirmação dos valores apurados, consequências administrativas e pretensões em face de não colaboradoras:

a) A CGU tem atuação principal sobre a responsabilidade administrativa prevista na LAC (arts. 6º e 8º), com abordagem técnica para as sanções administrativas e valoração dos prejuízos causados, segundo os marcos previamente fixados com o TCU, sendo a atuação do MPF na etapa anterior apenas o veículo da sua expressão em termo. Na segunda etapa, a CGU analisa a adequação do aplicado e eventuais ajustes, caso ocorra alguma falha na apreciação inicial, ou o valor fixado seguir o padrão mínimo. Na mesma ocasião pode convocar outras vítimas além da União, de acordo com os casos, que poderão contribuir na elucidação dos valores eventualmente sem critérios estabelecidos previamente. Para análise, o compartilhamento do material ocorre a partir do considerado na etapa anterior sobre o avanço nas medidas de corroboração e persecutórias, quando a restrição de acesso deixar de ser necessária;

b) Com o recebimento da carga instrutiva da primeira etapa, abre-se oportunidade ampliada para a CGU desempenhar o exercício pleno de todas as esferas sancionatórias multiagências pendentes (em especial, a administrativa e a civil), em face das não colaboradoras, com a representação da AGU para as vias judiciais. No mesmo sentido, passa a desempenhar todas as atividades de busca e recuperação de ativos, de acordo com os indicativos ajustados na etapa anterior;

3ª Etapa – Revisional, controle, destinação de recursos e acompanhamento dos programas de integridade:

a) O TCU, que atuou na construção dos critérios e modelos prévios para a liquidação dos valores com o aprimoramento da CGU, atua na etapa seguinte para a conferência do adotado e opera como instância capaz de elucidar

dúvidas técnicas, na matriz do constitucionalismo cooperativo de aprendizado contínuo;
b) Para a reparação de danos de acordo com os critérios prévios, a análise agregadora do TCU ocorre com o propósito de conferir a adequação daquilo identificado nas etapas anteriores, assim como as alternativas combinadas para a cobrança e recolhimento dos valores em face da colaboradora (ver o item "c" da 1ª Etapa);
c) A União gerencia os recursos de reparação obtidos, tarefa afastada da função persecutória,[168] de modo que a CGU possa promover a organização de distribuição de recursos às vítimas (institucionais ou não) e eventuais usos alternativos a partir dos marcos normativos e deliberações dos ramos executivos da União, que recebem o acompanhamento do TCU;
d) A previsão para a promoção de programas de integridade pelas colaboradoras tem sua implantação e acompanhamento pela CGU, que passa a exercer sua capacidade institucional nos termos dos artigos 56 e 57 do Decreto nº 11.129/2022, com o desempenho de seu setor dedicado com critérios para o monitoramento (Portaria nº 909/2015);
e) Os acordos integram o anseio de preservação operacional da empresa, o que pode ensejar medidas como o afastamento de membros da sua alta administração. Como são medidas interligadas ao proceder de integridade, podem ser estabelecidas nos termos dos acordos na etapa inicial consoante padrões previamente instruídos pela CGU, que exerce o seu acompanhamento de implementação com o foco de gestão dirigido ao futuro;
f) A disciplina e gestão do Cadastro Nacional de Empresas Inidôneas e Suspensas (CEIS) e do Cadastro Nacional de Empresas Punidas (CNEP), nos termos dos artigos 58 a 63 do Decreto nº 11.129/2022, contam com a típica atividade executiva da CGU de recepção e gestão de dados públicos sobre sanções administrativas, estabelecendo um controle continuado com o potencial de reação e

---

[168] Ver o contexto pela ADPF nº 569-Distrito Federal. Rel. Min. Alexandre de Moraes.

interlocução entre as diferentes áreas de Estado. Diante de eventual descumprimento dos acordos de leniência, como as violações aos programas de integridade, cabe à CGU sua apuração e proceder (art. 53, parágrafo único).

Portanto, nota-se que o comportamento cooperativo sugerido destaca a liderança de capacidades em cada etapa, em que focos individuais (1ª e 2ª etapas) e compartilhados (3ª etapa) funcionam com o potencial de sua exploração em benefício próprio e comum, salientando as abordagens de *preocupação entre as instituições* e *reciprocidade*. Por sua vez, a *reputação* é um efeito decorrente, a partir do reconhecimento da sua utilidade contínua e lançando a valoração do comportamento institucional no futuro. O fluxo cooperativo permite a ética de respeitar a atuação de cada instituição, em que os instrumentos de contenção recíproca são inseridos no *ritual* para conduzi-las à utilidade.

Por fim, os elementos tornam-se capazes de proteger a relação contra estratégias menos cooperativas, na medida em que não modelam apenas um acordo interinstitucional, mas assegura-se um *compromisso*, considerando que todos os elementos são expressões do constitucionalismo cooperativo em constante alimentação mútua.

CONCLUSÕES

A apreciação dos acordos de leniência anticorrupção segundo a operação multiagências considerou que comportamentos institucionais, analisados somente com matrizes jurídicas, podem criar lógicas fechadas como teorias a serem justificadas por si, mesmo que não consigam solucionar a realidade. O foco manteve a análise jurídica, mas com inferências a partir de estudos comportamentais e outros ramos do conhecimento, a considerar que as instituições são constantemente influenciadas – ou mesmo dependentes – da atuação humana, que afeta os seus processos decisórios.

O impulso considerou o potencial de as instituições brasileiras atuarem com "pontos cegos", quando ocorre a falha na consideração daquilo que motiva, sustenta e incentiva os comportamentos das pessoas, não apenas naturais, mas também as jurídicas movidas por elas, algo que vale tanto para as colaboradoras quanto para o Estado.

Inicialmente, identificou-se que a LAC surgiu do anseio de cumprir a Convenção da OCDE, de modo que o Brasil recebia continuadas avaliações sobre a responsabilização das pessoas jurídicas. A previsão brasileira focou em uma nova esfera de responsabilização objetiva, criando um capital de negociação para o Estado, mas desconsiderando seus efeitos nas demais esferas sancionatórias. Com destaque, as recomendações da OCDE não indicavam que a responsabilização das pessoas naturais não devesse ser conjugada.

A partir do destaque da esfera federal, notou-se que a CGU precisou ampliar o seu alcance para contemplar efeitos sancionatórios além dos administrativos previstos na LAC, o que exigiu a adição da AGU. No ponto, a conjugação aproxima-se dos acordos do MPF, que também são baseados em fundamentos normativos diversos.

Em seguida, analisou-se o conteúdo dos acordos pela CGU e MPF, que trouxeram informações com potencial correlação em conflitos multiagências. Destaques foram percebidos, como o fato de parte substancial ter investigação criminal preexistente e muitos dos elementos acordados serem redundantes, além de ressalvas como o compartilhamento e a postura ativa contra o uso do entregue em prejuízo da colaboradora, a indicar a ciência das instituições quanto aos ajustes necessários.

Outro ponto notável é a alavancagem probatória para a responsabilização civil e administrativa, uma constante nos acordos da CGU e do MPF, que se relaciona com a proteção das pessoas naturais que trazem substância aos acordos. Por sua vez, a alavancagem para a responsabilização criminal é uma constante apenas nos acordos do MPF, com o uso das colaborações premiadas em paralelo. Em qualquer caso, as abordagens dirigidas às pessoas naturais ressaltam a dependência de mecanismos destinados aos agentes humanos.

Alguns pontos são destacados nos acordos da CGU, como o foco criterioso dos montantes de reparação, enquanto no MPF a constante é a fixação provisória de valores, deixando que as demais instituições fixem adequadamente. Outro é ainda a previsão de programas de integridade nos acordos, em que o destaque é o padrão da CGU como um modelo reconhecido pela instituição ministerial.

Em seguida, aspectos positivos e negativos dos modelos multiagências foram abordados, com indicativos que se aproximam dos pontos cegos, sendo que a análise identificou ocasiões em que havia correlação com os achados dos acordos. Houve a apreciação em dois polos: a) das instituições operadoras dos acordos e b) pela perspectiva das colaboradoras.

No polo institucional, primeiramente se indicou como a maximização do próprio interesse e o isomorfismo se manifestam. Maximizar a utilidade institucional passa pelos seus agentes, que buscam domínios para atuação e estão sujeitos a uma moldura decisória que delimita visões por sua própria perspectiva.

Quando a certeza na própria moldura é mais valorizada que o incerto, pode ocorrer um ponto cego ao não identificar as consequências para os outros objetivos do instituto, sobre os quais não exercem controle e, assim, contentam-se com aquilo imediatamente previsível. São indicativos que alimentam conflitos e podem levar os agentes a contradizer sua própria ética preferencial, com racionalizações para justificar os seus atos e manter a autoimagem institucional positiva, mas ao preço de práticas que podem subtrair a atratividade da colaboração.

O isomorfismo está na tendência em seguir normas adotadas pelos seus pares no mesmo setor de atuação, a partir de padronizações em que a burocratização e as alterações organizacionais resultam em instituições cada vez mais parecidas, mas sem se tornarem necessariamente mais eficientes. O foco é a busca por legitimação, e os altos índices de reprodução das previsões nos acordos do MPF e da CGU indicam parte do fenômeno. Um exemplar da evolução isomórfica foi identificado quando os acordos do MPF contemplaram a proteção de agentes naturais contra sanções por improbidade administrativa. O mesmo não ocorria na mesma proporção pela CGU, que, com o advento dos acordos de não persecução cível e a despeito de não ter previsão para o seu exercício, buscou inovar com a AGU, mimetizando o comportamento. Na responsabilização criminal, a CGU buscou a Polícia Federal para ter informações dos acordos de colaboração premiada.

Uma das consequências negativas do isomorfismo é que até mesmo falhas passam a ser reproduzidas sem apreciar as críticas, como processos de racionalização em autoengano, uma consideração humana em ponto cego. No entanto, os isomorfismos indicam que tensões podem ser solucionadas por meio de interações coordenadas, pois a busca por similitudes não é por acaso.

Por sua vez, a competição excessiva entre agências do mesmo ciclo tende a fazer com que o foco seja não deixar outra instituição vencer, algo salientado pela concentração nos próprios indicadores das instituições, que acarretam o risco de perder as demais visões. Situações como a de o MPF focar na alavancagem persecutória, da CGU na responsabilização da pessoa jurídica, ou ainda quando o TCU discorda dos valores de reparação, podem terminar como manifestações egoísticas em que o contexto de efetividade anticorrupção se perde. A concentração de focos alimenta a insegurança das colaboradoras e avaliações equivocadas sobre suas motivações, quando a decisão das corporações é estabelecida por humanos, que podem ser regidos por circunstâncias diversas. Ao final, o foco permite efeitos de desativação, em que pode não mais interessar a correção do ilícito, ou a entrega efetiva de todos os responsáveis, pois o necessário passa a ser a recompensa obtida pelo Estado, que pode tratar as pessoas, sejam colaboradoras ou não, de forma semelhante.

Parte do egocentrismo ocorre quando as instituições deixam de contemplar a participação das demais. Notou-se a situação tanto pela perspectiva da CGU quanto do MPF, obscurecendo vantagens de um modelo multiagências e afastando as bases de cooperação na crença de que alcançariam resultados superiores. O foco nas finalidades de cada instituição cria padrões falhos para novos acordos e acomoda as colaboradoras aos erros das instituições.

O ponto é ainda salientado com as análises repartidas, em que os mesmos objetos – os fatos – sofrem categorizações de cada observador. Quando doutrina e jurisprudência criam classificações dos acordos em diversas espécies, com titularidades distintas – como o Acordo de Leniência da LAC; ou o Acordo de Leniência do MP –, alimentam uma situação em que os agentes passam a tratar o instituto como algo a ser defendido como seu, em viés de confirmação, que busca afastar aquilo que contrarie sua manifestação.

Um fenômeno destacado é que basear operações institucionais apenas em normas pode tratar o seu cumprimento como um fim em si, limitando alternativas e travando o melhor desempenho de institutos, induzindo agentes públicos e privados a focarem nos custos e benefícios dos acordos, mas sem atentar aos preceitos ético e funcional. Assim, a operação multiagências pode ensejar um problema de ação coletiva, em que, apesar de pertencerem a um grupo com um objetivo público comum, as instituições podem se dividir em subgrupos competitivos, como o que consolida o caráter reparatório e efeitos administrativos, ou o outro com foco na persecução. Ao final, os conflitos promovem um desempenho inferior àquele com a cooperação de todos, pois dilui potenciais e incentiva a competição com pontos cegos.

A divisão em subgrupos ainda fratura a voluntariedade de colaboração, com efeitos comportamentais que, ao serem apreciados pela matriz teórica da escolha racional, pode não compreender nuanças nos comportamentos das pessoas e provocar reflexos no polo das colaboradoras, em questões como: o benefício máximo ao primeiro colaborador, a situação do colaborador que não pode ser pior que a de não colaboradores, e a necessária existência de um elevado risco de detecção, sob pena de fazer as previsões sancionatórias serem insuficientes para a dissuasão. É algo que leva em conta a persecução penal daqueles que praticaram a corrupção, um dos problemas mais sensíveis dos programas de leniência brasileiros quando não consideram a agência humana.

Ao concentrar nas pessoas jurídicas todo o esforço do instituto, os programas acabam conduzidos por uma perspectiva estritamente racional que, apesar de parecer um indicativo sólido, na prática pode se afastar dele. Pontuou-se que a situação da governança corporativa reflete no considerado pelas colaboradoras, pois, além de os acordos afetarem *stakeholders*, a operação interna da corporação pode influenciar a sua decisão conciliatória, como o caso de a deliberação significar a entrega dos gestores responsáveis, que podem não impedir que a pessoa jurídica atenda aos incentivos. Ademais, como a corrupção envolve a interseção entre os polos público e privado, a percepção em apenas um deles pode não enxergar como a aproximação se sustenta, pois não é algo que ocorre por uma racionalidade autônoma, mas dependente de manifestações dos seus agentes humanos. Um programa de leniência efetivo, apesar de mirar nas pessoas jurídicas, deve reduzir as preocupações dos colaboradores naturais e assim mover a agência empresarial a se manifestar. Os reflexos são variados.

Um elemento bem característico para atratividade dos acordos é a divulgação prévia dos requisitos e procedimentos. Não é a natureza da veiculação normativa (seja a lei, atos infralegais, *soft law* etc.) o diferencial, mas a transparência dos critérios. O conforto das pessoas jurídicas passa por aquilo que elas percebem e de nada adiantaria a transparência de critérios, caso o seu atendimento pelo Estado adotasse padrões distintos. Mas como a corrupção atinge agentes naturais que podem mobilizar a decisão empresarial contra os acordos e alimentar pontos cegos, a transparência vai além das pessoas jurídicas. Na mesma linha, a capacidade de incentivar a corrida envolve recompensas significativas apenas ao primeiro que se aproxima, o que salienta a consideração humana de aversão à perda.

Ainda sobre a competição entre colaboradoras, a teoria dos jogos tem indicação doutrinária para a tomada de decisões racionais, sendo o "dilema dos prisioneiros" sua expressão corrente. No entanto, a corrupção tem aspectos que diferem da matriz do dilema, como o fato de o Estado não evitar a comunicação entre colaboradoras, ou a colaboradora ser a única no contato com o corrupto, o que faz a competição ser entre pessoas jurídicas e naturais simultaneamente. Por sua vez, apesar de a LAC determinar que o acordo seja para a primeira colaboradora, o Decreto nº 11.129/2022 indica "quando tal circunstância for relevante", o que pode envolver situações como aquela em que ela atua em diversas localidades e se envolve em situações corruptas autônomas, que provocam assimetrias entre diferentes agentes. Ou seja, a competição é salientada não necessariamente entre pessoas jurídicas, mas contra as pessoas naturais.

Quanto ao ponto, a divisão de atribuições para a persecução das diferentes situações, como nos "acordos plus", é uma questão de operação da realidade e não de legalidade dos acordos, assim como ocorre quando um órgão recebe notícia de fato sobre o qual não tenha atribuição e promove o declínio. Afinal, a ampliação dos acordos para fatos além daqueles próprios do órgão original não é apenas para expandir o potencial do Estado, mas fundamentalmente para não limitar o instrumento de defesa de colaboradores.

No que tange ao sigilo, trata-se de algo que envolve uma experiência de inteligência sobre a operação das corporações, além da notícia de a colaboração poder dificultar apurações. Para o Estado, as dificuldades práticas são quanto ao trâmite por diversos agentes, em que o compartilhamento incrementa o risco de vazamentos, a utilização enviesada de informações e potenciais constrangimentos, pois pode haver receio da colaboradora em apresentar informações sobre autoridades com capacidade de influência. Nos acordos há previsão constante de compartilhamentos entre as instituições, mas sem definição sobre momentos, alcance e outras circunstâncias. Para minimizar conflitos, são previstas condições para não atingir as pessoas jurídicas, mas que não suprimem o potencial de atingir pessoas naturais e a persecução penal, salientando novamente a pertinência humana.

Foi destacado que a alavancagem probatória é o que move o Estado a admitir a própria leniência. Narrativas sem corroboração não permitem o acordo, pois, de outro modo, um acordo civil seria suficiente para efeitos como as reparações. Ela também é fundamental para a colaboradora, pois ampara a sua pretensão de conter o poder punitivo sobre si. A corroboração deve minimizar imperfeições da demonstração de fatos, de modo a evitar benefícios desproporcionais e proteger o instituto contra infiltrações comportamentais.

De qualquer modo, o principal efeito de critérios objetivos e transparentes, do trâmite sob sigilo e da corroboração não é apenas reduzir a subjetividade das instituições, mas evitar redundâncias que subvertem a avaliação da colaboradora antes de ela se aproximar do Estado. Um elemento comum é salientado nos acordos em contexto multiagências: tratam do mesmo objeto (fato apurado). O que varia são as percepções e os efeitos, em que as redundâncias não resultam de uma racionalidade institucional, mas da manifestação dos agentes humanos que concretizam as avaliações. A precaução contra redundâncias é uma constante consciente nos acordos, mas a insistência nos modelos próprios sobre os mesmos fatos termina refletindo em pontos cegos, que envolvem a maximização do próprio interesse, a competição excessiva no mesmo ciclo e o egocentrismo.

Como decorrência, o acordo de leniência não suprime a existência do fato, mas consequências externas a ele, como as sanções. Para a reparação do dano, o uso redundante de provas não é vedado, mas a insistência em produzir efeitos sancionatórios redundantes contra colaboradoras parte de uma perspectiva de maximização que pode sabotar o instituto, pois sinaliza que o Estado não sabe perdoar.

Em especial, a redundância pode ainda recair em razão das pessoas naturais. A constante dos acordos com base em investigação criminal prévia realça novamente um destaque dos conflitos multiagências, que é a incerteza da repercussão humana quanto aos mesmos fatos. A desconexão entre os incentivos que motivam as pessoas jurídicas e as naturais pode não ser capaz de trazer todo o contexto dos ilícitos e tem repercussões sensíveis quanto aos efeitos anticorrupção.

No caso, pesquisas sugerem que o compromisso normativo é um fator destacado e a contenção dos impulsos violadores é dada por fatores biológicos, sensoriais e socioculturais. A capacidade de culpa e o potencial de sanção interna formam uma carga de advertência que sustenta o comportamento contra ocorrências indesejadas. O problema é que o processo de internalização somente é possível para pessoas com capacidade de sentir o efeito inibidor. É um processo interno, exercido constantemente na representação exterior do agente, tanto por si, quanto por terceiros sobre sua reputação. No entanto, como as pessoas jurídicas são projeções artificiais, elas não manifestam os processos por ausência de capacidade neural, subtraindo mais uma camada contra os atos corruptos.

Ou seja, a solução restrita dos acordos de leniência, sem uma resposta aos agentes naturais da corrupção, promove processos de racionalização e constituição de pontos cegos. O constrangimento e a repulsa aos atos são deslocados contra as pessoas jurídicas, que são incapazes de exercer os mecanismos neurais internos e assim deixa-se de atingir diretamente os condutores da corrupção. A situação ocorre porque em humanos a estrutura cerebral aciona diferentes circuitos para apreciar suas próprias falhas morais, com reflexo de uma das trilhas da neurociência da moralidade.

Ao final, as pessoas naturais podem terminar com seus mecanismos morais indiferentes à repulsa externa, assim como a pessoa jurídica, porque as consequências dos ilícitos poderiam ser absorvidas integralmente pela organização sem expor seus agentes ao confronto. Portanto, as soluções negociadas das pessoas jurídicas não deveriam interromper o ciclo de responsabilização dos agentes, algo que não se confunde com a punição nos moldes persecutórios ordinários, mas a necessidade de eles constituírem os próprios compromissos penais no processo de admissão dos ilícitos.

O identificado tem reflexos em diversos pontos. Como exemplo, a responsabilidade objetiva na LAC não considerou que a sanção sobre a pessoa jurídica tem repercussões além dela, na medida em que, para a colaboradora, a consideração isolada da responsabilização objetiva se torna secundária com o acordo de leniência, que reduz a carga sancionatória sobre si. Se o foco da LAC fosse apenas as pessoas jurídicas, para o Estado o acordo seria desnecessário, pois a responsabilização objetiva seria algo suficiente, ao permitir efeitos civis e administrativos plenos, sem a necessidade de desgastes com elementos subjetivos e a exigência de conteúdo probatório qualificado, típicos da persecução das pessoas naturais.

Por sua vez, identificou-se que a repercussão sobre os agentes naturais da corrupção é um padrão com maior amplitude internacional e os dados dos sistemas de resolução negocial confirmam o destaque. Nota-se novamente como a feição humana é ligada e porque, mesmo na seara internacional, o exercício destacado dos institutos negociais conta com a atuação das instituições de persecução. Um indicativo da preferência pelos acordos ministeriais em maior número está na alavancagem criminal com proteção, pois minimiza as dificuldades das pessoas jurídicas em incentivar a exposição dos seus agentes e cria o vínculo humano de responsabilização. Ao tempo que aguça a feição humana, torna-se capaz de melhor protegê-la.

Outra repercussão tem em conta que, apesar de a sociedade civil reconhecer a utilidade dos acordos de leniência, ressalva-se que não deveriam ser símbolos de impunidade. Na seara internacional são identificadas manifestações de repulsa ao instituto quando a repercussão pecuniária é o seu principal diferencial, pois provoca sua consideração como um meio de fuga. Afastar o caráter isolado de precificação dos acordos visa a evitar o repasse dos valores como custos ao mercado, efeitos sociais indesejados, além de um desconto hiperbólico para pagamentos em longo prazo.

Notou-se, assim, que o destaque das impressões negativas quanto ao instituto é a falta de repercussão quanto aos agentes naturais. Como informadores neurocientíficos indicam, a precificação isolada produz reações humanas, em que existe a ânsia retributiva contra a corrupção, mas que os acordos não permitem concretizar. Porém, assim como o direito penal, os limites jurídicos proporcionados pelos acordos visam a conter a ânsia retributiva pura, e mecanismos conciliatórios podem estabelecer os limites. As medidas personalíssimas, como as dos compromissos criminais, dificilmente seriam submetidas por completo a um mecanismo compensatório, pois a pessoa jurídica tem dificuldade em repassá-las a terceiros. Por isso novamente o indicativo para que os acordos tragam o vínculo para os agentes responsáveis, de modo a promoverem os seus respectivos atos de colaboração e a assunção dos seus erros.

Sobre o ponto, notou-se que a compreensão humana também tem sensíveis implicações nas reações institucionais multiagências, na medida em que, assim como ocorre com a colaboradora, que pode calcular e controlar efeitos, para o Estado o domínio financeiro é uma heurística para justificar algo controlável e passível de imposição por critérios próprios, que, tomado simultaneamente por instituições diversas, amplia os conflitos. O exemplo da divulgação de resultados financeiros, mas sem demonstrar como permitiram responsabilizar quem praticou a corrupção, indica ainda a tendência de a colaboradora contentar-se apenas com a conformidade normativa da instituição leniente, sem a substância para a persecução dos responsáveis. Em sede internacional, a insuficiência da resposta administrativa tem provocado alterações nos modelos, em que a lógica da implicação penal visa a evitar que a previsão pecuniária isolada provoque seus efeitos.

Na busca em superar todos os pontos evidenciados, o direito constitucional surge como um dos fatores socioculturais da operação humana, sendo invocado como linguagem que permite aberturas para adaptação comportamental das instituições. Ajustes do modelo brasileiro passam por uma abordagem institucionalista de integração e o constitucionalismo cooperativo compreende as manifestações dialógicas das agências, destaca potenciais que não dependem de normas e busca evitar atuações que neguem a sustentação de direitos, como o instrumento de defesa que é o acordo de leniência.

Ressaltou-se que a cooperação é essencial na existência social, em que interesses distintos levam a situações em que as partes exploram o comportamento do outro em seu próprio benefício e dividem resultados. O primeiro passo para a cooperação considera múltiplas interações sucessivas, em que o valor do relacionamento futuro é alto para as partes. Muitos conflitos interinstitucionais são reflexo da valorização excessiva do presente, quando as instituições buscam recompensas imediatas controláveis, que se esgotam em alguma ocasião. Para a distribuição integrativa de recompensas da cooperação, a valorização do futuro precisa de indicativos para punir o desacordo quando necessário, mas também perdoar e voltar a cooperar quando o adversário altera a sua postura, como um reconhecimento de reputação.

Quanto ao instruir a preocupação com as demais instituições, busca-se a consciência sobre o que cada uma tem como *expertise*, algo a ser reconhecido como um ativo a ser explorado. A distribuição integrativa considera que as instituições devem ser recompensadas pelo produto da sua cooperação ao serem exploradas. Para a sua consideração, a reciprocidade considera que a cooperação unilateral leva à exploração que não se sustenta, pois aquele que não recebe o reconhecimento pode se ressentir, como nas impugnações de instituições que não participam dos acordos sem indicar exatamente a utilidade da impugnação para o sucesso da atuação. Portanto, quando as capacidades de reconhecimento e utilidade forem baixas, o sistema precisa aprimorá-las, pois a participação institucional ativa provoca fatores heurísticos de disponibilidade, em que, ao participar de forma efetiva, tende-se a não impugnar a própria criação.

Para tanto, a reputação é um acréscimo para que o constitucionalismo cooperativo proteja a relação contra estratégias menos cooperativas, ao reconhecer a utilidade das instituições na construção do todo. Ela é influenciada por um fator humano, em que categorizações são próprias do processo de compreensão da realidade. O cérebro humano alcançou um patamar para cooperar quando a reputação estiver em jogo, de acordo com a distribuição relevante, que, na consideração multiagências, é reflexo da capacidade de ser útil ao todo.

A construção da cooperação passa ainda por assegurar-se o compromisso, em que a ética e o ritual são destacados, algo que não se confunde com um simples acordo. Acordos de cooperação técnica podem não evitar os constrangimentos multiagências, pois aspectos sancionatórios e de reparação imediatos ganham o destaque, focados nos domínios das instituições, mas sem solucionar dificuldades como: as pessoas naturais e a recepção colaborativa plena, a repercussão penal, as limitações para a corroboração sem medidas processuais penais, a restrição de compartilhamentos sobre agentes de Estado, a falta de independência das agências, entre outras. Como destacado, o domínio valorizado do presente sob controle termina em pontos cegos, que sustentam subgrupos que competem pelo instituto.

Os compromissos surgem quando há algo a perder e a recompensa não precisa ser material. Ao conjugar-se a contribuição institucional à reputação, com o reconhecimento e utilidade valorizados, cria-se um ativo. Destacou-se que a cooperação pode surgir mesmo entre adversários e não exige amizade, pois a falha no comportamento constrange o próprio cooperador, que se beneficia da situação estável ao futuro. O engajamento em compromissos envolve a contribuição das instituições até então alheias para evitar suas reações. Ressalta-se o efeito mesmo quanto aos fatos que não são de atribuição da instituição que promove o acordo, que pode chamar previamente outras agências para sua construção. É algo que vale tanto para instituições externas, quanto para órgãos internos autônomos (como o caso do Ministério Público).

Para conjugar os elementos cooperativos, a identificação dos potenciais de cada instituição a serem explorados é essencial, sob pena de os pontos cegos incidirem e o constitucionalismo cooperativo falhar. Para ativos de reputação, a abordagem das capacidades institucionais permite avaliar distintas arquiteturas funcionais, cada uma com diferentes potencialidades para decidir e atuar, sem desconsiderar sua repercussão. As capacidades têm vínculo imediato com a distribuição integrativa da cooperação, pois são identificados trechos que não sejam redundantes, que possam ser explorados como contribuições especializadas para a utilidade comum e que recebam adaptações para funcionar como diferenciais.

Considerando ainda que conflitos podem ocorrer quando as atuações não são bem-sucedidas, as capacidades institucionais adotam uma estrutura "second best" de raciocínio, que equilibre os potenciais da realidade mesmo que não confirmem todos os ideais normativos ou doutrinários. É algo que pode não ser bem trabalhado pela dogmática constitucional, caso desconsidere que inexiste perfeição em estruturas humanas. Ademais, a identificação das capacidades não significa que a escolha deva ser daquela instituição com o melhor potencial, pois a seleção isolada envolve o principal sintoma dos embates, em que a exclusão de instituições pode não apenas deixar de otimizar virtudes ou minimizar deficiências, mas alimentar conflitos quando a utilidade de cada instituição é abandonada e a compensação mútua perdida. Pelo constitucionalismo cooperativo, a redundância deve ser uma utilidade para promover aspectos positivos, superando os extremos.

Para a concretização teórica foram destacadas cinco capacidades pelas perspectivas do MPF e da CGU, sem prejuízo da consideração do TCU: a) capacidade de otimização da alavancagem probatória e persecução de ilícitos, b) capacidade de garantir maior amplitude de proteção aos agentes naturais colaboradores, c) capacidade de estabelecer critérios e definir valores sancionatórios e de reparação, d) capacidade de desempenho com independência funcional, e) capacidade de promover políticas de prevenção e acompanhar programas de integridade.

A abrangência da persecução simultânea nas áreas cível e criminal pelo MPF é salientada, enquanto aquelas capacidades de promover a apuração de valores de reparação, a repercussão patrimonial e o acompanhamento de programas de integridade pela CGU são um amplo diferencial. São dois focos de atuação: um dirigido ao passado (persecução), outro dirigido ao futuro (reparação e evolução positiva de comportamentos). O reconhecimento das virtudes institucionais deve ser incentivado no seio da lógica constitucional cooperativa. No caso do TCU, indica-se o reforço da sua contribuição ao sistema de operação, em especial com capacidades especializadas que as instituições operadoras não desempenham.

Quanto ao compartilhamento e à fixação de reparação, a medida deve evitar vazamentos que prejudiquem a persecução e o uso ser restrito ao necessário. Os efeitos dinâmicos da capacidade do MPF indicam que o foco em persecução não prejudica as demais instituições, pois o necessário por outras funções pode não ser coincidente, ou não exigir apreciação imediata.

A solução passa pela definição de critérios prévios para fixar montantes (em face das capacidades da CGU, como principal operacional, e do TCU, como certificador final), que produzem uma carga cognitiva previsível e assim evitam redundâncias sobre os mesmos fatos. A indefinição prévia pode provocar o compartilhamento além do necessário, em ponto cego do operador em sua moldura decisória, que não contempla a preservação empresarial, prejudica *stakeholders* e pode fazer os valores ganharem contornos de sanção. O ponto é ainda salientado pela situação dos modelos econométricos pelo TCU, o que mostra ser necessário evitar o potencial de fazer os critérios da CGU serem sempre inadequados, bastando alegar a preponderância da variável econométrica escolhida pela agência humana.

Com o compartilhamento em etapas, as finalidades com maior risco (persecução e direito de defesa da colaboradora) seriam preservadas, sem que aquelas com base lógica estável (cálculo e reparação) sejam prejudicadas, permitindo-se ainda combinar condições para a cobrança.

Quanto aos efeitos sancionatórios, o instituto considera que a detecção da corrupção pode ser inviável, além do alto custo de transação. Mas se a despeito disso fosse permitido ao Estado agravar a situação da colaboradora, poderia, assim, quebrar a atratividade. Ao final, a sucessão das esferas punitivas acaba tratando situações logicamente diversas – colaboradoras e não colaboradoras – do mesmo modo, desnaturando a razão da autonomia sancionatória, que funciona com um juízo *ex post* quanto aos ilícitos que o Estado detectou e reprimiu. Mas, no caso dos acordos, opera-se pela perspectiva *ex ante*, ou seja, são direcionados aos infratores não apurados por atuação isolada do Estado, que assim passam a ser a partir da colaboração.

Houve a construção do raciocínio "no piling on", que, ao ter uma abordagem de etapas, pode preservar as finalidades dos acordos quando as capacidades de persecução funcionarem como o centro de operação coordenada. A experiência internacional traz indicativos a serem apreciados no influxo das capacidades institucionais: (i) permitir que a persecução seja promovida pela instituição com melhores capacidades evita redundâncias; (ii) evita ainda a surpresa por atos contraditórios; (iii) ao tempo que protege colaboradores, permite que o sistema sancionatório funcione nas diversas esferas em face dos não colaboradores; e (iv) as instituições criam critérios proporcionais de distribuição dos recursos com a especial consideração das vítimas.

Para a operação, estender efeitos do acordo de leniência às pessoas naturais não é uma inovação normativa, mas o exercício harmônico de institutos em lógica funcional. A técnica dos "termos de adesão das pessoas físicas" permite atrair as pessoas naturais por instrumentos próprios, como o acordo de colaboração premiada e o ANPC, harmonizando institutos na prática. O destaque é a capacidade institucional do Ministério Público, que pode conjugar todos os instrumentos de recepção humana simultaneamente, potencializando o comportamento "carve in" das colaboradoras, que precisam impulsionar seus agentes naturais com maiores garantias.

É certo que o acordo de leniência não esgota sua função com o propósito dirigido ao passado, como a persecução. O foco futuro é destacado com os programas de integridade, que abordam a estrutura em que as pessoas naturais operam e o acordo não deveria funcionar como escudo para condutas inadequadas. A CGU tem capacidade destacada em que o potencial futuro da função executiva pode mover a estrutura contra novos delitos. Outro papel dos programas considera que a preservação da empresa pode exigir medidas como o afastamento de administradores, ou inovações como a transferência compulsória do controle societário, preservando o ambiente de desempenho econômico.

As alternativas operacionais na experiência internacional foram comparadas para o compromisso. É o reconhecimento pelas agências dos efeitos da sua própria atuação, mas sem exigir que a colaboradora percorra diversas vias, que mobiliza as alternativas. Foi destacada a funcionalidade do instrumento de senhas. É a possibilidade de a pessoa jurídica obter facilmente o acesso, abrindo o caminho para as naturais, que faz a sua concessão ocorrer sem rigidez inicial e incentivar a melhor qualidade da instrução em seguida.

Diante do todo apurado, apresentou-se uma proposta de operação brasileira, de modo a gerar respostas aos problemas organizacionais com medidas que preservem as instituições. A arquitetura concentra o acesso, destacando os desempenhos sucessivos de cada instituição para a sua operação quanto ao momento (exercício em etapas), passando pela apreciação do entregue em colaboração (compartilhamento), pelo exercício sancionatório distinto (*ne bis in idem*) e a estruturação para a máxima efetividade ao polo colaborador (instrumento de defesa). Busca-se otimizar a capacidade de persecução, criando previsibilidade e a porta de entrada para as pessoas naturais.

As medidas são divididas em dois contornos principais: o primeiro é a estruturação prévia (transparência), com modelos operacionais divulgados e sistema de senhas para pessoas jurídicas e naturais. São utilizados os institutos simultaneamente disponíveis em "termos de adesão" (*carve in*), mobilizando as pessoas jurídicas a incentivarem seus agentes a colaborar; o segundo é o procedimental (operação em três etapas), que destaca as instituições com a melhor capacidade para cada finalidade (líder da etapa), com traços do modelo de jurisdição líder, mas sem concentrar toda a operação em apenas uma delas, que passam a ter posturas de lideranças operacionais a cada etapa. Uma constante é a troca de experiências em manifestações do constitucionalismo cooperativo.

Ao final, notou-se que as questões apresentadas na introdução restaram respondidas. Foi demonstrado como situações em pontos cegos ocorrem não apenas nos agentes criminosos e pessoas jurídicas que eles operam, mas também nas instituições que promovem os acordos. A confiança nos preceitos normativos não resolve os dilemas da atuação prática, pois dependentes da operação humana sobre eles. Por sua vez, constatou-se que pessoas jurídicas colaboradoras buscam instituições preferencialmente em razão de suas capacidades institucionais, e a matriz teórica que envolve a percepção humana demonstra como a compreensão ocorre além do direito.

Portanto, o trato do modelo multiagências dos acordos de leniência anticorrupção envolve a compreensão de como as pessoas naturais operam as instituições públicas e colaboradoras, de modo que as funções esperadas precisam da cooperação nas duas frentes. Mas normas e instituições, por si, não criam a cooperação. É o humano nelas que potencializa a harmonização do instituto.

REFERÊNCIAS

ACKERMAN, Susan Rose; PALIFKA, Bonnie J. *Corrupção e governo*: causas, consequências e reforma. FGV Editora, 2020.

ALAN, José Alexandre da Silva Zachia. Novos aspectos relacionados à leniência e à corrupção. Uma abordagem sob a perspectiva da teoria dos jogos. *Revista de Direito Administrativo*, v. 275, p. 189-222, 2017. Disponível em: http://bibliotecadigital.fgv.br/ojs/index.php/rda/article/view/71652/69326. Acesso em: 07 jun. 2021.

ALVESSON, M.; KÄRREMAN, D. Taking the linguistic turn in organizational research: challenges, responses, consequences. *The Journal of Applied Behavioral Science*, 36, 2000.

ANDRADE, Luiza. Programas de leniência e a responsabilidade civil concorrencial: o conflito entre a preservação dos interesses da leniência e o direito à indenização. *Revista de Defesa da Concorrência*, v. 3, n. 2, 2015.

ANDREONI, J.; HARBAUGH, W.; VESTERLUND, L. The Carrot or the Stick: Rewards, Punishments, and Cooperation. *The American Economic Review*, 93, p. 893-902, 2003. Disponível em: http://www.jstor.org/stable/3132122. Acesso em: 19 set. 2021.

ARGUELHES, Diego Werneck; LEAL, Fernando. Dois problemas de operacionalização do argumento de "capacidades institucionais". *Revista Estudos Institucionais*, v. 2, 1, p. 192-213, 2016.

ARGUELHES, Diego Werneck; LEAL, Fernando. O argumento das "capacidades institucionais" entre a banalidade, a redundância e o absurdo. *Direito, Estado e Sociedade*, n. 38, p. 6-50, 2011.

ASHFORTH, B. E.; ANAND, V. The normalization of corruption in organizations. *Research in organizational behavior*, 25, p. 1-52, 2003.

ATHAYDE, Amanda. *Manual dos acordos de leniência no Brasil*: teoria e prática – CADE, BC, CVM, CGU, AGU, TCU, MP. Belo Horizonte: Fórum, 2019.

ATHAYDE, Amanda; FIDELIS, Andressa Lins; MAIOLINO, Isabela. Da teoria à realidade: o acesso a documentos de acordos de leniência no Brasil. In: MACEDO, Agnes *et al.* (Org.). *Mulheres no antitruste*. São Paulo: Singular, p. 275-277, 2018. Disponível em: https://c91ba030-1e79-4eb0-b196-35407d130c35.filesusr.com/ugd/62c611_25c30855c92242a8bef878bfc15583fd.pdf. Acesso em: 23 abr. 2020.

AUBERT, Cécile; REY, Patrick; KOVACIC, William E. The impact of leniency and whistle-Blowing programs on cartels. *International Journal of Industrial Organization*, Amsterdam, n. 24, p. 1241-1266, 2006. Disponível em: http://idei.fr/sites/default/files/medias/doc/by/rey/leniency.pdf. Acesso em: 06 nov. 2021.

AUBERT, Cécile; REY, Patrick; KOVACIC, William E. *The Impact of Leniency Programs on Cartels*, IDEI Toulouse, 2004. Disponível em: https://www.semanticscholar.org/paper/The-Impact-of-Leniency-Programs-on-Cartels-Aubert-Rey/38fd4166ebc89e03598187b4e87b13f961904a8f. Acesso em: 06 nov. 2021.

AXELROD, Robert. *A evolução da cooperação*. Leopardo, 2010.

AYAL, S.; GINO, F. Honest rationales for dishonest behavior. The social psycology of morality: exploring the causes of good and evil. In: *American Psychological Association*, p. 149-166, 2011.

BABCOCK, Linda et al. Forming Beliefs about Adjudicated Outcomes: Perceptions of Risk and Reservation Values. *International Review of Law and Economics*, v. 15, n. 289, p. 289-303, 1995. Disponível em: https://www.sciencedirect.com/science/article/abs/pii/0144818895000173. Acesso em: 4 nov. 2021.

BAKAN, Joel. *The Corporation: The Pathological Pursuit of Profit and Power*. Constable, 2012.

BARDHAN, Pranab. Corruption and Development: A Review of Issues. *Journal of Economic Literature*, vol. 35, issue 3, p. 1320-1346, 1997. Disponível em: https://www.proquest.com/docview/213286925. Acesso em: 10 out. 2021.

BARDIN, Laurence. *Análise de conteúdo*. São Paulo: Edições 70, 2016.

BARSKY, A. Understanding the ethical cost of organizational goal-setting: A review and theory development. *Journal of Business Ethics*, 81, 2008. Disponível em: https://www.academia.edu/10152327/Understanding_the_Ethical_Cost_of_Organizational_Goal-Setting_A_Review_and_Theory_Development. Acesso em: 13 out. 2021.

BATESON, Melissa; NETTLE, Daniel; ROBERTS, Gilbert. Cues of Being Watched Enhance Cooperation in a Real-World Setting. *Biological Letters*, v. 2, n. 3, p. 412-414, 2006. Disponível em: https://www.ncbi.nlm.nih.gov/pmc/articles/PMC1686213/. Acesso em: 10 jul. 2021.

BAZERMAN, M. H.; TENBRUNSEL, A. E. *Blind Spots: Why we fail to do what's right and what to do about it*. Princeton University Press, 2011.

BEATON-WELLS, Caron; TRAN, Christopher (Eds.). *Anti-Cartel Enforcement in a Contemporary Age: Leniency Religion*. Hart Publishing, 2015.

BECKER, Gary S. Crime and Punishment: an economic approach. *Journal of Politics and Economics*, Chicago, v. 76, n. 2, 1968. Disponível em: https://www.journals.uchicago.edu/doi/abs/10.1086/259394. Acesso em: 19 set. 2021.

BECKER, Howard. A epistemologia da pesquisa qualitativa. *Revista de Estudos Empíricos em Direito*, v. 1, n. 2, jul. 2014.

BECKER, Howard. *Outsiders: estudos da sociologia do desvio*. Rio de Janeiro: Jorge Zahar, 2008.

BERGER, P. L.; LUCKMANN, T. *A construção social da realidade*. Petrópolis: Vozes, 2004.

BERSOFF, D. M. Why good people sometimes do bad things: motivated reasoning and unethical behavior. *Personality and social psychology bulletin*, 25, p. 28-39, 1999.

BIGONI, Maria et al. Trust, Leniency and Deterrence. *Journal of Law, Economics; Organization*, vol. 31, n. 4, Oxford University Press, p. 663-689, 2015. Disponível em: www.jstor.org/stable/43774613. Acesso em: 12 mar. 2022.

BOBGDANDY, Armin von. Pluralism, direct effect, and the ultimate say: On the relationship between international and domestic constitutional law. *International Journal of Constitutional Law*, vol. 6, n. 3 e 4, 2008.

BOWLES, Samuel; GINTIS, Herbert. The Evolution of Strong Reciprocity: Cooperation in Heterogeneous Populations. *Theoretical population biology*, vol. 65, p. 17-28, 2004. Disponível em: https://www.researchgate.net/publication/8988389_The_Evolution_of_Strong_Reciprocity_Cooperation_in_Heterogeneous_Populations. Acesso em: 13 fev. 2022.

BOYD, Robert et al. *The evolution of altruistic punishment*. PNAS 18, 2003. Disponível em: https://www.pnas.org/content/pnas/100/6/3531.full.pdf. Acesso em: 18 jan. 2022.

BRAITHWAITE, John. White collar crime. Annual Review of Sociology, v. 11. *Annual Reviews*, 1985. Disponível em: http://www.jstor.org/stable/2083283. Acesso em: 8 nov. 2020.

BRASIL. Advocacia-Geral da União; Controladoria-Geral da União. *Portaria Interministerial CGU/AGU 2.278/2016*, 2016.

BRASIL. Advocacia-Geral da União; Controladoria-Geral da União. *Portaria Conjunta 4/2019*, 2019.

BRASIL. Advocacia-Geral da União; Controladoria-Geral da União; Polícia Federal. *Protocolo de Execução nº 01/2020*.

BRASIL. Conselho Administrativo de Defesa Econômica – CADE. *Histórico da conduta do Acordo de Leniência firmado entre CADE e Construções e Comércio Camargo Correa S.A.* 2015. Disponível em: http://www.cade.gov.br/noticias/cade-celebra-acordo-de-leniencia-em-investigacao-de-cartel-em-licitacao-da-usina-angra-3/historico_da_conduta_publico.pdf.

BRASIL. Controladoria-Geral da União. *Instrução Normativa nº 01/2015*, 2015.

BRASIL. Controladoria-Geral da União. *Instrução Normativa nº 02/2018*, 2018.

BRASIL. Controladoria-Geral da União. *Manual de Responsabilização Administrativa de Pessoas Jurídicas*, 2018. Disponível em: https://repositorio.cgu.gov.br/bitstream/1/44487/5/Manual_de_Responsabilizacao_Administrativa.pdf. Acesso em: 6 dez. 2021.

BRASIL. Controladoria-Geral da União. *Manual prático de cálculo de sanções da lei anticorrupção*: cálculo e dosimetria, 2020. Disponível em: https://repositorio.cgu.gov.br/handle/1/46569. Acesso em: 03 jun. 2021.

BRASIL. Controladoria-Geral da União. *Portaria CGU nº 909, de 07/04/2015*, 2015.

BRASIL. Ministério Público Federal. *Estudo Técnico 01/2017 da 5ª Câmara de Coordenação e Revisão – 5ª CCR*, 2017. Disponível em: http://www.mpf.mp.br/atuacao-tematica/ccr5/publicacoes/guia-pratico-acordo-leniencia/arquivos/Estudo-Tecnico-01-2017.pdf. Acesso em: 31 out. 2021.

BRASIL. Ministério Público Federal. *Nota Técnica nº 2/2020 da 5ª Câmara de Coordenação e Revisão*, 2020.

BRASIL. Ministério Público Federal. *Orientação nº 07/2017 da 5ª Câmara de Coordenação e Revisão – 5ª CCR*, 2017.

BRASIL. Ministério Público Federal. *Orientação nº 10 da 5a Câmara de Coordenação e Revisão – 5ª CCR*. Disponível em: http://mpf.mp.br/pgr/documentos/5CCR_OrientacaoANPC.pdf. Acesso em: 27 dez. 2021.

BRASIL. Tribunal de Contas da União. *Acórdão 483/2017-TCU*. TC 016.991/2015-0. Data da Sessão: 23.03.2017, 2017.

BRASIL. Tribunal de Contas da União. *Instrução Normativa nº 74/2015*, 2015.

BRASIL. Tribunal de Contas da União. *Instrução Normativa nº 83/2018*, 2018.

BROSNAN, Sarah F.; WAAL, Frans B. M. Monkeys reject unequal pay. *Nature*, vol. 425, 2003. Disponível em: https://www.emory.edu/LIVING_LINKS/publications/articles/Brosnan_deWaal_2003.pdf. Acesso em: 08 jan. 2022.

BUCCIROSSI, Paolo; SPAGNOLO, Giancarlo. Leniency Programs and Illegal Exchange: How (Not) to Fight Corruption. In: *Working Papers in Economics and Finance*, n. 451, 2001.

BUCHANAN, James M.; TULLOCK, Gordon. *The Calculus of Consent: Logical Foundations of Constitutional Democracy*. 3. ed. Liberty Fund, 1999.

BUDZINSKI, Oliver. Lead Jurisdiction Concepts: Towards Rationalizing Multiple Competition Policy Enforcement Procedures. *Ilmenau Economics Discussion Papers*, vol. 19, n. 87, 2014. Disponível em: https://papers.ssrn.com/sol3/papers.cfm?abstract_id=2458663. Acesso em: 14 jan. 2021.

CALABRESI, Guido; SCHWARTZ, Kelvin. The Cost of Class Actions: Allocations and Collective Redress in the US Experience. *Euro Jornal of Law and Economics*, n. 32, 2011. Disponível em: http://polis.unipmn.it/pubbl/RePEc/uca/ucapdv/iel001.pdf. Acesso em: 09 fev. 2022.

CALVANI, Torello. Custodial sanctions for cartel offences: an appropriate sanction in Australia? In *Competition and Consumer Law Journal*, Sidney, v. 17, n. 2, p. 119-140, 2009. Disponível em: https://www.calvani.com/TerrysFiles/Articles/Custodial%20Sentences%20for%20Cartel%20Offences-Australia.pdf. Acesso em: 19 dez. 2021.

CANETTI, Rafaela Coutinho. *Acordo de leniência*: fundamentos do instituto e os problemas de seu transplante ao ordenamento jurídico brasileiro. Belo Horizonte: Fórum, 2019.

CARSON, Lindsey D.; PRADO, Mariana Mota. *Brazilian Anti-Corruption Legislation and its Enforcement*: Potential Lessons for Institutional Design, 2014. Disponível em: https://papers.ssrn.com/sol3/papers.cfm?abstract_id=2497936. Acesso em: 04 out. 2021.

CARSON, Lindsey D.; PRADO, Mariana Mota. Using institutional multiplicity to address corruption as a collective action problem: Lessons from the Brazilian case. *The Quarterly Review of Economics and Finance*, vol. 62, 2016, p. 56-65. Disponível em: https://www.sciencedirect.com/science/article/pii/S1062976916300564#bib0090. Acesso em: 27 abr. 2020.

CARVALHO, Angelo Gamba Prata de; FRAZÃO, Ana. Corrupção, cultura e compliance: o papel das normas jurídicas na construção de uma cultura de respeito ao ordenamento. In: CUEVA, Ricardo Villas Bôas; FRAZÃO, Ana (Org.): *Compliance*: perspectivas e desafios dos programas de conformidade. Belo Horizonte: Fórum, 2018.

CHANG, Myong-Hun; HARRIGTON JR., Joseph E. The impact of a corporate leniency program on antitrust enforcement and cartelization. Working papers. *The Johns Hopkins University, Department of Economics*, n. 548, 2009. Disponível em: https://www.csuohio.edu/class/sites/csuohio.edu.class/files/media/economics/docum ents/3.pdf. Acesso em: 08 nov. 2020.

CHEN, Zhijun; REY, Patrick. On The design of leniency programs. *Journal of Law and Economics*, Chicago, v. 56, p. 917-957, 2013. Disponível em: http://idei.fr/sites/default/files/medias/doc/by/rey/leniency_v2.pdf. Acesso em: 09 nov. 2021.

CLEMENS, Elisabeth S.; COOK, James M. Politics and Institutionalism: Explaining Durability and Change. *Annual Review of Sociology*, 25, p. 441-466, 1999. Disponível em: https://www.annualreviews.org/doi/pdf/10.1146/annurev.soc.25.1.441. Acesso em: 05 out. 2021.

CLOOTS, Ann Sofie; RYNGAET, Cedric; WOUNTERS, Jan. The Fight Against Corruption. *International Law*. Bélgica, 2012. Disponível em: https://ghum.kuleuven.be/ggs/publications/working_papers/2012/94WoutersRyngaertCloots. Acesso em: 07 out 2021.

COASE, Ronald. The nature of the firm. *Economics*, new series, vol. 4, n. 16, nov. 1937. Disponível em: http://argento.bu.edu/hes/rp-coase37.pdf. Acesso em: 15 fev. 2022.

COASE, Ronald. The Problem of Social Costs. *Journal of Law and Economics*, vol. 3, out. 1960. Disponível em: www.journals.uchicago.edu/doi/10.1086/466560. Acesso em: 15 fev. 2022.

COFFEE, J. C. No Soul to Damn: No Body to Kick: an Unscandalized Inquiry into the Problem of Corporate Punishment. In: *Michigan Law Review*, 386, 1981. Disponível em: https://scholarship.law.columbia.edu/faculty_scholarship/539/. Acesso em: 05 jan. 2022.

COFFEE, J. C. Paradigms lost: the blurring of the criminal and civil law models – and what can be done about it. *Yale Law Journal*, 1875, 1992. Disponível em: https://scholarship.law.columbia.edu/faculty_scholarship/236/. Acesso em: 14 dez. 2021.

COHEN, J.; DING, Y.; LESAGE, C.; Stolowy, H. Corporate Fraud and manager's behavior: evidence from the press. *Entrepreneurship, governance and ethics*, Springer Netherlands, p. 271-315, 2012.

COMINELLI, Luigi. *Cognition of the Law*. Toward a Cognitive Sociology of Law and Behavior. Springer International Publishing AG, 2018.

CONNOR, John. Our Customers Are Our Enemies: The Lysine Cartel of 1992-1995. *Review of Industrial Organization* 18, p. 5-21, 2001. Disponível em: https://www.researchgate.net/publication/5157040_Our_Customers_Are_Our_Enemies_The_Lysine_Cartel_of_1992-1995. Acesso em: 15 dez. 2021.

COOLER, R., Prices and sanctions. *Columbia Law Review*, 1523, 1984. Disponível em: https://lawcat.berkeley.edu/record/1112201/files/fulltext.pdf. Acesso em: 14 dez. 2021.

COOTER, Robert D. *The Strategic Constitution*. Princeton: Princeton University Press, 2000.

COOTER, Robert; ULEN, Thomas. *Direto e economia*. Porto Aleger: Bookman, 2010.

CORRUPTION WATCH. *Out of Court, Out of Mind – do Deferred Prosecution Agreements and Corporate Settlements deter overseas corruption?*, 2016. Disponível em: https://drive.google.com/file/d/1sLCoenXwiDocwcRwOQ8Jfj_twtK_ZUdd/view. Acesso em: 03 abr. 2022.

CORVAL, Paulo Roberto dos Santos. Análise Integral do Direito (AID): primeiras aproximações e apontamentos para a pesquisa no direito público. *Revista de Informação Legislativa – RIL*, v. 54, n. 213, p. 81-111, 2017. Disponível em: http://www12.senado.leg.br/ril/edicoes/54/213/ril_v54_n213_p81. Acesso em: 15 jul. 2021.

COSTA, Daniel Ribeiro. A lei anticorrupção e a atuação do Ministério Público. *Revista De Jure*, Belo Horizonte, v. 16, n. 20, 2017.

COSTA, Helena Regina Lobo da. *Direito penal econômico e direito administrativo sancionador: ne bis in idem como medida de política sancionadora integrada*. Universidade de São Paulo, 2013.

CRAYCRAFT, J. L.; PLANTE, C. C.; GALLO, J. C. *Antitrust Sanctions and a Firm's Ability to Pay*, 1997. Disponível em: https://scholars.unh.edu/account_facpub/15/. Acesso em: 22 dez. 2021.

CUSHMAN, F.; GAFFEY, A.; GRAY, K.; MENDES, W. B. Simulating Murder: The Aversion to Harmful Action. *Emotion*, v. 12, n. 1, p. 2-7, 2012. Disponível em: pubmed.ncbi.nlm.nih.gov/21910540/. Acesso em: 15 abr. 2022.

DAWSON, Erica; GILOVICH, Thomas; REGAN, Dennis. T. Motivated reasoning and performance on the Wason selection task. *Personality and Social Psychology Bulletin*, 28, p. 1379-87, 2002. Disponível em: http://web.mit.edu/curhan/www/docs/Articles/biases/Dawson_Gilovich_Regan_Motivated_Reasoning_and_Wason_Selection_Task.pdf. Acesso em: 04 dez. 2022.

DE CARLI, Carla Veríssimo. *Compliance*: incentivo à adoção de medidas anticorrupção. Saraiva. 2017.

DE SOUSA, Luis. Anti-corruption agencies: between empowerment and irrelevance. *Crime, law and social change*, v. 53, n. 1, 2010. Disponível em: https://www.researchgate.net/publication/45346175_Anti-Corruption_Agencies_Between_Empowerment_and_Irrelevance. Acesso em: 16 jan. 2022.

DE, Oindrila. Analysis of Cartel Duration: Evidence from EC Prosecuted Cartels. *International Journal of the Economics of Business*, 17, p. 33-65, 2010.

DeMOTT, D. A. Organizational Incentives to Care About the Law. *Law and Contemporary Problems*, vol. 60, 1997. Disponível em: https://scholarship.law.duke.edu/cgi/viewcontent.cgi?article=1058&context=lcp. Acesso em: 19 dez. 2021.

GEIS, Gilbert. The roots and variant definitions of the concept of "white-collar crime". In: VAN SLYKE, Shanna; BENSON, Michael L.; CULLEN, Francis T. *The Oxford Handbook of White-Collar Crime*. New York: Oxford University Press, 2016. Kindle.

GNEEZY, Uri; RUSTICHINI, Aldo. A fine is a price. *Journal of Legal Studies*, 29, 1, 2000. Disponível em: https://rady.ucsd.edu/faculty/directory/gneezy/pub/docs/fine.pdf. Acesso em: 16 out. 2021.

GREENE, Joshua D. *Tribos morais*: a tragédia da moralidade do senso comum. Rio de Janeiro: Record, 2018.

GREENWOOD, R.; OLIVER, C.; SAHLIN, K.; SUDDABY, R. Introduction. In: GREENWOOD, R.; OLIVER, C.; SAHLIN, K.; SUDDABY, R. (Eds.). *The SAGE handbook of organizational institutionalism*. London, Thousand Oaks, CA; New Dehli: Sage Publications, 2008.

GULATI, Mitu et al. Connected contracts. *UCLA Law Review*, Los Angeles, v. 47, p. 887-948, 2000. Disponível em: https://scholarship.law.duke.edu/cgi/viewcontent.cgi?article=2065&context=faculty_scholarship. Acesso em: 07 dez. 2021.

HÄBERLE, Peter. *El estado constitucional*. Tradução de Hector Fix-Fierro. México: Universidad Nacional Autônoma de México, 2003.

HÄBERLE, Peter. *Estado constitucional cooperativo*. Rio de Janeiro: Renovar, 2007.

HÄBERLE, Peter. *Hermenêutica constitucional*: a sociedade aberta dos intérpretes da Constituição. Tradução de Gilmar Ferreira Mendes. Porto Alegre: Sérgio Fabris, 1997.

HAMMOND, Scott D. Cornerstones of an effective leniency program. *Justice News*, Washington, D.C., Nov. 22, 2004. Disponível em: https://www.justice.gov/atr/speech/cornerstones-effectiveleniency-program. Acesso em: 03 out. 2020.

HAMMOND, Scott D. *Fighting cartels – Why and how? Lessons common to detecting and deterring cartel activity*. Apresentado na ocasião da 3ª Conferência Nórdica de Política Concorrencial. Suécia: Estocolmo, 2000. Disponível em: https://www.justice.gov/atr/speech/fighting-cartels-why-and-how-lessons-common-detecting-and-deterring-cartel-activity. Acesso em: 29 nov. 2021.

HAMMOND, Scott D. Measuring the value of second-in cooperation in corporate plea agréments. In: *Annual American Bar Association Section Of Antitrust Law Spring Meeting*, 54, 2006, Washington D.C., DOJ, p. 7-8, 2006. Disponível em: https://www.justice.gov/atr/file/518436/download. Acesso em: 20 dez. 2019.

HAMMOND, Scott D. *When Calculating the Costs and Benefits of Applying for Corporate amnesty, How do You Put a Price Tag on an Individual Freedom?*, 2001. Disponível em http://www.usdoj.gov/atr/public/speeches/speech_hammond.htm. Acesso em: 08 set. 2021.

HARARI, Y. N. *Sapiens*: uma breve história da humanidade. São Paulo: Companhia das Letras, 2014.

HARE, Robert D. *Without Conscience*: The Disturbing World of The Psycopaths Among Us. The Guilford Press, 2021.

HARRINGTON, Joseph E. Corporate leniency programs when firms have private information: the push of prosecution and the pull of pre-emption. *The Journal of Industrial Economics*, v. LXI, 2013. Disponível em: https://repository.upenn.edu/bepp_papers/91/. Acesso em: 17 nov. 2020.

HARSANYI, John; SELTEN, Reinhard. *A General Theory of Equilibrium Selection in Games*. Cambridge MA: MIT Press, 1988. Disponível em: https://mitpress.mit.edu/books/general-theory-equilibrium-selection-games. Acesso em: 19 set. 2021.

HEINE, Günther. La responsabilidad penal de las empresas: evolución internacional y consecuencias nacionales. In: POZO, José Hurtado. *Responsabilidad penal de las personas jurídicas*. Madri: Grijleuy, p. 39-40, 1997. Disponível em: https://perso.unifr.ch/derechopenal/assets/files/anuario/an_1996_04.pdf. Acesso em: 10 nov. 2021.

HESSE, Konrad. *Elementos de direito constitucional da República Federal da Alemanha*. Porto Alegre: S.A. Fabris, 1998.

HILL, R. C.; JUDGE, G. G.; GRIFFITHS, W. E. *Undergraduate Econometrics*. 2. Ed. John Wiley; Sons, 2000.

HINLOOPEN, J. An economic analysis of leniency programs in antitrust law. *De Economist* 151, p. 428-429, 2003. Disponível em: www.researchgate.net/publication/226433610_An_Economic_Analysis_of_Leniency_Programs_in_Antitrust_Law. Acesso em: 12 set. 2023.

HOANG, Cung; HÜSCHELRATH, Kai; LAITENBERGER, Ulric; SMUDA, Florian, *Determinants of Self-Reporting Under the European Corporate Leniency Program*. ZEW – Centre for European Economic Research Discussion Paper nº 14-043, 2014. Disponível em: http://dx.doi.org/10.2139/ssrn.2475934 Acesso em: 04 nov. 2020.

HOLMES, Leslie. *Corruption: a very short introduction*. OUP Oxford, 2015.

HOLMES, Stephen; SUNSTEIN, Cass R. *O custo dos direitos*: por que a liberdade depende dos impostos. São Paulo: WMF Martins Fontes, 2019.

HORKHEIMER, Max. *Teoria tradicional e teoria crítica*. Rio de Janeiro: Abril, 1983. (Os Pensadores).

INNES, Robert. Self-Policing and Optimal Law Enforcement When Violator Remediation is Valuable. *Journal of Political Economy*, 107, p. 1305-1325, 1999. Disponível em: https://ideas.repec.org/a/ucp/jpolec/v107y1999i6p1305-1325.html. Acesso em: 19 set. 2021.

INSTITUTO BRASILEIRO DE GOVERNANÇA CORPORATIVA – IBGC. *Origens da governança corporativa*. Disponível em: https://www.ibgc.org.br/conhecimento/governanca-corporativa. Acesso em: 05 set. 2021.

INTERNATIONAL CHAMBER OF COMMERCE – ICC. *ICC leniency manual: a user-guide for filing leniency applications worldwide*. 2. ed. Paris: ICC, 2018.

INTERNATIONAL CHAMBER OF COMMERCE – ICC. ICC *Proposal to ICN for a one stop-shop for leniency markers*. mar. 2016. Disponível em: https://iccwbo.org/publication/iccproposal-icn-one-stop-shop-leniency-markers/. Acesso em: 25 nov. 2020.

JENSEN, Michael; MECKLING, W. Theory of the Firm: Managerial Behavior, Agency Costs and Ownership Structure. *Journal of Financial Economics*. 3, p. 305-360, 1976. Disponível em: https://www.sfu.ca/~wainwrig/Econ400/jensen-meckling.pdf. Acesso em: 29. out. 2021.

JOLLS, Christine. *Behavioral Economics and the Law*. Now Publishers. 2011.

KAHAN, D. M. Social Influence, Social Meaning, and Deterrence. *Virginia Law Review*, 349, p. 383-384, 1997.

KAHNEMAN, Daniel; KNETSCH, Jack L.; THALER, Richard H. Experimental tests of the Endowment Effect and the Coase Theorem. *Journal of Political Economy*, v. 98, 1990.

KAHNEMAN, Daniel; SIBONY, Olivier; SUNSTEIN, Cass R. *Ruído*. São Paulo: Objetiva, 2021.

KAHNEMAN, Daniel; TVERSKY, Amos. A Heuristic for Judging Frequency and Probability. *Cognitive Psychology*, v. 5, p. 207-232, 1973.

KAHNEMAN, Daniel; TVERSKY, Amos. *Rápido e devagar*: duas formas de pensar. São Paulo: Objetiva, 2012.

KAPLOW, Louis; SHAVELL, Steven. Optimal Law Enforcement with Self-Reporting of Behavior. In *Journal of Political Economy* 102, p. 583-606, 1994. Disponível em: https://dash.harvard.edu/bitstream/handle/1/10611797/Kaplow_OptimalLaw.pdf?sequence%3D2. Acesso em: 19 set. 2021.

KILLINGBACK, T.; DOEBELI, M. The continuous prisioner's dilemma and the evolution of cooperation through reciprocal altruism and variable investment. *The American Naturalist*, 160 (4), 2002, p. 421-438. Disponível em: https://www.zoology.ubc.ca/~doebeli/reprints/Doe44.pdf. Acesso em: 18 nov. 2021.

KLITGAARD, Robert. *Controling corruption*. Berkeley: University of California Press, 1988.

KLITGAARD, Robert. *International Cooperation against Corruption, Finance, Development*, 1998. Disponível em: https://www.imf.org/external/pubs/ft/fandd/1998/03/pdf/klitgaar.pdf. Acesso em: 17 ago. 2021.

KOBAYASHI, Bruce H. Antitrust, agency and amnesty: an economic analysis of the criminal enforcement of the antitrust laws against corporations. *George Washington Law Review*, v. 69, n. 5-6, p. 715-744, 2001. Disponível em: http://papers.ssrn.com/sol3/papers.cfm?abstract_id=305260. Acesso em: 13 nov. 2020.

KOMÁREK, Jan. Inter-Court Constitutional Dialogue after the Enlargement – Implications of the Case of Professor Köbler. *Croatian Yearbook of European Law and Policy*, vol. 1, 2005. Disponível em https://papers.ssrn.com/sol3/papers.cfm?abstract_id=934357. Acesso em: 22 mar. 2021.

KOROBKIN, R. B.; ULEN, T.S. Law and Behavioral Science: Removing the Rationality Assumption from Law and Economies. *California Law Review*, vol. 1051, pp. 1091-1095, 2000. Disponível em: https://lawcat.berkeley.edu/record/1117267/files/fulltext.pdf. Acesso em: 15 dez. 2021.

KOROBKIN, Russell; GUTHRIE, Chris. Psycological Barriers to Litigation Settlement: An Experimental Approach. *Michigan L Review*, v. 93, n. 1, p. 107-192, 1994. Disponível em: https://www.thefreelibrary.com/Psychological+barriers+to+litigation+settlement%3A+an+experimental...-a016231907. Acesso em: 04 nov. 2021.

KRAAKMAN, R.H. *Corporate Liability Strategies and the Costs of Legal Controls*, 1984. Disponível em: https://core.ac.uk/download/pdf/160249207.pdf. Acesso em: 22 dez. 2021.

LACERDA, João Felipe A. The Leniency Programs and the Creation of a One-Stop Shop for Markers. *RDC*, vol. 2, n. 2, p. 64-75, 2014.

LAMBSDORFF, Johann Graf. Behavioral and Experimental Economics as a Guidance to Anticorruption. *New Advances in Experimental Research on Corruption*, Research in Experimental Economics. v. 15, Emerald Group Publishing: 279-299, 2012. Disponível em: https://www.researchgate.net/publication/235253524_Behavioral_and_Experimental_Economics_as_a_Guidance_to_Anticorruption/link/02e7e52722a6d3a4ce000000/download. Acesso em: 07 nov. 2021.

LAURINEN, Elina. The Consumer detergents cartel. In *Competition Policy Newsletter*, 2011. Disponível em: https://ec.europa.eu/competition/publications/cpn/2011_2_1_en.pdf. Acesso em: 11 fev. 2022.

LESLIE, Christopher R. Antitrust amnesty, game theory, and cartel stability. *Journal of Corporation Law*, v. 31, p. 453-488, 2006. Disponível em: http://ssrn.com/abstract=924376. Acesso em: 09 nov. 2020.

LESLIE, Christopher R. Trust, distrust and antitrust. *Texas Law Review*, v. 82, n. 3, p. 562-573, 2004. Disponível em: https://papers.ssrn.com/sol3/papers.cfm?abstract_id=703202.

Acesso em: 07 nov. 2021.

LUZ, Reinaldo Diogo; SPAGNOLO, Giancarlo. Leniency, collusion, corruption, and whistleblowing. *Journal of Competition Law and Economics*, 2017.

MACEDO, Alexandre Cordeiro; SANT'ANA, Raquel Mazzuco. Balcão único para negociação de acordos de leniência no Brasil. *SSRN Electronic Journal*, v. 23529, 2019.

MACEDO, Alexandre Cordeiro; SANT'ANA, Raquel. *Balcão único para negociação de acordos de leniência no Brasil*, 2019. Disponível em: https://papers.ssrn.com/sol3/papers.cfm?abstract_id=3424277. Acesso em: 06 jan. 2022.

MACHADO, Maíra Rocha. Independência como indiferença: *ne bis in idem* e múltipla incidência sancionatória em casos de corrupção. *Direito, Estado e Sociedade*, v. 55, p. 257-295, 2019.

MACHADO, Maíra Rocha; PASCHOAL, Bruno. Monitorar, investigar, responsabilizar e sancionar: a multiplicidade institucional em casos de corrupção. *Revista Novos Estudos – CEBRAP*, v. 35, n. 1, ed. 104, p. 10-37, 2016.

DEPARTMENT OF JUSTICE. *These revisions made the program more transparent and raised the incentives for companies to report criminal activity and cooperate with the Antitrust Division*, 2017. Disponível em: https://www.justice.gov/atr/speech/evolution-criminal-antitrust-enforcement-overlast-two-decades. Acesso em: 13 dez. 2020.

DI JOHN, Jonathan. Conceptualising the Causes and Consequences of Failed States: A Critical Review of the Literature. *Crisis States Working Papers Series*, n. 2, p. 33-34, 2008. Disponível em: https://www.files.ethz.ch/isn/57427/wp25.2.pdf. Acesso em: 1º nov. 2021.

DI MAGGIO, Paul J.; POWELL, Walter W. The iron cage revisited: institutional isomorphism and collective rationality in organizational fields. *American Sociological Review*, v. 48, n. 2, p. 147-160, 1983. Disponível em: https://www.researchgate.net/profile/Walter-Powell/publication/246481910_The_Iron_Cage_Revisited_Institutional_Isomorphism_and_Collective_Rationality_in_Organizational_Fields/links/5793cd0b08aeb0ffcce2cf0e/The-Iron-Cage-Revisited-Institutional-Isomorphism-and-Collective-Rationality-in-Organizational-Fields.pdf. Acesso em: 31 out. 2021.

DIAS, Fernando G. C.; ALMEIDA, José R. C. de; LOPES, Akutsu. Reflexos penais do acordo de leniência: quando a lógica empresarial colide com a lógica personalíssima. In: CURY, Rogério (Coord.). *Direito penal econômico*. p. 301-330. São Paulo: Almedina, 2020.

DIDIER JR., Fredie; BOMFIM, Daniela. A colaboração premiada como negócio jurídico processual atípico nas demandas de improbidade administrativa. *Revista de Direito Administrativo e Constitucional*, Belo Horizonte, ano 17, n. 67, 2017.

DUPUY, Pierre-Marie. Soft Law and the International Law of the Environment. *Michigan Journal of International Law*, Lansing, v. 12, n. 2, p. 420-435, 1990. Disponível em: http://repository.law.umich.edu/mjil/vol12/iss2/4. Acesso em: 19 maio 2023.

DUTTA, Prajit K. *Strategies and Games*: Theory and Practice. Cambridge, MA: MIT, 1999.

EAGLEMAN, David. *Incognito*: The Secret Lives of the Brain. New York: Vintage Books, 2012.

ESTADOS UNIDOS DA AMÉRICA. Department of Justice. *Justice Manual*. Disponível em: https://www.justice.gov/jm/justice-manual. Acesso em: 28 dez. 2021.

ESTADOS UNIDOS DA AMÉRICA. Department of Justice. *Memorandum Morford, Office of the Deputy Attorney General*. U.S. Department of Justice, 2008. Disponível em: https://www.justice.gov/sites/default/files/dag/legacy/2008/03/20/morford-useofmonitorsmemo-03072008.pdf. Acesso em: 20 julho 2022.

ESTADOS UNIDOS DA AMÉRICA. *Memorandum from Rod Rosenstein, Deputy Att'y Gen. U.S. Dep't of Just. to Heads of Dep't Components U.S. Att'ys, Policy on Coordination of Corporate Resolution Penalties*, 2018. Disponível em: https://www.justice.gov/opa/speech/file/1061186/download. Acesso em: 11 jul. 2021.

FADIMAN, James; FRAGER, Robert. *Teorias da personalidade*. Belo Horizonte: Harbra, 2002.

FEHR, Ernst; GÄCHTER, Simon. Altruistic Punishment in Humans. *Nature*, v. 415, 2002. Disponível em: https://www.researchgate.net/publication/11552998_Altruistic_Punishment_in_Humans. Acesso em: 24 jan. 2022.

FELDMANHALL, Oriel; SOKOL-HESSNER, Peter. Crime without punishment?. In: *Scientific American*, 26(3), p. 23-24, 2015.

FIANI, R. *Teoria dos jogos*. Rio de Janeiro: Elsevier, 2004.

FISSE, Brent; BRAITHWAITE, John. *Corporations, crime and accountability*. Cambridge: Cambridge University Press, 1993.

FRAZÃO, Ana. Direito Antitruste e direito anticorrupção: pontes para um necessário diálogo. In: FRAZÃO, Ana (Org.). *Constituição, empresa e mercado*. Brasília: FD/UnB, 2017.

FRAZÃO, Ana. Responsabilidade de pessoas jurídicas por atos de corrupção: reflexão sobre os critérios de imputação. In: FORTINI, Cristiana (Coord.). *Corrupção e seus múltiplos enfoques jurídicos*. Belo Horizonte: Fórum, 2018.

FREEMAN, Jody; ROSSI, Jim. Agency Coordination in Shared Regulatory Space. In *The Harvard Law Review*, v. 125, n. 5, p. 1138-1345, 2012. Disponível em: https://autopapers.ssrn.com/sol3/papers.cfm?abstract_id=1778363. Acesso em: 04 nov. 2021.

FREY, B. S.; JEGEN, R. Motivation crowding theory. *Journal of economic surveys*, 15, 589-611, 2001. Disponível em: https://www.econ.uzh.ch/static/wp_iew/iewwp049.pdf. Acesso em: 13 out. 2021.

FREY, B. S.; OBERHOLZER-GEE, F. The cost of price incentives: An empirical analysis of motivation crowding-out. *The American economic review*, 87, p. 746-755, 1997. Disponível em: https://www.bsfrey.ch/wp-content/uploads/2021/05/the-cost-of-price-incentives-an-empirical-analysis-of-motivation-crowding-out.pdf. Acesso em: 13 out. 2021.

FRIEDMAN, Lawrence M. *Impact: how law affects behavior*. Harvard University Press, 2016.

FRIEDMAN, Milton. The Social Responsibility of Business is to Increase its Profits. In: *The New York Times Magazine*, 1970. Disponível em: http://websites.umich.edu/~thecore/doc/Friedman.pdf. Acesso em: 29 out. 2021.

FUDENBERG, Drew; MASKIN, Eric. The Folk Theorem in Repeated Games with Discounting or with Incomplete Information. *Econometrica*, 54, 1986. Disponível em: https://oconnell.fas.harvard.edu/files/maskin/files/folk_theorem_in_repeated_games_with_discounting_or_incomplete_information.pdf. Acesso em: 04 jan. 2022.

GARCIA, Emerson; ALVES, Rogério Pacheco. *Improbidade administrativa*. 8. ed. São Paulo: Saraiva, 2014.

GARRETT, Brandon L. Judging innocence. *Columbia Law Review*, 2008. Disponível em: http://ssrn.com/abstract=999984. Acesso em: 22 nov. 2020.

GÄRTNER D.; ZHOU, J. Delays in Leniency Application: Is There Really a Race to the Enforcer's Door?, *TILEC Discussion Paper*, 2012.

GÄRTNER, Dennis. *Corporate leniency in a dynamic world: the preemptive push of an uncertain future*, 2014. Disponível em: http://ssrn.com/abstract=2340973. Acesso em: 18 jun. 2022.

MALIK, Arun. Self-Reporting and the Design of Policies for Regulating Stochastic Pollution. *Journal of Environmental Economics and Management*, 24, p. 241-257, 1993. Disponível em: https://ideas.repec.org/a/eee/jeeman/v24y1993i3p241-257.html. Acesso em: 19 set. 2021.

MARISAM, Jason. Duplicative Delegations. *Administrative Law Review*, v. 63, n. 2, p. 187-188, 2011. Disponível em: https://www.administrativelawreview.org/wp-content/uploads/2014/04/Duplicative-Delegations.pdf. Acesso em: 04 nov. 2021.

MARRARA, Thiago (Org.). *Direito administrativo*: transformações e tendências. São Paulo: Almedina, 2014.

MARRARA, Thiago. Acordo de leniência na lei anticorrupção: pontos de estrangulamento da segurança jurídica. *Revista Digital de Direito Administrativo*, v. 6, n. 2, p. 95-113, 2019.

MARRARA, Thiago. Acordos de leniência no processo administrativo brasileiro: modalidades, regime jurídico e problemas emergentes. *Revista Digital de Direito Administrativo*, Faculdade de Direito de Ribeirão Preto, v. 2, n. 2, p. 509-527, 2015. Disponível em: www.revistas.usp.br/rdda/article/download/99195/98582. Acesso em: 24 abr. 2021.

MARTINEZ, Ana Paula. Brazil's Leniency Program: challenges ahead. In: *International Bar Association 15th Annual Competition Conference Florence*, Italy, 16-17, 2011. Disponível em: levysalomao.com.br/publications/article/brazils-leniency-program-challenges-ahead. Acesso em: 18 set. 2022.

MARTINEZ, Ana Paula. *Repressão a cartéis*: interface entre direito administrativo e direito penal. São Paulo: Singular, 2013.

MARTINS FILHO, Giovani Magalhães. O provável confronto entre Alberto Asquini e Ronald Coase: uma análise dos perfis da empresa a partir da Teoria da Firma. In: *Encontro Nacional do Conpedi*, 19. Fortaleza: CONPEDI, 2010. Disponível em: http://www.conpedi.org.br/manaus/arquivos/anais/fortaleza/3353.pdf.. Acesso em: 07 dez. 2020.

MAZZONI, Marco. Acordos de leniência anticorrupção: subjetividades públicas na fiscalização pelo Tribunal de Contas da União. In: SADDY, André (Org.). *Discricionariedade na área fiscalizatória*. Rio de Janeiro: CEEJ, 2022, p. 351-390.

MENDES, Gilmar Ferreira; FERNANDES, Victor Oliveira. *Acordos de leniência e regimes sancionadores múltiplos*, 2021. Disponível em: https://www.jota.info/especiais/acordos-de-leniencia-e-regimes-sancionadores-multiplos-13042021#content. Acesso em: 19 out. 2021.

MERCIER, Hugo; SPERBER, Dan. Why do humans reason? Arguments for an argumentative theory. *Behavioral and Brain Sciences*, 34, p. 57-111, 2011. Disponível em: cambridge.org/core/journals/behavioral-and-brain-sciences/article/abs/why-do-humans-reason-arguments-for-an-argumentative-theory/53E3F3180014E80E8BE9FB7A2DD44049. Acesso em: 3 dez. 2022.

MILL, John Stuart. *O utilitarismo*. 2. ed. São Paulo: Iluminuras, 2020.

MIRANDA, Jorge. O estado constitucional cooperativo e o jus-universalismo da Constituição Portuguesa. *Revista do Ministério Público do Rio de Janeiro*, n. 63, p. 99-111, jan./mar. 2017.

MOHALLEN, Michael; RAGAZZO, Carlos Emmanuel Joppert. *Diagnóstico institucional*: primeiros passos para um plano nacional anticorrupção. Rio de Janeiro: Escola de Direito do Rio de Janeiro da Fundação Getulio Vargas, 2017. Disponível em: bibliotecadigital. fgv.br/dspace/handle/10438/18167. Acesso em: 11 dez. 2022.

MONTEIRO, Alberto. O problema do balcão único anticorrupção no Brasil. *Revista Consultor Jurídico*, 2021. Disponível em: https://www.conjur.com.br/2021-mai-14/monteiro-problema-balcao-unico-anticorrupcao-brasil. Acesso em: 06 jan. 2022.

MONTEIRO, F. M. *Anti-Corruption Agencies*: solution or modern panacea. Lessons from ongoing experiences. Minerva Program: George Washington University. 2014. Disponível em: https://www.academia.edu/5643900/AntiCorruption_Agencies_solution_or_modern_panacea._Lessons_from_ongoing_experiences. Acesso em:04 nov. 2021.

MORAES, Guilherme Braga Peña de. *Constitucionalismo participativo, manifestações populares e reforma política*. 2016. Disponível em: http://genjuridico.com.br/2016/03/08/constitucionalismo-participativo-manifestacoes-populares-e-reforma-politica/. Acesso em: 09 nov. 2022.

MOREIRA, Egon Bockmann; BAGATIN, Andreia Cristina. Lei anticorrupção e quatro de seus principais temas: responsabilidade objetiva, desconsideração societária, acordos de leniência e regulamentos administrativos. *Revista de Direito Público da Economia – RDPE*, Belo Horizonte, v. 12, n. 47, p. 55/84, 2014.

MOREIRA NETO, Diogo de Figueiredo; FREITAS, Rafael Véras de. *A juridicidade da lei anticorrupção: reflexões e interpretações prospectivas*. 2014. Disponível em: https://www.editoraforum.com.br/wp-content/uploads/2014/01/ART_Diogo-Figueiredo-Moreira-Neto-et-al_Lei-Anticorrupcao.pdf. Acesso em: 06 dez. 2021.

MOTCHENKOVA, Evgenia. Effects of leniency programs on cartel stability. *Center Discussion Paper*, n. 2004-98, 2004. Disponível em: http://ssrn.com/abstract=617224. Acesso em: 21 nov. 2020.

MURAMATSU, Roberta; BIANCHI, Ana M. The big picture of corruption: Five lessons from Behavioral Economics. *Journal of Behavioral Economics for Policy*, vol. 5, Special Issue 3: Roots and Branches, p. 55-62, 2021.

NIETO MARTÍN, Adán. La privatización de la lucha contra la corrupción. In Zapatero, Arroyo; Nieto Martín, Adán. *El derecho penal económico en la era compliance*. Valencia: Tirant lo Blanch, 2013.

NISKANEN, Willian A. *Bureaucracy and Public Economics*. Edward Elgar Pub, 1994.

NOWAK, M.; HIGHFIELD, R. *Supercooperators*: *Altruism, evolution, and why we need each other to succeed*. Simon and Schuster, 2011.

O'DONNELL, Guillermo. *Accountability horizontal e novas poliarquias*. São Paulo: Lua Nova, n. 44, 1998.

OCDE. *Competition and the use of markers in leniency programmes*. Paris: OECD, 2014b. Disponível em: http://www.oecd.org/competition/markers-in-leniency-programmes.htm. Acesso em: 26 nov. 2020.

OCDE. *Competition Law, Policy in Brazil: A Peer Review*. 2010a. Disponível em: https://financedocbox.com/Tax_Planning/76999331-Competition-law-and-policy-in-brazil-a-peer-review.html. Acesso em: 13 dez. 2021.

OCDE. *Fighting Hard Core Cartels: Harm, Effective Sanctions and Leniency Programmes*. 2002. Disponível em: https://www.oecd.org/competition/cartels/1841891.pdf. Acesso em: 21 dez. 2021.

OCDE. *Grupo de Trabalho sobre Suborno – WGB, Phase 3 Report on Implementing the OECD Anti-bribery Convention in Brazil*. 2014d. Disponível em https://www.oecd.org/daf/anti-bribery/Brazil-Phase-3-Report-EN.pdf. Acesso em: 04 out. 2020.

OCDE. Hard Core Cartels. *Recent Progress and Challenges Ahead*. Paris, 2003. Disponível em: https://www.oecd.org/competition/cartels/hardcorecartels-recentprogressandchallengesahead.htm. Acesso em: 06 nov. 2021.

OCDE. *Left out of the bargain: settlements in foreign bribery cases and implications for asset recovery*. 2014c. Disponível em: https://star.worldbank.org/sites/star/files/9781464800863.pdf. Acesso em: 03 jun. 2021.

OCDE. *Note by the secretariat*. Paris: OECD, 2015. Disponível em: http://www.oecd.org/competition/markers-in-leniency-programmes.htm. Acesso em: 25 nov. 2020.

OCDE. *OECD Foreign Bribery Report an analysis of the crime of bribery of foreign public officials*. 2014a. Disponível em: https://www.oecd.org/corruption/oecd-foreign-bribery-report-9789264226616-en.htm. Acesso em: 20 ago. 2021.

OCDE. *Recommendation of the Council for Further Combating Bribery of Foreign Public Officials in International Business Transactions*. 2009. Disponível em: http://www.oecd.org/daf/anti-bribery/44176910.pdf. Acesso em: 27 jul. 2020.

OCDE. *Resolving Foreign Bribery Cases with Non-Trial Resolutions: Settlements and Non-Trial Agreements by Parties to the Anti-Bribery Convention*. 2019a. Disponível em: www.oecd.org/corruption/Resolving-Foreign-Bribery-Cases-with-Non-Trial-Resolutions.htm. Acesso em: 22 abr. 2021.

OCDE. *Resolving Foreign Bribery Cases with Non-Trial Resolutions: OECD Data Collection Questionnaire Results*. 2019b. Disponível em: www.oecd.org/corruption/Resolving-Foreign-BriberyCases-with-Non-Trial-Resolutions.html. Acesso em: 10 jul. 2021.

OCDE. Settling Foreign Bribery Cases with Non-Trial Resolutions. *Global Anti-Corruption; Integrity Forum*. 2018. Disponível em: www.oecd.org/corruption/Panel-on-settling-foreign-bribery-cases-non-trial-resolutions.pdf. Acesso em: 29 maio 2021.

OCDE. *The Liability of Legal Persons For Foreign Bribery: A Stocktaking Report*. 2016. Disponível em: https://www.oecd.org/corruption/liability-of-legal-persons-for-foreign-bribery-stocktaking-report.htm. Acesso em: 28 jul. 2020.

OCDE. The World Bank. *Identification and Quantification of the Proceeds of Bribery: Revised edition*. OECD Publishing, 2012. Disponível em: http://dx.doi.org/10.1787/9789264174801-en. Acesso em: 03 jun. 2021.

OCDE. *Update on tax legislation on the tax treatment of bribes to foreign public officials in countries parties to the OECD anti bribery convention*. 2011. Disponível em: https://www.oecd.org/tax/crime/41353070.pdf. Acesso em: 09 out. 2021.

OCDE. *Working Group on Bribery in International Business Transactions. Brazil: phase 2. Follow-up Report on the Implementation of the Phase 2 Recommendations*. Brasil, 2010b. Disponível em: http://www.oecd.org/dataoecd/50/39/45518279.pdf. Acesso em: 28 abr. 2021.

ODUOR, Jacinta Anyango *et al*. *Left Out of the Bargain: Settlements in Foreign Bribery Cases and Implications for Asset Recovery*. Stolen Asset Recovery Initiative, 2014. Disponível em: https://openknowledge.worldbank.org/handle/10986/16271. Acesso em: 07 fev. 2022.

OEHNINGER, S. F.; FEHLING, G. B. *A Primer on Insurance Coverage for FCPA Claims and Investigations*, 2017. Disponível em: www.fcpablog.com/blog/2017/8/2/oehninger-and-fehling-a-primer-on-insurance-coverage-for-fcp.html. Acesso em: 02 jul. 2021.

OLIVEIRA, José Roberto Pimenta. *Improbidade administrativa e sua autonomia constitucional*. Belo Horizonte: Fórum, 2009.

OLIVEIRA, Michel Angelo Constantino; MENDES, Dany Rafael Fonseca; HERRERA, Gabriel Paes. Balcão único para os "primeiros a tocar o sino" em acordos globais de leniência. In: Cidadania e políticas públicas no contexto do programa de educação previdenciária – PEP. *Revista do Direito Público*, Londrina, v. 13, n. 3, p. 41-55, 2018.

OLSON JR., Mancur. *A lógica da ação coletiva*: os benefícios públicos e uma teoria dos grupos sociais. 2. reimpr. São Paulo: Ed. USP, 2015.

ORLANDI, Eni Puccinelli. *Análise de discurso*: princípios, procedimentos. 8. ed. Campinas: Pontes, 2009.

PAHARIA, Neeru *et al*. Dirty Work, Clean Hands: The Moral Psychology of Indirect Agency. *Organizational Behavior and Human Decision Processes*, Elsevier, vol. 109, p. 134-141, 2009. Disponível em: https://www.researchgate.net/publication/314889507_Dirty_Work_Clean_Hands_The_Moral_Psychology_of_Indirect_Agency. Acesso em: 7 mar. 2021.

PALMA, Juliana Bonacorsi de. *Sanção e acordo na administração pública*. São Paulo: Malheiros, 2015.

PAOLI, Letizia. *Mafia Brotherhoods: Organized Crime, Italian Style*. Oxford University Press, 2003.

PARKER, Christine; NIELSEN, Vibeke. *Deterrence and the impact of calculative thinking on business compliance with regulation*, 2009. Disponível em: https://papers.ssrn.com/sol3/papers.cfm?abstract_id=1527326. Acesso em: 1º jul. 2021.

PERILLO, Jennifer T.; KASSIN, Saul M. *Inside interrogation: the lie, the bluff, and false confessions*. American Psychology-Law Society/Division 41 of the American Psychological Association 2010. Disponível em: http://web.williams.edu/Psychology/Faculty/Kassin/files/Perillo%20&%20Kassin%20(in%20press)%20-%20LHB%20bluff%20studies. Acesso em: 21 nov. 2020.

PERSSON, Anna; ROTHSTEIN, Bo; TEORELL, Jan. Why Anticorruption Reforms Fail – Systemic Corruption as a Collective Action Problem. In: *Governance: An International Journal of Policy, Administration, and Institutions*, vol. 26, n. 3, p. 449-471, 2013. Disponível em: https://exed.annenberg.usc.edu/sites/default/files/Persson_et_al-2013-Governance.pdf. Acesso em: 18 maio 2021.

PETTIT, Philip. *Republicanism: a theory of freedom and government*. New York: Oxford University Press, 1997.

PHILLIPS, N.; MALHOTRA, N. Taking social construction seriously: extending the discursive approach in institutional theory. In: GREENWOOD, R.; OLIVER, C.; SAHLIN, K.; SUDDABY, R. (Eds.). *The SAGE handbook of organizational institutionalism*. London, Thousand Oaks, CA; New Dehli: Sage Publications, 2008.

PIETH, Mark; LOW, Lucinda A.; BONUCCI, Nicola. *The OECD Convention on Bribery. A Commentary*. 2. ed. Cambridge: Cambridge University Press, 2014.

PIMENTA, Raquel de Mattos. *A construção dos acordos de leniência da lei anticorrupção*. São Paulo: Blücher, 2020.

POPE, J. *Confronting corruption: The elements of a national integrity system*. Transparency International, 2000. Disponível em: https://bsahely.com/wp-content/uploads/2016/10/the-ti-source-book-20001.pdf. Acesso em: 31 dez. 2021.

POPE, J.; VOGL, F. Making anticorruption agencies more effective. *Finance and Development*, 37, 2000. Disponível em: https://www.imf.org/external/pubs/ft/fandd/2000/06/pope.htm. Acesso em: 28 dez. 2021.

POSNER, Eric. *Agency models in law and economics*. Chicago: The University of Chicago, 2000.

POSNER, Richard A. *A economia da justiça*. São Paulo: WMF Martins Fontes, 2010.

POSNER, Richard A. *Economic Analysis of Law*. 8. ed. New York: Aspen Publishers, 2011.

PRADO FILHO, José Inácio F. de Almeida; TEVELIN, Bruna Sellin (Org.). *Acordos e políticas de leniência*: contribuição para o diálogo e a harmonização. Instituto Brasileiro de Estudos de Concorrência – IBRAC. Singular, 2020.

PRONIN, Emily. How We See Ourselves and How We See Others. *Science*, v. 320, n. 5880, 2008. Disponível em: https://www.jstor.org/stable/20054831?refreqid=excelsior%3A4c3cf6632c0e9147fa37ba81543952d8. Acesso em: 23 fev. 2022.

PUTNAM, Robert. *Making Democracy Work*. Princeton: Princeton University Press, 1993.

REINO UNIDO. *Anti-Corruption Summit Country Statements*. Disponível em: www.gov.uk/government/publications/anti-corruptionsummit-country-statements. Acesso em: 15 ago. 2021.

REINO UNIDO. *Anti-Corruption Summit London*, 12, 2016, Communique, 21. Disponível em: www.gov.uk/government/uploads/system/uploads/attachment_data/file/522791/FINAL__AC_Summit_Communique_-_May_2016.pdf. Acesso em: 15 ago. 2021.

REZZOAGLI, B. A. La Ubicación Institucional de las Agencias Anticorrupción: Un Debate Vigente. *Políticas Públicas*, 8, 2015, p. 10. Disponível em: https://www.researchgate.net/publication/314205471_La_Ubicacion_Institucional_de_las_Agencias_Anticorrupcion_Un_Debate_Vigente. Acesso em: 31 dez. 2021.

RIBEIRO, Douglas Costa; CORDEIRO, Néfi; GUIMARÃES, Denis Alves. Interface between the Brazilian antitrust, anti-corruption, and criminal organization laws: the leniency agreements. *Law and Business Review of the Americas*, v. 22, p. 195-244, 2016. Disponível em: https://scholar.smu.edu/lbra/vol22/iss3/10/. Acesso em: 04 nov. 2021.

RIBEIRO, Márcio de Aguiar. *Responsabilização administrativa de pessoas jurídicas à luz da lei anticorrupção empresarial*. Belo Horizonte: Fórum, 2017.

RODRIGUES, Anabela Miranda. *Direito penal económico*. 2. ed. Coimbra: Almedina, 2020.

ROOIJ, Benjamin van; FINE, Adam. *Behavioral Jurisprudence*: Law Needs a Behavioral Revolution. In: Behavioral Scientist, 2022. Disponível em: behavioralscientist.org/behavioral-jurisprudence-law-needs-a-behavioral-revolution/. Acesso em: 20 nov. 2022.

ROXIN, Claus. *Culpabilidad y prevencion em derecho penal*. Madrid: REUS, 1981.

RUFINO, Victor Santos. Análise da conformação normativa do programa de leniência brasileiro à luz da teoria dos jogos. *Revista de Direito Setorial e Regulatório*, Brasília, v. 1, n. 1, p. 47-65, maio 2015.

RUFINO, Victor Santos; MENDES, Francisco Schertel Ferreira. Evolução das normas sobre TCCs em cartéis após a Lei nº 12.529/2011. In: CARVALHO, Vinícius Marques. *A Lei nº 12.529/2011 e a nova política de defesa da concorrência*. São Paulo: Singular, 2015.

RUFINO, Victor. *Elementos indispensáveis às leniências*: o exemplo do Cade. Rio de Janeiro: Lumen Juris, 2020.

RUPP, Thomas. *Meta analysis of Crime and Deterrence*: a comprehensive review of the literature. Books on Demand GmbH, 2008.

SALES, Marlon Roberth; BANNWART JUNIOR, Clodomiro José. O acordo de leniência: uma análise de sua compatibilidade constitucional e legitimidade. *Revista do Direito Público*, Londrina, v. 10, n. 3, 2015.

SALOMI, Maíra Beauchamp. *O acordo de leniência e seus reflexos penais*. São Paulo: Ed. USP, 2012.

SANFEY, Alan G. et al. The Neural Basis of Economic Decision-Making in the Ultimatum Game. *Science*, vol. 300, p. 1755-1758, 2003. Disponível em: https://stanford.edu/~knutson/bad/sanfey03.pdf. Acesso em: 11 fev. 2022.

SCHAUER, Frederick F. *Playing by the Rules*: a philosophical examination of rule-based decision-making in law and in life. OUP Oxford; Reprint, 2002.

SCHINKEL, Maarten Pieter. Forensic economics in competition law enforcement. *Journal of Competition Law and Economics*, v. 4, n. 1, 2008. Disponível em: academic.oup.com/jcle/article-abstract/4/1/1/868906?redirectedFrom=fulltext. Acesso em: 18 set. 2021.

SCHWARTZ, Robert. Breaches of integrity and accountability institutions: auditors, anti-corruption agencies and commissions of inquiry. In: *First Meeting of the Study Group on Ethics and Integrity of Governance, Annual Conference of the European Group of Public Administration*. Portugal, 2003. Disponível em: https://www.researchgate.net/publication/237738350_Breaches_of_Integrity_and_Accountability_Institutions_Auditors_Anti-Corruption_Agencies_and_Commissions_of_Inquiry. Acesso em: 16 jan. 2022.

SCHWIEREN, C.; WEICHSELBAUMER, D. Does competition enhance performance or cheating?. A laboratory experiment. *Journal of Economic Psycology*, 31, p. 241-253, 2010. Disponível em: https://www.researchgate.net/publication/222567230_Does_Competition_Enhance_Performance_or_Cheating_A_Laboratory_Experiment. Acesso em: 13 out. 2021.

SELYE, Hans. *The Stress of Life*. McGraw-Hill, 1978.

SEO, Myeong-Gu; CREED, W. E. Douglas. Institutional Contradictions, Praxis, and Institutional Change: A Dialectical Perspective. In: *Academy of Management Review*, vol. 27, n. 2, 2002. Disponível em: https://journals.aom.org/doi/10.5465/amr.2002.6588004. Acesso em: 06 out. 2021.

SHAPIRO, Scott. *Legality*. Cambridge/London: The Belknap Press of Harvard University Press, 2011.

SHARKEY, C. M. Agency coordination in consumer protection, vol. 2013, Iss. 1, *University of Chicago Legal Forum*, Article 9, 2013. Disponível em: https://chicagounbound.uchicago.edu/uclf/vol2013/iss1/9/. Acesso em: 02 nov. 2021.

SHELL, G. Richard. *Bargaining for Advantage*: negotiation estrategies for reasonable people. 3. ed. New York: Penguin Books, 2018.

SILINGARDI, Bruno Modesto. As implicações da governança corporativa nas empresas familiares. *Revista Síntese Direito Empresarial*, São Paulo, v. 6, n. 32, p. 77-100, 2013.

SILVEIRA, Alexandre Di Miceli da. Ten Adverse Outcomes When Managers Focus on Creating Shareholder Value: A Review. In: *Review of Global Management*, 4(2), p. 79-107, 2018. Disponível em: https://www.academia.edu/56334422/Ten_adverse_outcomes_when_manager_focus_on_creating_shareholder_value_a_review. Acesso em: 02 jan. 2022.

SILVEIRA, Paulo Burnier da; FERNANDES, Victor Oliveira. The "Car Wash Operation" in Brazil: Challenges and Perspectives in the Fight Against Bid Rigging. In: SILVEIRA, Paulo Burnier; KOVACIC, William Evan. *Global Competition Enforcement, Alphen aan den Rijn: Kluwer Law International B.V.*, 2019.

SIMÃO, Valdir Moysés; VIANNA, Marcelo Pontes. *O acordo de leniência na lei anticorrupção*: histórico, desafios e perspectivas. São Paulo: Trevisan, 2017.

SIMON, Herbert Alexander. A behavioral model of rational choice. In: *The Quartely Journal of Economics*, Oxford University Press, v. 69, n. 1, p. 99-118, fev. 1955. Disponível em: homepage.sns.it/hosni/lori/readings/Simon%20-%201955%20-%20A%20behavioral%20model%20of%20rational%20choice.pdf. Acesso em: 27 nov. 2022.

SIMPSON, Sally S.; BENSON, Michael L. *Understanding White-Collar Crime. An opportunity perspective*. 2. ed. New York: Routledge, 2015.

SOARES, Pedro Vasques. Múltiplas instâncias de responsabilização e consensualidade na Lei 12.846/2013. In: Acordos de Leniência da Lei nº 12.846, de 2013: a experiência da CGU e da AGU (aspectos práticos, téoricos e perspectivas). *Publicações da Escola da AGU*, v. 12, n. 3, 2020.

SOLTES, Eugene. *Why They Do It: Inside the Mind of the White-Collar Criminal*. PublicAffairs, 2019.

SOUZA, Artur de Brito Gueiros. *Direito penal empresarial*: critérios de atribuição de responsabilidade e o papel do compliance. LiberArs, 2021.

SOUZA, Renee do Ó. *Os efeitos transversais da colaboração premiada e o acordo de leniência*. Belo Horizonte: D'Plácido, 2019.

SPAGNOLO, Giancarlo. Divide et Impera: Optimal Leniency Programs. *CEPR Discussion Paper*, n. 4840, 2004. Disponível em: papers.ssrn.com/sol3/papers.cfm?abstract_id=716143. Acesso em: 07 nov. 2021.

SPAGNOLO, Giancarlo. Leniency and Whistleblowers in Antitrust. In: BUCCIROSSI, Paolo (Org.). *Handbook of Antitrust Economics*. MIT Press, 2008. Disponível em: https://edisciplinas.usp.br/pluginfile.php/4395738/mod_resource/content/1/SPAGNOLO%20-%20Leniency%20and%20Whistleblowers%20in%20Antitrust%20(full).pdf. Acesso em: 21 ago. 2021.

SPAGNOLO, Giancarlo; BUCCIROSSI, Paolo. Leniency policies and illegal transactions. *CEPR Discussion Paper*, n. 5442, dec. 2005. Disponível em: http://ssrn.com/abstract=897921. Acesso em: 08 nov. 2020.

SPAGNOLO, Giancarlo; MARVÃO, Catarina M. P. Cartels and Leniency: Taking Stcock of What We Learnt. *SITE Working Paper Series*, 39/2016, 2016. Disponível em: https://papers.ssrn.com/sol3/papers.cfm?abstract_id=2850498. Acesso em: 07 nov. 2021.

SPAGNOLO, Giancarlo; MARVÃO, Catarina M. P. *What Do We Know About the Effectiveness of Leniency Policies?. A Survey of the Empirical and Experimental Evidence*. 2014. Disponível em: https://papers.ssrn.com/sol3/papers.cfm?abstract_id=2511613 Acesso em: 12 out. 2020.

SPRATLING, Gary R. *Making Companies an Offer they Shoudn't Refuse*, 1999. Disponível em: http://www.usdoj.gov/atr/public/speeches/2247.htm. Acesso em: 07 jan. 2021.

SPRATLING, Gary R. *The Corporate Leniency Policy: Answers to Recurring Questions*. In: the Spring 1998 ABA Meeting, Antitrust Section, 1998. Disponível em: https://www.justice.gov/atr/speech/corporate-leniency-policy-answers-recurring-questions. Acesso em: 29 nov. 2021.

STEPHAN, Andreas; NIKPAY, Ali. *Leniency theory and complex realities*. University of East Anglia, Centre for Competition Policy. Working Paper, n. 14-8, 2014. Disponível em: http://papers.ssrn.com/sol3/papers.cfm?abstract_id=2537470. Acesso em: 25 maio 2021.

STONE, Christopher D. The Place of Enterprise Liability in the Control of Corporate Conduct. In: *The Yale Law Journal*, vol. 90, n. 1, 1980. Disponível em: openyls.law.yale.edu/handle/20.500.13051/16031. Acesso em: 29 set. 2022.

SUNSTEIN, C. R.; VERMEULE, A. Interpretation and institutions. John M. Olin. *Law, Economics Working Paper*, Chicago, n. 156, 2002. Disponível em: http://bit.ly/1OhQDl4. Acesso em: 10 mar. 2021.

SUTHERLAND, Edwin H. *White Collar Crime. The uncut version.* New Haven: Yale Uiversity Press, 1983.

TALADAY, John. Time for a Global "One-Stop Shop" for Leniency Markers. In: *Antitrust*, vol. 27, 2012. Disponível em: papers.ssrn.com/sol3/papers.cfm?abstract_id=4053900. Acesso em: 23 out. 2021.

TAMASAUSKAS, Igor Sant'Anna. *O acordo de leniência anticorrupção*: uma análise sob o enfoque da teoria de redes. Curitiba: Appris, 2021.

TAMASAUSKAS, Igor Sant'anna; BOTTINI, Pierpaolo Cruz. A interpretação constitucional possível da responsabilidade objetiva na lei anticorrupção. *Revista dos Tribunais*, São Paulo, v. 947, p. 133-144, 2014.

TENBRUNSEL, Ann E.; MESSICK, David M. Sanctioning systems, decision frames and cooperation. *Administrative Science Quartely*, 44, p. 684-707, 1999. Disponível em: https://www.jstor.org/stable/2667052. Acesso em: 16 out. 2021.

THALER, Richard H. *Misbehaving: The Making of Behavioral Economics.* New York; London: W.W. Norton, 2015.

THALER, Richard H.; SUNSTEIN, Cass R. *Nudge: Improving Decisions about Health, Wealth and Hapiness.*Yale University Press, 2008.

THE COMPETITION AUTHORITY OF IRELAND. *Cartel Immunity Programme.* 2001. Disponível em: https://www.ccpc.ie/business/contact/cartel-immunity-programme/. Acesso em: 19 nov. 2020.

TOJAL, Sebastião Botto de Barros; TAMASAUSKAS, Igor Sant'anna. A leniência anticorrupção: primeiras aplicações, suas dificuldades e alguns horizontes para o instituto. In: MOURA, Maria Thereza de Assis; BOTTINI, Pierpaolo Cruz (Org.). *Colaboração premiada.* Thomson Reuters, Revista dos Tribunais, v. 1, p. 237-254, 2017.

TOLBERT, Pamela; ZUCKER, Lynne. A institucionalização da teoria institucional. In: CLEGG, Stewart R.; HARDY, Cynthia; NORD, Walter R. (Org.). *Handbook de estudos organizacionais.* São Paulo: Atlas, 1999.

TOURAINE, Alain. *Crítica da modernidade.* Lisboa: Instituto Piaget, 1994.

TRANSPARENCY INTERNATIONAL CANADA. *Another Arrow in the Quiver – Consideration of a Deferred Prosecution Agreement Scheme in Canada,* 2017. Disponível em: http://www.transparencycanada.ca/wp-content/uploads/2017/07/DPA-Report-Final.pdf. Acesso em: 02 jul. 2021.

TRANSPARENCY INTERNATIONAL. *Policy Brief, Can Justice Be Achieved Through Settlements?.* 2015. Disponível em: https://www.transparency.org/en/publications/can-justice-be-achieved-through-settlements. Acesso em: 27 jan. 2022.

TSANG, J. A. Moral rationalization an the integration of situational factors and psychological processes in immoral behavior. In: *Review of General Psychology*, 6, 2002. Disponível em: 25042.pdf (baylor.edu). Acesso em: 04 mar. 2022.

TUGENDHAT, Ernst. *Lições sobre Ética*. 5. ed. Petrópolis: Vozes, 2003a.

TUGENDHAT, Ernst. *O problema da moral*. Porto Alegre: Edipucrs, 2003b.

ULEN, Thomas S. The Importance of Behavioral Law. In: *The Oxford Handbook of Behavioral Economics and the Law*. Oxford University Press, 2014, p. 93-124.

UNIÃO EUROPEIA. Commission. *EU Anti-corruption report*, 3 February, 2014. Disponível em: https://ec.europa.eu › policies › docs › acr_2014_en. Acesso em: 20 ago. 2021.

VERMEULE, Adrian. *Judging Under Uncertainty: an institutional theory of legal interpretation*. Cambridge: Harvard University Press, 2006.

VILHENA, Eduardo Juntolli *et al*. Técnicas econométricas e seu papel inovador no cálculo do sobrepreço: o caso da Lava Jato. *Revista do Tribunal de Contas da União*, Brasil, ano 49, n. 138, p. 18-29, jan./abr. 2017. Disponível em: https://revista.tcu.gov.br/ojs/index.php/RTCU/article/view/1399. Acesso em: 26 jun. 2022.

VON NEUMANN, Jon; MORGENSTERN, Oskar. *The theory of games and economic behavior*. Princeton: Princeton University Press, 1990.

WALKER, Neil. The idea of constitutional pluralism. *EUI Working Paper Law*, 2002/1, 2002. Disponível em https://cadmus.eui.eu/bitstream/handle/1814/179/law02-1.pdf?sequence=1&isAllowed=y Acesso em: 22 mar. 2021.

WALTON, R. E.; MCKERSIE, R. B. *A behavioral theory of labor negotiations: an analysis of a social interaction system*. McGraw-Hill, 1965. Disponível em: https://www.academia.edu/29912671/Walton_and_McKersie_A_Behavioral_Theory_of_Labor_Negotiations_1965. Acesso em: 02 jan. 2021.

WEINSTEIN, N.B. Optimistic Biases About Personal Risks. *Science*, 1232, 1989. Disponível em: http://psych415.class.uic.edu/Readings/Weinstein,%20Optimisitc%20Biases,%20Science,%201989.pdf. Acesso em: 15 dez. 2021.

WIL, Walter P. *Is Criminalization of EU Competition Law the Answer?*. 2005. Disponível em: https://www.researchgate.net/publication/228848644_Is_Criminalisation_of_EU_competition_law_the_answer/link/004635346539b534ef000000/download. Acesso em: 04 dez. 2020.

WILLEBOIS, Emile van der Does de. Using Civil Remedies in Corruption and Asset Recovery Cases. *Case W. Res. J. Int'l L*. 615, 2013. Disponível em: https://scholarlycommons.law.case.edu/jil/vol45/iss3/6. Acesso em: 03 jun. 2021.

WILS, Wouter. Leniency in Antitrust Enforcement: Theory and Practice. *25th Conference on New Political Economy Frontiers of EC Antitrust Enforcement: The More Economic Approach*. Saarbrücken, 2006. Disponível em: https://papers.ssrn.com/sol3/papers.cfm?abstract_id=939399. Acesso em: 21 out. 2020.

WILSON, D. S. *Darwin's cathedral: Evolution, religion, and the nature of society*. University of Chicago Press, 2010.

WINTERS, Michelle A. Too Many Cooks in the Kitchen: Battling Corporate Corruption in Brazil and the Problems with a Decentralized Enforcement Model, 13. In: *Rich. J. Global L., Bus.* 681, 2015. Disponível em: http://scholarship.richmond.edu/global/vol13/iss4/6. Acesso em: 08 ago. 2021.

WOLKART, Erik Navarro. *Precedente judicial no processo civil brasileiro*: mecanismos de objetivação do processo. Salvador: JusPodivm, 2013.

ZAHN, R. *et al*. The Neural Basis of Human Social Values: Evidence from Functional MRI. in Cereb Cortex. In: *Oxford Journals*, p. 276-283, 2009. Disponível em: https://www.ncbi.nlm.nih.gov/pmc/articles/PMC2733324/. Acesso em: 23 fev. 2022.

ZANETI JUNIOR, Hermes. *O valor vinculante dos precedentes*. Salvador: JusPodium, 2015.

Esta obra foi composta em fonte Palatino Linotype, corpo 10
e impressa em papel Chambril Avena 70g (miolo) e
Supremo 250g (capa) pela Gráfica Star7.